岩波現代文庫／学術 343

幕末一揆と民衆世界

南部百姓命助の生涯

深谷克己

岩波書店

はじめに

奥州・南部《なんぶ》藩の城下町盛岡の牢内で、一人の百姓が安政六年（一八五九）に三冊、文久元年（一八六二）に一冊、合計四冊の「帳面」を書きあげた。この百姓は、はじめの三冊をそれぞれ「一ばんのてうめん」（一番の帳面）「二ばんのてうめん」「三ばんのてうめん」と呼び、最後の一冊は「大福帳」と名づけた。これらの帳面にはさまざまの事が記されたが、一言で表わせば、残された家族への、生活を案ずる手紙、あるいは遺言状という性格をもっている。

四冊の「帳面」は今も、この百姓が生まれた屋敷地に居住する子孫筋の三浦加禄氏の手元で保存されている。やや変色して茶色味をおびており、紙端がささくれて文字が不明になった箇所も二、三みうけられるが、文意を損なうほどではない。筆跡は明晰である。

一《ひとつ》、乍レ恐申上候《おそれながらもうしあげそうろう》。至《いたっ》テ麁《そ》末《まつ》ニ記シ候得共《そうらえども》、私ト思召《おぼしめし》、度々ごらん可レ被二成下一《なしくださるべく》候《そうろう》。尤《もっとも》かばね（屍）ハろうや（牢屋）ニ有《あ》レ共、玉しい（魂）ハこのてうめん（帳面）ニこもり、末代まデノ守リ神ト相成リ可レ申《もうすべく》候間《あいだ》、このてうめんノ通り可レ被二成下一ように、乍レ恐奉二願 上一《おそれながらねがいあげたてまつり》

候。以上。　（一番の帳面）

何《な》ニほど借リ金出《で》き候とも、あく《(悪)》心ヲをごし《(起す)》べからじ。譬《たとえ》バ、何程借リ金御座候とも、田地、諸事の品もノ《(物)》、有合《ありあわせ》のぶん渡し心《(す)》ニ相成り申候ハヾ、少モ恐るゝにたらじ。尤《もっとも》、田地なくとも、日びニ働バしのぐものニテ御座候間、全クびんぼう《(貧乏)》ヲ恐るべからじ。ことニ依而《よって》ハ田畑ヲを《(惜)》しミ、我ミ《(身)》出ぽん《(奔)》致人多ク有也。誠ニ大あやまりニ御座候。人間ト田畑ヲくらぶれバ、人間ハ三千年ニ一度さくうとん《(優曇)》花《(げ)》なり。田畑ハ石川ら《(原)》の如し。石川らヲを《(惜)》しミ、うとん花ヲし《(棄)》てるが如し。　（一番の帳面）

この帳面を残した百姓の名は、命助《めいすけ》。命助は文政三年（一八二〇）、南部藩の太平洋岸の山間の村、上閉伊《かみへい》郡栗林《くりばやし》村に生まれた。肝煎《きもいり》格の家とはいえ、生活はそれほど楽でなく、命助自身、天保の飢饉の際、十七歳で秋田藩院内《いんない》の鉱山に出稼ぎに行った。そして父の死、本家の当主の死により、命助は若くして、母と妻と五人の子供のほか、本家の家族をも養わねばならなかった。そのためかれは、田畑耕作のかたわら、村からそう遠くない「浦方」の海産物を「岡方」の村に、「岡方」の農産物を「浦方」の村に売り歩く荷駄《にだ》商《あきな》いをはじめた。

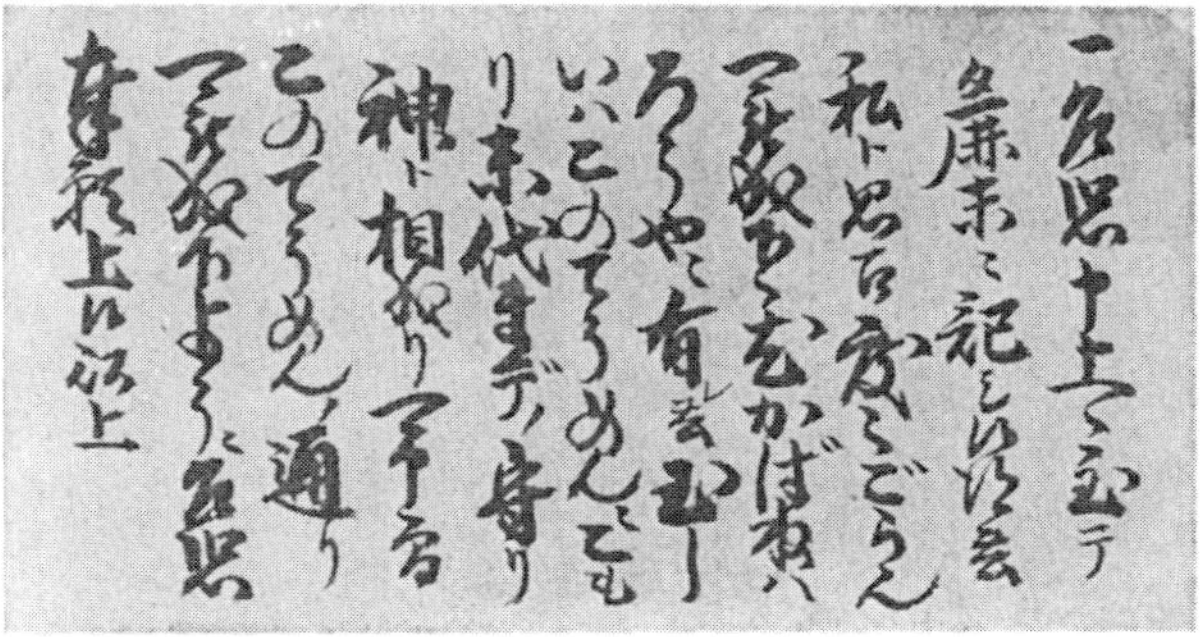

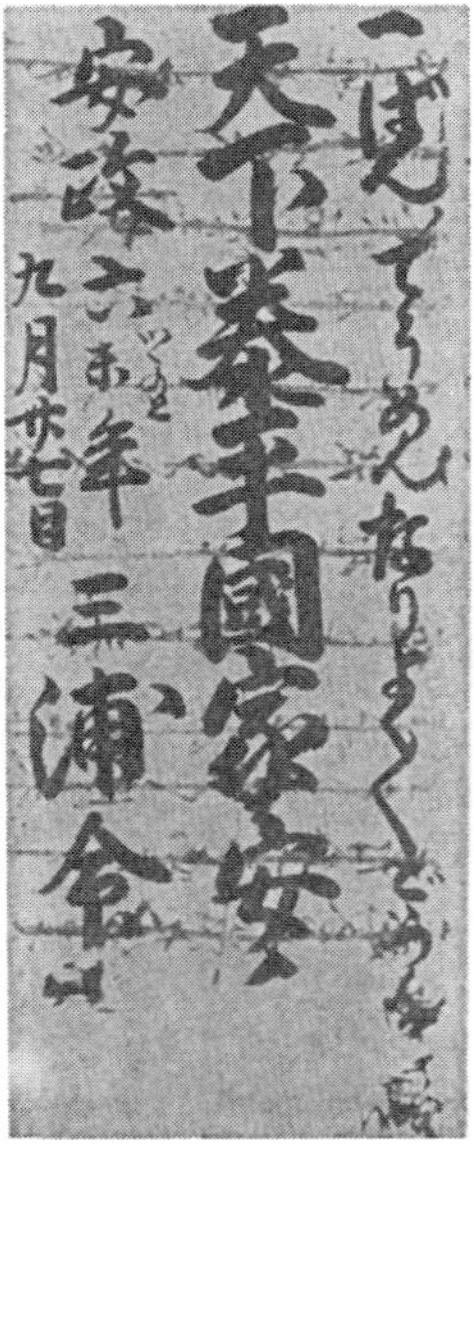

第一の帳面から。表紙と部分

表紙は「一ばんノてうめんなりよく〳〵ごらん□／天下泰平国家安全／安政六ツ、のと(つちのと)未年九月廿七日／三浦命助」とある。四冊の帳面の形状は、いずれも東山紙二つ折の横帳で、各冊ともわずかに紙寸のちがいが認められるが、ほぼ縦一四センチメートル余り、横三七センチメートル余りの大きさである。

ある記録によれば、命助は、

身長五尺七寸三分(一七三・六センチ)
体重参拾貫余(一一二・五キロ余)
肩の広さ二尺二寸(六六・七センチ)

という堂々たる体軀で、そのうえ「身体色白く、漆黒の胸毛厚生《こうせい》す」という見事さだった。もとより腕力も強かった。牢内の閉じられた空間よりも草相撲の土俵の上がはるかに似合う大男の命助は、背に商い物を満載した馬の綱を引き、近隣の村々を商売し、南部藩の領域をこえて仙台藩の町・在へ往来することもしばしばだった。

江戸後期、百姓らの生活が元来の領域である村境・藩境をこえて営まれる傾向はどこにおいても見られることだったが、ここ南部藩の太平洋岸沿い一帯、「岡方」の村々の民と「浦方」の村々の民が緊密に結ばれあった地帯では、いっそうそのことが増幅された形で現われていた。

南部藩は、本来一〇万石の領知高であったが、文化期以来、蝦夷地《えぞち》警備の理由で二〇万石に増封《ぞうほう》となり、家格が上昇した分だけ、公儀に対する軍役の負担も増して、いよいよ行きづまりの度合いを深めていた。窮乏した藩財政の建て直しをはからなければならなかった南部藩は、太平洋側の広大な地域に目を向けた。この地域は、個々の農漁民がけっして豊かだったわけではないが、かれらが諸業に発揮していた活力はめざましいものであり、その中から、窮乏極まった財政建て直しの資を吸い上げようとしたのである。

深まる「内憂」とペリー来航という「外患」をかかえた嘉永六年(一八五三)、命助の住む南部三閉伊《さんへい》地方に一揆が起こった。命助三十四歳のときである。この一揆は武士身分と百姓身分が四つに組んだような性格をもっていた。

この年、全国では二〇件余りの一揆が起こったが、そのほとんどは東北の地においてであったと記録されている(『百姓一揆総合年表』)。

この一揆は、仙台藩領への越領《えつりょう》・強訴《ごうそ》という方法を選び、八千余の百姓が南部藩領を出た。やがて四十五人の総代だけを残して帰国、これと呼応しながら南部領での一揆状態を持続し、嘉永六年十月、願向きの多くの項目の承認と一切咎《とが》無しの一札を得て終熄する。命助はこの一揆で頭人《とうにん》の一人として活躍した。

一揆ののち命助は村役人となるが、紛争と代官所の追及で、多くの家族を残して出奔、仙台藩領内で修験者《しゅげんしゃ》として暮らす。やがてかれは京都へ上り、公卿二条家の臣となった。そして命助は朝廷の権威を借りて南部藩へ戻り、〝たった一人だけの一揆〟を試みる。安政四年(一八五七)七月、袴《はかま》に大小を帯びた異様ないでたちで、関所に立つ。しかしかれは、嘉永一揆の頭人、栗林村の命助であることを見破られ、たちまち捕えられてしまった。そして盛岡の牢に送られた命助は、そこで四つの帳面を書いた。最後の帳面を記してから三年後の文久四年(一八六四)、獄中生活六年と八か月で命助は牢死《ろうし》する。四十五歳であった。

四冊の帳面はひそかに家族の手元に届けられ、世に知られることなくかれの生家に保存されてきた。江戸時代の終わりに書かれたこの帳面は、明治・大正期を過ぎ、昭和十年代になって歴史を調べる者、遠野町の菊池福雄氏によって見いだされた。命助牢死後、七十年あまり経ってからのことである。この四冊の帳面は、命助と同時代に生きた横川良助が残した厖大な記録『内史略』の研究から、この百姓命助の存在に気づいていた森嘉兵衛氏によって、「獄中記」という総称が与えられた。

「獄中記」は、一九六二年に相ついで刊行された『釜石市誌』史料編三(釜石市)と、森嘉兵衛『南部藩百姓一揆の指導者三浦命助伝』(平凡社。同書には他の関係史料も収録されている。以下、本書でそれらを用いるときは、『森史料』と略称する)に収録された。その後、史料集『民衆運動の思想』(日本思想大系58、一九七〇年、岩波書店)にも収められ、巻末の解説では安丸良夫氏が、それの民衆思想としての特徴に論及している。

こうして百姓命助が甦り、しだいにその面貌をわれわれの前にくっきりと見せるようになってきた。だが、細部に立ち入っていちいちを知ることは容易でない。

「獄中記」すなわち四つの帳面その他を手がかりに、百姓命助の行跡を追うことは、とりもなおさず、他の誰とも同一でないかれ一個の生涯の道すじをあきらかにすることになるだろう。しかしまた、この命助が遭遇したことがらの多くは、当時の百姓らが取り結んでいた人間関係や生活環境から発生するものにほかならなかったのだから、そのことがらへ視線を向けることはこの百姓が生きた時代そのものを見ることとなる。いちばん小さな歴史である個人史をとおして、いちばん大きな歴史である時代史へ近づく。時代史の全体がそのことだけで解明されるのではないが、一人の人間の一生を光源にして照らされることで、時代のある側面が鮮やかに浮かびあがるということはありうる。また、その逆光を浴びて、もっとも特殊でもっとも極小の部分であるはずの個人史が、時代の諸要素をはらむ一個の全体史として浮かびあがるということもありうるだろう。

個人としての一生を後世に知らせることができる江戸時代の農民はごくわずかにちがいないのだから、この方法でもって時代の全てをとらえつくすことはできない。だがそれだけに、それら個人史叙述の可能な、僅かな数の農民の一生をできるかぎり懇切に手繰り、それを、別の手順(経済史とか政治史とか)であきらかにされた農民像と対照し、重ねあわせることの効果は大きい。一人の農民が甦ることで数多くの農民が甦る。

百姓命助の行跡を追ってきた私は、その途中で多くの人に出会い、ある人からは史料を提示され、ある人からは見方を教示された。そのすべての方々を列記することは省略するが、「獄中記」その他の命助関係文書を所蔵する子孫筋の三浦加禄氏をはじめとし、森毅氏、武田功氏、東海林和美氏、大沢雄三郎氏、佐々木善七氏、平野正太郎氏、田村忠博氏、保坂智氏、西脇康氏外の方々の力添えがなければ、私の命助にかんするイメージはおし拡がらなかった。なりかわって私が、一人の百姓の生涯について「証言」する、この本をそのように考えたい。

目次

以下、「一　栗林村と命助の家筋」から「七　二条殿家来三浦命助」までの各章における引用史料については、読みやすさに配慮し、片カナを平がなに変え、漢文調の箇所を読み下しにするなど、表記に変更を加えた。

また本書全体にわたり、引用史料に振り仮名を加えた。史料にもともとあった振り仮名は〔　〕を付して示した。

一　栗林村と命助の家筋

命助がかかわった百姓一揆を、三閉伊《さんへい》一揆（あるいは三閉伊通《どおり》一揆）と通称することが多い。南部藩の一揆で三閉伊一揆と呼ばれるものは二つあって、一つは弘化四年（一八四七）に起こり、もう一つはその六年後の嘉永六年（一八五三）に起こっている。命助は、あとのほうの三閉伊一揆で頭人《とうにん》の一人として働いたのだった。

広大な南部藩領のうち、現在の陸中海岸に沿って三閉伊通と言われる地帯があり、そこは、郡制上は北から九戸《くのへ》・下閉伊・上閉伊の三郡に分かれ（確定しきれない点も残るが）、行政の上では北から野田通《のだどおり》、宮古《みやこ》通、大槌《おおづち》通の三つに分けられていた。「郡」と「通」の区域は同じでなく、九戸郡のうちの三八か村は八戸藩領に入っており、海岸線でみると上下両閉伊郡が長く、土地も広かった。雪も降るが、太平洋に接して、東北のなかでは温暖なほうである。

三閉伊一揆と呼ぶのは、その地の百姓ら万余の行動だったからで、かれらは、大づかみに言えば、支配向《むき》をことごとく批判して村々を立ち退《の》き、三閉伊通の南辺に接する仙台藩領へ願筋《ねがいすじ》ありと訴え出たのである。つまり、逃散《ちょうさん》して、他藩へ越訴《おっそ》したのだった。このとき差しだした訴状の末尾に、かれらは、「三閉伊通惣御百姓《そうおひゃくしょう》」(「三閉伊通百姓一揆録」『日本庶民生活史料集成』第六巻)と記している。加わった者の居住地が三閉伊通の広域に及んだというだけでなく、百姓らのまとまりの自覚からみても、これは三閉伊一揆と呼ぶのがふさわしい行動だった。

命助は、三閉伊通のなかでは南の方、大槌通にはいる村の百姓だった。居村《きょそん》は、上閉伊郡栗林村といった。明治十一年(一八七八)に岩手県が編集した村誌(「巌手県管轄地誌」第九号之四十三)をみると、「陸中国閇伊郡栗林〔クリハヤシ〕村」の位置を、

南は鵜住居〔ウノスマヰ〕村に、西は甲子〔カッシ〕・橋野〔ハシノ〕両村に、北東は小槌〔コ ツチ〕・片岸〔カタキシ〕両村に、皆山嶺を界し、震位《しんい》(東)に方《あた》り栗林川を以《もっ》て界とす。

と書いている。山と川で区切られた栗林村の広さは、東西およそ一里六町(四・六キロ)、南北およそ三〇町(三・三キロ)、これだけの空間に住家を構える者が栗林村住民とされた。ここから二里二〇町(一〇キロ)ほど東へ隔った湾口に大槌町があって、そこに南部藩の出先機関・大槌代官所が設けられていた。栗林村住民は、その支配下にあった。

この村に住む人々は、もともと耕地に恵まれなかった。四方を山が巡り、栗林川の水流

に沿って開発されたわずかな耕地が、田畑として活用されていた。地味もわるく、黒土の所は小石が多く、赤土の所は砂石混じりで、水利にも不便であり、旱魃に苦しむことの多い土地柄だった。先の村誌によると、

田　一〇町六反六畝五歩（一〇・五ヘクタール）
畑　一三〇町一反八畝三歩（一二九・九ヘクタール）
切替畑　三町七反二畝九歩（三・七ヘクタール）
屋敷地　四町二反四畝一一歩（四・二ヘクタール）
社地　七畝一七歩（〇・〇七ヘクタール）
荒地　一町七反三畝一八歩（一・七ヘクタール）

という土地の内訳であり、これら一五〇町六反二畝三歩のすべての地目に税がかかった。そのほかに僅かだが無税の土地として、社地（神社の境内）二畝三歩、墓地二反五畝二八歩、潰地《つぶれち》一反九畝五歩、計四反七畝六歩があった。

命助が四冊の帳面（「獄中記」）を書いてから二〇年もたたないうちに作られた村誌だから、土地の景観は、かれがこの村の百姓として生きた時代とそれほ

栗林村の土地構成

地目	面積	比率
田	10町6反6畝—05歩	7.0
畑	130 1 8 —03	86.2
切替畑	3 7 2 —09	2.5
屋敷地	4 2 4 —11	2.8
社地	9 —20	0.1
墓地	2 5 —28	0.2
荒地	1 7 3 —18	1.1
潰地	1 9 —05	0.1
	151 0 6 —99	100

明治11年地誌より

ど違わないものとみてよいだろう。そのつもりで見返してみると、栗林村は畑地が圧倒的に多い村柄だった（八六・二パーセント）。田地は畑地の一割にもみたない。墓地・社地・荒地・潰地などが合わせて全体の二パーセント足らず、これらは、誰かの所有というより村の共有だと考えられている土地である。切替畑は、多分年限を区切って森林と交互に仕立てかえす焼畑のことであろうが、これも村人の共有感覚に支えられた土地だったろう。

村のなかは、そこで生まれた者なら子供のうちに自然に覚えこんでしまう幾つかの地字《あざ》に区別されていた。別表のように二五もの字名があり、そこに家・屋敷を構える住民は明治十一年（一八七八）で一〇八戸（うち神社三戸――熊野・丹内・八幡神社）、六一三人（男三一四、女二九九）だった。安永九年（一七八〇）には八三軒、享和三年（一八〇三）には九四軒と漸増してきているから（『ふるさとの観音さま』一九七三年、上栗林部落編）、一〇〇軒前後という規模が命助生前の時期の家数だったろう。村の一人一人は、ふだんは住処の地字をつけて「沢田ノ　善七殿」（宝暦十年の手形　三浦加禄家文書）、「砂子畑　助重郎」（天保十年の手形）というように呼ばれるか、あるいは屋号《やごう》をつけて「上ノ　六左衛門」（天保十一年の手形）、「板橋ノをはな」（安政四年の手形）などと呼ばれた。

栗林村の牛馬飼育は、明治十一年では馬のほうがはるかに多かった。社家を除いた一〇五戸で一六八頭（馬一四九、牛一九）を割ると各一・六頭、つまり一軒に馬（か牛）一頭、半分以上の家が二頭以上飼っていることになる。この頭数を、凶作・飢饉にもぶつかった命助の時代にそのままさかのぼらせることはできないが、馬——と少数の牛——を飼うことがあたりまえになっている百姓経営を思い浮かべるのはまちがっていないだろう。安永九年には馬一九七頭であったことが知られており(同前)、あるいは明治期より頭数は上まわったかもしれない。馬と牛は栗林村の物産の一つでもあった。

物産一覧

1	馬
2	牛
3	猪
4	米
5	大豆
6	大麦
7	小麦
8	粟
9	稗
10	黍
11	濁酒
12	蘆菔
13	麻
14	薪
15	炭

村の地字構成

1	住川向(すみかわむかい)
2	住　川
3	川久保
4	野佐懸(のさかけ)
5	川　向
6	滝　野
7	滝　向(たきむかい)
8	石畑向
9	石　畑
10	新　屋(にいや)
11	沢　田
12	菊瀬川
13	沢　子
14	大　松
15	八　幡
16	大子他(おおした)
17	道　々(とうとう)
18	清　水(しず)
19	和　野
20	瀬　畑
21	砂子畑
22	野　崎
23	夏ケ沢
24	一ケ内
25	川　原

それぞれ明治11年地誌より

物産一覧をみると(別表)、猪もこの村の物産として書きあげられているが、これは狩猟の成果にちがいない。農産物・加工産物の品数は少ない。

他村と山嶺や川で区切られた栗林村を、内側から眺めてみると次のようだった。村域に入る山二八四か所。そのなかには楢《なら》樹密生の大曾《おおそ》山、小柴木《しばき》の群生する一ケ内山、秣場《まぐさば》として百姓らが共用していた狼ケ森《おいぬがもり》などがあって、ほかの村々を見えなくしていた。それらの山に挟みこまれるように、林八か所。野原八三か所。田畑・切替畑、屋敷地などがあった。このような内容をもつ栗林村を貫通して外域へつないでいたものが、二つあった。

一つは、橋野村から入って来て、下流になる鵜住居・片岸両村の間を分けながら流れ降りてゆく栗林川だった。村域内での長さ一里一八町(五・九キロ)、川幅は広い所で二〇間(三六メートル)、狭い所で六間(一一メートル)、深さは三尺(九一センチ)から七尺(二・一メートル)くらいのものだった。この川は、上流の橋野村を流れるときは橋野川と呼ばれ、栗林村の範囲では栗林川、そこを流れ過ぎるところでは鵜住居川と呼び名が変わった。いつの時代にも、栗林川は、この村に住む幼少年にとっては毎日の遊びに深くかかわり、一人前の住民にとっては毎日の生活の用益に深くかかわった。

もう一つは、これも橋野村から入って来て、片岸村へ抜けてゆく、両石道《りょういし》(あるいは遠野往来道)と呼ばれる道だった。両石は、湾口にある村名である。城下町盛岡や遠野町の方位からみれば、川と同じように上から下へ降りてゆく道筋で、村域内の長さも川と似て一里六町(四・六キロ)、しかし道幅は川とちがって平均一間一尺(二・一メートル)の狭さだった。

この道が、四冊の帳面を書いた命助の家のすぐ前を通っていた。かれが自分の家を、二番目の帳面のなかで、「三浦左馬之助の家」と表現している箇所がある。三浦左馬之助は、命助にとっては、自分の属する家筋を示すうえでのシンボルのような祖先名なのであった。「三浦左馬之助の家筋」をどこまでもさかのぼろうとすると、言い伝えや推定のなかに入りこんでしまう。

言い伝えのほうは、柳田国男が記録した『遠野物語』にかかわる。柳田は、遠野の人佐々木鏡石から聞き取った話をまとめたのだが、その第六十三話は、小国《おぐに》村一番の金持三浦家について次のような言い伝えを語ったものだった。

小国《おぐに》の三浦某《なにがし》と云ふは村一の金持なり。今より二、三代前の主人、まだ家は貧しくして、妻は少しく魯鈍《ろどん》なりき。この妻ある日門の前を流るゝ小さき川に沿ひて蕗《ふき》を採りに入りしに、よき物少なければ次第に谷奥深く登りたり。さてふと見れば立派なる黒き門の家あり。訝《いぶか》しけれど門の中に入りて見るに、大なる庭にて紅白の花一面に咲き鶏《にわとり》多く遊べり。其庭を裏の方へ廻れば、牛小屋ありて牛多く居り、馬舎ありて馬多く居れども、一向に人は居らず。終に玄関より上りたるに、その次の間には朱と黒との膳椀をあまた取出したり。奥の座敷には火鉢ありて鉄瓶の湯のたぎれるを見たり。されども終に人影は無ければ、もしや山男の家では無いかと急に恐ろしくなり、駆け出して家に帰りたり。此事を人に語れども実と思ふ者も無かりしが、又或日我家のカド(川戸――著者注。以下同じ)に出でて物を洗ひてありしに、川上より赤き椀一つ流れて来たり。あまり美しければ拾ひ上げたれど、之を食器に用ゐたらば汚しと人に叱られんかと思ひ、ケセネギツの中に置きてケセネ(米稗その他の穀物)を量る器と為したり。然るに此器にて量り始めてより、いつ迄経ちてもケセネ尽きず。家の者も之を怪しみて女に問ひたるとき、始めて川より拾ひ上げし由をば語りぬ。此家はこれより幸運に向ひ、終に今の三浦家と成れり。遠野にては山中の不思議なる家をマヨヒガと云ふ。マヨヒガに行き当りたる者は、必ず其家の内の什器家畜何にてもあれ持ち出でて来べきものなり。其人に授けんが為にかゝる家をば見する也。女が無慾にて何物をも盗み来ざりしが故に、この椀自ら流れて来たりしなるべしと云へり。

マヨヒガ―迷《まよ》い家《が》を見た魯鈍で無欲な貧農の妻に与えられた一個の赤い椀によって、このように下閉伊郡小国村の三浦家は村一番の金持になった。一方、上閉伊郡栗林村三浦家は、北西の方向にあたるその小国村の三浦家から、持参金・苗字付きで嫁が来たためにはじめて三浦姓になったと伝える。『遠野物語』のこの話が記憶されしるされたのは、明治四十年代のことで、小国三浦家はもとは貧しく今より二、三代前に富裕になったとするのだから、江戸時代も終わりにちかくなって奇瑞が起こったことになる。栗林三浦家は、それよりも古くからたどれるから、持参金・苗字付きで嫁が来たという話にあわせるためには、小国三浦家がもともと上層に位置する存在だったと考えなくてはならないだろう。

どちらにせよ、このような事情があったとすると、「栗林村三浦家」の苗字名乗りは比較的新しいことになる。事実、十九世紀に入ってからも「栗沢」と記銘した遺物(文化十年観音堂棟札表《むなふだ》)が残っており、古くは栗沢を氏とし、この土地に幾軒もある栗沢一族の総本家であったというのが、今も聞かれる伝承である(前出『ふるさとの観音さま』)。その栗沢姓について子孫筋の三浦加禄氏は、もと栗の木が多くある地に村落を開発した草分けの者が、村の名を栗林とし、姓を栗沢とした、と想像する。当否は不明だが、開発の在地《ざいち》領主栗沢氏という者があり、それが左馬之助のさらに古い祖であって、後代、伝承のように、他村から持参金・苗字付きの嫁が入って三浦姓に変わった、というのは整合性のある話として成りたつ。

記録でたどれる「三浦左馬之助の家」も、十七世紀の前半にまで至ることはむつかしい。天和二年(一六八二)十月十二日の日付がある「閉伊郡御検地名寄御帳写《なよせおんちょううつし》　中市吉左衛門領栗林村」という帳面が残されている(『釜石市誌』二)。のちの写本にはちがいないが、この帳面によって、当時の栗林村に住む者の社会的な位置関係を知ることができる。この時の検地がどのような規模でおこなわれたものかはよくわからず、当時の藩法令によっても確かめられないが(『藩法集』9「盛岡藩」上)、家臣の一人であった中市吉左衛門が自分でおこなったのではなく、藩が実施したものであることは、検地帳末尾に検地役人八人の一覧があることからもうかがわれる。帳面の記載を類別して例示すると、

(イ)　壱ケ内
　　孫左衛門
下畠三十廿一　弐反八畝　壱石五斗
(中略)
〆　弐石三斗五合

(ロ)　左　近
中畠十四　壱畝廿五歩　壱斗弐升八合
(中略)
〆　三石五斗壱合

(ハ)　与惣右衛門作
　　久五郎

下畠十 六　弐畝廿歩　壱斗三升三合

（中略）

〆　壱石八斗七升

(ニ)　図書分地

三　吉

下畠六 七　壱畝廿五歩　九升弐合

（中略）

〆　七斗壱升弐合

(ホ)　左近分代

長　十

上畠十五 十二　八畝　弐斗四升

（中略）

〆　八斗四升

（同前）

等である。(イ)は、百姓の名前に地字《あざ》が肩書きされ、次に地目《もく》、縦横《たてよこ》(間数)、面積、石高が耕地の一筆ずつ記され、最後に合計の所持高が示されるというものである。(ロ)は、百姓名だけで、以下は同じ、(ハ)は、誰「作《さく》」誰と記され、以下に所持地が書きあげられるものである。(ニ)は、誰「分地《ぶんち》」誰、(ホ)は、誰「分代《ぶんだい》」誰、である。(イ)と(ロ)は一軒前の百姓であるが、(ハ)(ニ)(ホ)は、地主小作ないしは従属的な請作《うけさく》あるいは本家分家の関係を示すもので、栗林村は十七世紀の末期にも、村内の身分的関係をなおつよく持続させていたということになる。

表題は「中市吉左衛門領栗林村」となってはいるが、この帳面がすべての村内耕地を表わしているわけではない。次頁表に示したように、この帳面では田畠面積六町六反余だが、明治十一年(一八七八)には一四四町五反余とある(前出地誌)。明治期以降の村域の変化や江戸期をつうじた新田畑開発を想定するとしても、この落差は大きすぎる。一〇〇年ほどのちの願書(天明四年一月「乍レ恐奉二願上一候事」、『森史料』一四七頁)のなかに、旧来、栗林村の村高《むらだか》は一一二石九斗二合で、そのうち御蔵高《くらだか》(藩直轄地)は四二石一斗九升三合、あとの七〇石七斗二合が御給所《きゅうしょ》(家臣知行地)で中市吉左衛門と鈴木惣兵衛の支配と書かれている。栗林村全村を、藩領と二人の給人《きゅうにん》(拝領地を直接支配する家臣)の知行地に、ほぼ三分割したのが天和検地で、現存する帳面はそのうちの中市領三七石余の詳細なのであろう。

天和二年(一六八二)の検地だから命助の時代からも大分さかのぼる。だがこれ以後、整った検地帳は栗林村に残されていない。ひとまず天和の検地名寄帳を活用して、この村(中市領)の人びとの社会的な位置と経済的な関係を考えてみよう。

耕地を所有する者として認められた名請人《なうけにん》は二二人(久八は異筆なので除く)。二二人で総

栗林村中市領百姓の土地所持

名請人	住　処	地　位	筆数				石　高	面　積
			下田	上畠	中畠	下畠		
① 孫左衛門	壱ケ内					6	2石—3斗—0升—5合	48畝—25歩
② 左馬之助			3	3	5	8	6 —5 —1 —6	114 —11
③ 藤左衛門	ツ　ル			1	2	5	1 —5 —4 —0	25 —15
④ 左　近				2	3	6	3 —5 —0 —1	62 —15
⑤ 久五郎		与惣右衛門作		1	2	7	1 —8 —7 —0	38 —10
⑥ 図　書	橋　場			2	1	4	1 —8 —4 —5	21 —00
⑦ 与惣兵衛				2	2	8	1 —8 —4 —2	35 —20
⑧ 三右衛門				3	2	2	1 —4 —0 —8	23 —00
⑨ 与右衛門				1	0	4	2 —3 —1 —5	43 —25
⑩ 喜左衛門	北ケ沢口					4	5 —7 —2	12 —05
⑪ 三　吉		図書分地		1	1	1	7 —1 —2	9 —25
⑫ 孫　吉	沢　田			1	0	3	7 —3 —6	13 —00
⑬ 太郎左衛門					1	2	4 —2 —5	12 —05
⑭ 惣左衛門		庄　八			1	2	9 —5 —2	22 —25
⑮ 長　十		左近分代		1	0	1	8 —4 —0	14 —20
⑯ 助次郎		出　雲				2	8 —6 —7	17 —10
⑰ 仁　助					1	2	7 —8 —4	13 —20
⑱ □□□						2	5 —0 —7	13 —00
⑲ 長　十		図書分地			1	1	7 —4 —2	·11 —25
⑳ 孫十郎					1	1	2 —6 —7 —1	39 —15
㉑ 六左衛門		与左衛門分地				2	8 —5 —0	28 —10
㉒ 長四郎		出雲分地			2	1	3 —1 —5 —8	45 —15
㉓ (久　八)							(7 —5)	――
合　計							37 —0 —3 —3	666 —26

『釜石市誌 1』より

石高三七石弱だから一人平均一・七石弱、全体に土地所持は極く零細だということになる。

名請人二二人のうち、一軒前の百姓と言えるのは一四人である。ほかの者は、一軒前の百姓に対してなんらかの点で従属する地位にあったと推定される。たとえば(ハ)の久五郎(表―⑤)をとりだして考えると、かれは与惣右衛門《よそえもん》に対して「作《さく》」という関係にあった。これは、与惣右衛門から土地を分与されて耕作するという請作《うけさく》の位置にあったことを示すと思われるが、その制約のなかで久五郎は、一石八斗七升(三反八畝一〇歩)を領主に対して名請《なうけ》(登録)していた。このことは、かれがより従属性の強い請作関係から、より自立性のつよい方向へ動いていることを示すと言えるだろう。

また(ニ)の三吉(表―⑪)と長十(表―⑲)は「図書分地《ずしょぶんち》」である。図書(表―⑥)は橋場の住人で二反一畝、一石八斗四升五合を所持する。その図書の「分地」というのはおそらく分家したという意味で、しかもそのことが帳面上にも明記されなければならないだけの分離の実態をもつのである。三吉は九畝二五歩、七斗一升二合、長十は一反一畝二五歩、七斗四升二合で二人ともきわめて零細であるが、「分地」主の図書も大高持だとすることはできない。

もう一人の(ホ)長十(表―⑮)は「左近分代《さこんぶんだい》」とある。左近は、六反二畝一五歩、三石五斗一合で中市領第二位の土地所持者である。長十はその左近にたいして「分代」だというのだが、一反四畝二〇歩、八斗四升であり、多分、かれも「分地」と同様の立場にあった。

久五郎・三吉・長十らを「作百姓」という言葉でまとめておくと、かれらは、本家ないしは主家が明示されているけれども、領主にたいしては名請人であり、年貢負担者であり、また所持高もかならずしも最下層の者ばかりではない。たしかに極く零細であるが、一軒前の者でもっと零細な百姓がいる。一軒前の百姓の階層は、一石以下が五人、喜左衛門は五斗七升二合、太郎左衛門は四斗二升五合である。だから、日常的な土地耕作のうえで、一軒前の百姓と分地百姓のあいだに歴然たる上下があったのではない。

けっきょく、この帳面にあらわれた栗林村の性格は、一面では階層差のつよいことを示すけれども、他面では、分家や家来が名請人になっていくという「百姓自立」の動き、言いかえれば百姓として結合する条件をもつことをも示すものといえるだろう。「栗林村御百姓共」と記載された文書は明暦元年(一六五五)までさかのぼれる(『釜石市誌』)。

命助が「三浦左馬之助の家」と呼ぶ家筋は、命助の時代から約一七〇年前に行われた、この天和二年(一六八二)検地の帳面にある「左馬之助」を先祖とする家、とみるのが妥当であろう。

この左馬之助は、一町一反四畝一一歩、六石五斗一升六合の所持高をもつ栗林村中市領で一番の土地持ちの百姓である。左馬之助の所持地は、帳面にあらわれた耕地の一七パーセントを占め、石高で一八パーセントを占める。この帳面だけでのことだが、水田は、下田が三筆(計一反三畝二六歩、八斗三升)だけであり、それはすべて左馬之助のものである。ほかに水田があったとしても、おそらくこの村では水田というものがまだ珍しく、それを所持し稲を仕付《しつ》けることが村中から憧憬の眼で見られる。左馬之助の家は、多分そのような位置にあったのではないか。それほどの家と「作」「分地」「分代」の関係をもつ者が帳面にあらわれないのは不思議だが、下人か奉公人かを抱えこんでいる左馬之助の力のつよさを逆に示すものともいえる。

命助が牢内で書きのこしたものには、四冊の帳面のほかに写経があるのだが、その一つの「高王経《こうおうきょう》」のなかでも、「栗林村左馬之助先祖代々過去仏《だいだいかこぶつ》」と記しており、かれが「三浦左馬之助の家」の子孫という自覚をつよく抱いていたことを思わせる。

「三浦左馬之助の家」は、いつの頃から称されるようになったのか、屋号を「東《ひがし》」と呼ばれ、家紋を(まるさん)にしてきた。今もこれがつづいている。「東」としたのは、上栗林部落の東端に家屋敷が位置したからだろう。「部落で一番先に日があたり、日中、日暮れまでもよく日がさすので、この屋号が生まれた」というのが子孫に伝わっている話である(前出『ふるさとの観音さま』)。

命助が暮らした頃の家の間取りとその外観は別図のようだった。茅ぶきの家で、ほとんどの部屋に炉が切られ、六か所もあった。仏壇と神棚の両方があり、書庫があった。土間には、唐臼《からうす》が置かれ、また別の一角には藁打石《わらうち》が据えてあった。切りきざんだ干草に、米

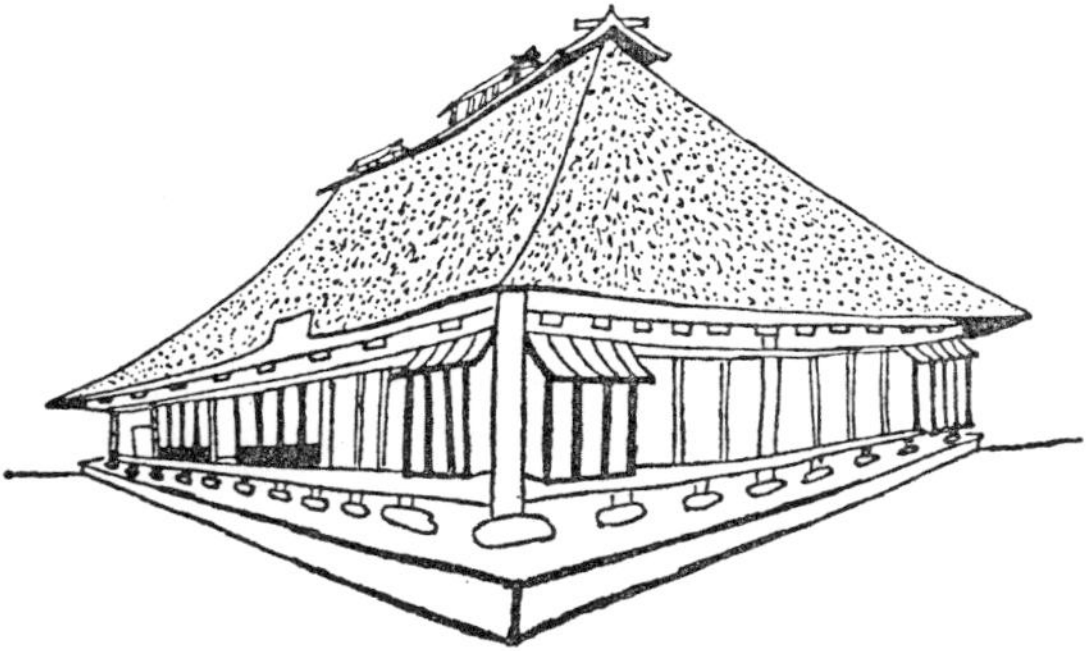

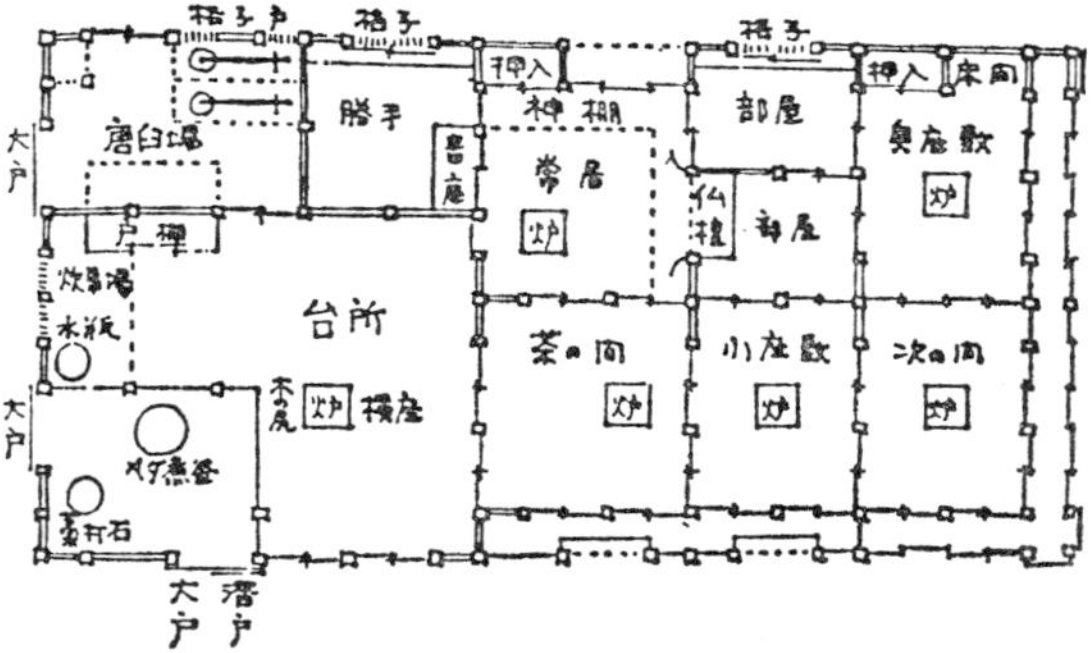
格子戸
格子
格子
押入
押入
床間
唐臼場
勝手
神棚
部屋
奥座敷
大戸
常居
炉
仏壇
部屋
戸棚
炊事場
水瓶
台所
茶の間
小座敷
次の間
横座
大戸
大戸
潜戸
※ 茶の間の真上は二階になっている

（三浦加禄氏作図）

のとぎ汁などを入れて家畜の餌を煮るヤダ煮釜も据えられていた。炊事場の側に、大きな水瓶があった。炉をはさんで横座(亭主の座)と木の尻のある台所の間《ま》の、真上が小さな二階になっていて、そこには住み込みの者をおいたらしい。

この家宅が命助の頃の様子だったことは、建て替えのさいに写し取られた図によってわかるけれども、天和期の左馬之助以来おなじ仕様だったかどうかは知ることができない。

左馬之助以後の「東」の家をたどってみると、天和の土地台帳の次に見られる史料は貞享五年(一六八八)七月十日付の借金手形(三浦家文書)である。「久八」から「くり林村六右衛門殿」へ宛てたものであるが、この「六右衛門」というのは、以後の「東」の当主名としてしばしば襲名されてきた名前である。天和検地からわずか六年しか経っていないから、左馬之助の子の位置にある者かもしれない。

それから三〇年ほどのちの享保四年(一七一九)に書かれた一札《いっさつ》も、天和の検地名寄帳ではみられない「東」の家筋の性格を浮かびあがらせる。

差出申一札之事

一、常楽寺《じょうらくじ》と申《もう》すは、先年より貴殿御寺にござ候。大田より鵜住居《うのすまい》村へ御引下りにつき、御住僧ならびに四ケ村檀中《だんちゅう》と色々御懸け合いなし下され、村方の為に御苦労なし下され、誠に忝《かたじけ》なく存じたてまつり候。右御礼として貴殿お家代々子々孫々に至るまで、当村一統全く如才《じょざい》(等閑)致させ申すまじく候。後日のため件《くだん》のごとし。

享保四年十月廿日　栗林村肝煎《きもいり》

甚　助　㊞

老名共《おとなども》ならびに村中

栗林

六右衛門殿

(三浦家文書)

「貴殿御寺」という表現から、常楽寺(曹洞宗)は「東」の家がおそらく自家の氏寺として創建したものと解してよいだろう。「東」の家が、栗林村の草分《くさわけ》大百姓の位置にあって、一族の冥福を祈り、また家勢を誇示する氏寺を創ったとしてもおかしくない。

しかし、常楽寺は、創建以後何年かして、両石・箱崎・鵜住居・片岸四か村の百姓らがそれぞれの累代の葬式と追善供養を営む菩提寺として開放されたものと思われる。「四ケ村檀中」という文言からそのあとがうかがわれ、四か村の名については同年八月十三日付のいま一通の文書から知ることができる。その文書は、四か村の肝煎・老名から栗林村六右衛門にたいし、寺の立地が悪く鵜住居村へ移したいと住僧が頼むので、普請のための人足と金銭を四か村で負担する、栗林村へは迷惑をかけないと約束したものである(三浦家文書)。栗林村が負担を免れたのは、六右衛門と深い関係をもち、村の位置からみて、寺地の移動を望む必要がなかったためではあるまいか。

おそらく天和検地で登録された栗林村中市氏領の二二人も、その頃には常楽寺の檀徒になっていたであろう。そうなることによって、常楽寺は氏寺から村寺になったのである。その変化の深い底流には、檀徒になる栗林村百姓の社会的地位の上昇があったわけだが、もう一つ、いわば上からの政治的契機、すなわち寺檀《じだん》制と宗門改《しゅうもんあらため》制の整備ということも考えられる。あるとき、大槌代官所からの指示があり、常楽寺は、左馬之助の寺であるという由緒を確認するとともに、栗林村の寺としての機能を発揮するようになる。そのとき同時にか、あるいは遅れてか、両石以下四か村も常楽寺檀徒となり、こうして、五か村が一村ずつ檀中を構成しながら、全体として五か村檀中を構成することになったのだと思われる。しかも、村中の者がこぞって一寺の檀徒であるような寺檀関係である。

五か村全檀徒というあり方は、江戸時代の寺檀制の実態からみるとふつうではない。宗旨の異なる、複数の寺に分かれるかたちで、宗門改人別《あらためにんべつ》帳に住民が書きあげられるというのが、むしろ多くみられる村と寺の関係であった。

南部藩の歴史にくわしい森毅氏の教示によると、この藩では寺が少ない。その理由は、農村が貧しく寺を維持できなかったからではないか。その一方で、修験《しゅげん》(男)と神子《みこ》(女)がほとんどの村に存在していた、という。より土俗的といってよい信仰環境にこの土地の人々が暮らしていたということは、民俗慣行についての大方の見方からしてうなずけることであるが、在方仏教寺院の少なさの一つの要因に、村落で寺・僧を維持することの困難さがあったことは注意しておくべきだろう。

五か村の菩提寺になっていたのであれば、常楽寺の大田から鵜住居村への移転は、両石・箱崎・鵜住居・片岸村がいずれも海浜にあって、参詣に不便なため、五か村の中間くらいの場所に置きたいというようなことであったと推測される。栗林村が人足・金銭を負担せず、他の四か村が全額負担して寺を移すというのも、発意がどちらの側だったかを示唆する。

こうして、常楽寺はいよいよ実質的に、五か村総百姓の菩提寺になってゆくのであるが、それでも六右衛門家は、常楽寺にたいして「貴殿御寺」と言われるような位置を失わなかった。「お家代々子々孫々」に至るまで「東」の家を疎略にしないと栗林村は約束しているし、のち宝暦十一年(一七六一)には、常楽寺から栗林村六右衛門へ宛て、寺の改変については何事も相談すると証文を渡している。もう命助が一人前になっていた頃の天保十年(一八三九)にも、常楽寺から六右衛門へ宛て、寺の移住のさいの「訳柄《わけがら》」によって「六右衛門代々居士《こじ》号」にすると約束している(三浦家文書)。

享保期の「東」の家が、特別の家筋ではあっても村役人でなかったことは、先に引いた一札でもあきらかであり、享保十五年(一七三〇)の「証文」(『森史料』一四三頁)にも見られる。これは、欅《けやき》一五〇本の礼銭について取りきめたもので、文中に「栗林村六右衛門、同村肝煎藤善願《ねがい》上候《あげ》」(同前、一四三頁)と記されている。山と「東」の家の関係について触れると、翌享保十六年(一七三一)の「為二取替一証文之事」という証文は、江戸の二人の商人が、「中南部《ちゅうなんぶ》栗林村山預人六右衛門殿」他へ宛てたもので、この記述によって、六右衛門が「山預人《やまあずかりにん》」の位置にあったことがわかる。山預人は、請負山の責任をもつらしいが、これは来歴のある資格に裏打ちされた地位であったろう。

この六右衛門の次、あるいは次の次は六郎兵衛だったようである。というのは、六右衛門の子孫にあたる三浦加禄氏の調べで、宝暦三年(一七五三)四月八日に半蔵という先祖が没したことが判明しているが、半蔵が当主名六右衛門をも用いたとして、それが左馬之助につづいて登場する享保期の六右衛門と同一人かどうかは判明しないからである。年代のひらきから推せば、享保期六右衛門の次が半蔵、その次が六郎兵衛とするほうが無理がない。

この六郎兵衛は、借金を重ねている。宝暦二年(一七五二)の手形によると、大槌町の伝四郎から何度も銭を借り、田畑を担保に入れた。明和元年(一七六四)の借金は、返済が可能なように一五年という長年賦にし、年二貫文ずつ返してゆく。もし滞ったら稲の半分を刈り渡す、と約束したものである。

しかし「東」の家の社会的地位はそれほどゆるがなかった。常楽寺との関係でもみられる「東」の家の宗教上の特別の地位は、宝暦四年(一七五四)、「東」の屋敷内に千手観音堂が建立されたことで、いっそう衆目の認めるところとなった。往古から山中に勧請されていて、「東」の家はもとからその別当役であったのだが、この年、村の中へ遷宮したのである。常楽寺が「東」の氏寺から村寺へ変っていったのと同じで、観音堂のこの移動は、「東の氏神」から「村の氏神」へ変ったことであり(もっとも観音信仰も全村的なものだったが、村の鎮守は熊野神社だった)、その分だけ村の中における「東」の特権的性格は減じた。

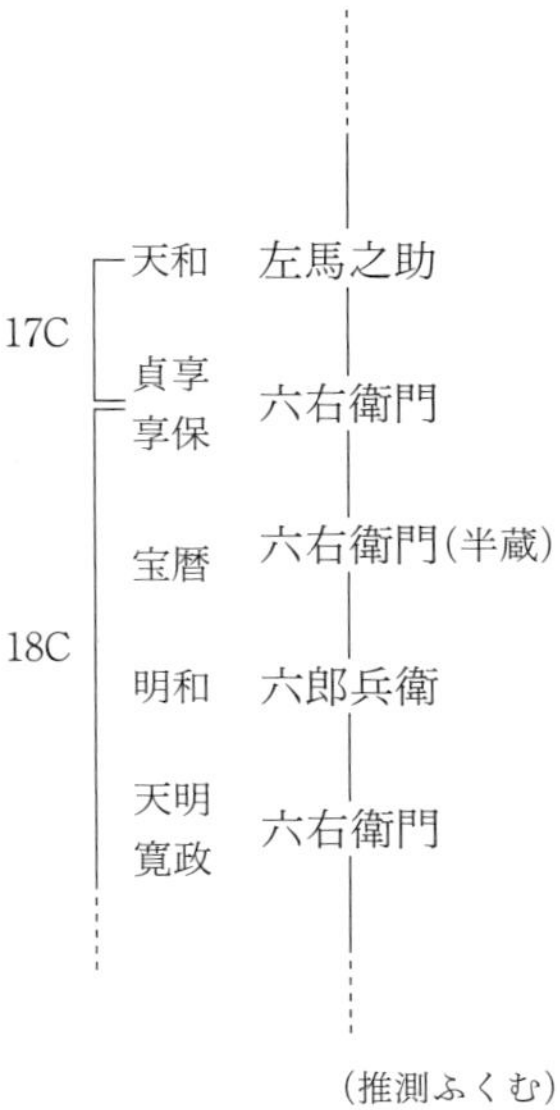

「東」の家系略図

しかし、常楽寺の場合と同じで、「東の観音」という観念は生き残ったし、「東」の当主が代々百姓別当(俗人別当)となって観音堂を守る仕事を務めることで、周囲の村々はかえって「東」の家の特別の位置を認めたはずである。六右衛門家はこうして「魂の世話」の面でひときわ濃厚な宗教的環境をつくっており、このことがのちに命助の行動を理解する一つの鍵になる。

宝暦期(一七五一―六四)は、栗林村の支配関係のうえでも大きな変化をみた時期である。宝暦元年(一七五一)、南部藩は中市・鈴木領を召し上げて、栗林村をすべて藩領とし、一括、大槌代官所の支配下においた。耕地の広さは以前とほぼ同じだったが、数石分の新田がふえていた。

明和元年(一七六四)に六郎兵衛の名で借金しているのに、宝暦十一年(一七六二)に常楽寺から六右衛門に宛てた証文があるのは、「東」の当主名は「六右衛門」だ、という見方がまわりに広まっていたからだろう。

安永八年(一七七九)に死去した六郎兵衛の後継者は六右衛門で、かれは栗林村肝煎として天明四年(一七八四)の村の願書に登場する。その内容を読むと、その頃の栗林村のいくつかの側面がうかがわれる。

(1) 栗林村は、村高一一二石九斗二合である。
(2) 四二石一斗九升三合は蔵入地で、七〇石七斗二合は中市吉左衛門・鈴木惣兵衛両人の知行地である。
(3) 古来より橋野村への御用駕《ようかご》、飛脚を勤めてきた(一里御用)。
(4) 盛岡城下と大槌代官所の双方からの飛脚御用を勤めてきた。

(5)　弁当持ちで橋野村役前へ詰めるという人足負担に耐えかね、橋野村の者を雇って勤めるということも起こり、飯料もなく、葛《くず》・わらび・野老《やろう》(ところ)などを掘って食い、「山働《やまばたらき》」などして生活をつづけてきた。

(6)　橋野村の者にこれ以上賃銭をだすこともできず、だんだん暖かくなってくると橋野村・栗林村ともに「男女一統」が「山働」にでてしまう。

(7)　栗林村の「小百姓《こびゃくしょう》」らは「穀類」(食料)持参では勤めがたい。

(8)　森(盛)岡と大槌間の飛脚御用については、大槌から遠野へ向かう御状は、栗林村で受け取り、遠野まで運ぶ。遠野から来る御状は橋野村と相談して栗林村が受け取り、大槌へ運ぶというようにしてほしい。

(『森史料』一四七頁)

「村方一統」の相続のため「御救《おすくい》」として右のようにはからってほしいというこの天明四年の訴状の末尾は次のようになっている。

栗林村　　　惣御百姓
同村老名《おとな》　　孫之丞
　　　　　　善　七
　　　　　　久右衛門

清之丞
（老名共連印）
同村肝煎　六右衛門　㊞　（同前）

この署名は、栗林村の全体を表現している。のちに一揆のさいにしばしば用いられた「惣御百姓」という百姓ら自身の総称——自己認識——が、一つの村ですでに用いられていたことがわかるし、老名が四人、肝煎が一人という村役人構成も知ることができる。諸史料から判断すると、栗林村では、この一人の肝煎、四人の老名の役目を、幾軒かの村役人の家筋で交替で勤めたようだ。そういう交替方法のもと、六右衛門家は、明和元年（一七六四）には肝煎でなかったが、以後の二〇年間のどの年かに入れ替わりがあって、天明四年（一七八四）には肝煎になっていたのである。

この天明四年の訴状で興味深く知りうるのは、栗林村が、遠隔の城下町盛岡と代官所のある大槌の通路に位置したため、御用駕籠や御用状の運搬人足として駆りだされたということである。子細には、大槌—橋野—遠野を結ぶ線のなかで飛脚や駕籠かきとして立ち働くということだったが、このような関係のなかに置かれた栗林村百姓は、——この飛脚役は十七世紀中葉にまでさかのぼる——負担の面では難渋のかぎりであったけれども、他方、城下町盛岡—代官所大槌の関係を知り、遠野（南部分家遠野弥六郎の在住の地）を近くに感じうる日常をもっていたのである。

訴状のなかに、葛《くず》・わらび、ところを掘ってしのぐとあるのも興味深い。天明飢饉という特別の状況を反映する記事であろうが、そのようなさいの対処の方法としては村人のだれもが心得ている生活の知恵であった。また当時、山働きや賃銭稼ぎが、このあたりの農民生活のなかで不可欠のものだったことも知られる。耕地の狭小な栗林村では、経営の大小を問わず他稼ぎを必要としたろうが、他稼ぎが生活のなかで占める比重は「小百姓」ほど大きかったろう。天和検地のさいの「作」「分地」「分代」百姓が、天明期の「小百姓」の中心をなすこともまちがいないだろう。「小百姓」らの痛みをも引きうけて、この天明四年の願書が「惣御百姓」の名で提出されたところに、弘化・嘉永一揆の結合につながる要素をみいだすことができる。

寛政三年(一七九一)の肝煎は六右衛門だったが、三月、万四郎から肝煎に提出された「一札」をみると、この頃、栗林村あたりでも相当な規模の博奕《ばくち》がおこなわれていた。万四郎の肩書きは「博奕宿」(『森史料』一四八頁)と記されており、宿をした者が七貫文、博奕を打った者は五貫文の「過料《かりょう》銭」(罰金)を納めると約しているのである。農耕だけで自給できる地帯ではなく、誰もが貨幣を稼ぎだす暮らし方をしていたのだから、それを賭ける遊びが広まるのも当然だが、万四郎らが罰金をとられたような百姓博奕の範囲をこえることはなかったように思われる。それは、この地帯に数多くの無宿者をかかえこめる余裕がなく、専業の博奕打をなりたたせることがなかったからであろうが、それでも、土地の者による博奕は活発におこなわれたのだった。

六郎兵衛の跡に入ったと思われる六右衛門について興味深い事実を物語るのが、寛政十年(一七九八)の二通の願書である。この年、村肝煎は善左衛門になっており、六右衛門は願人として代官所に次のように申し出た。

〈三月の願書〉

(1) 自分は「入江」だから「無年貢」で渡世に「迷惑」ゆえ、明和六年(一七六九)に「地《じ》吹鉄《ぶきてつ》」を致したいと願い出たところ許された。

(2) ところが経営がうまくいかず、「破山《やぶれやま》」にしては申しわけないと稼ぎつづけたため、大きな損金となった。

(3) 今度は「地吹鉄」にくわしい者や「金主《きんしゅ》」をそろえ、前の通り、「砂鉄川流・沢流拾《ひろ》い取を以《もって》、橋野村之内上山に付、取立代合地吹鉄山」をおこないたいので許してほしい。

(4) 拾い砂鉄だけでは不足なので「沢山明之所」を利用することを許してほしい。

(5) 御礼銭は一か年五〇貫ずつ上納する。寛政十、十一、十二(一七九八―一八〇〇)の三年間を許可年数としてほしい。

(6) 延鉄《のべがね》(鍛えた鉄)が高値で、栗林村鍛冶共も入用鉄《にゅうようてつ》に差しつかえ、そのため、「諸浦漁師共相用《あいもちい》候釣針、船釘等至而《いたって》高値に相成、殊に農具入用鉄共に遠方には、他郷より相調《あいととのえ》候間《あいだ》、格別之諸懸《しょがか》りに付、甚《はなはだ》迷惑」しているから、どうか「地吹鉄」をこころみさせてほしい。

(『森史料』一五〇頁)

「入江」は多分イリエと読み、「入家《いりえ》」、つまり入婿のことだと解される。六右衛門は明和六年(一七六九)より前に「東」の家に婿入りした。六郎兵衛の娘を妻としたことになるが、当主としての位置を得ていない明和六年に願いでて地吹鉄営業を許され、損失をかさねながら認可期間中は稼いだ。端的に言えば、そのときは失敗したのである。それでも、「東」の家が、不成績とはいえ製鉄に着手したことは注目されてよい。

この六右衛門は、やがて栗林村肝煎になった。文書のうえで、「東」の家がはじめて肝煎として登場するのは、さきにみた天明四年(一七八四)の願書である。左馬之助以来、特別の家筋ではあるが、村肝煎になったのは、この六右衛門がはじめてなのかもしれない。肝煎であることは村の上層であることを示すけれども、氏寺や氏神のいきさつと同じで、じつは左馬之助の家筋が村の百姓並の方向へ下降したのである。六右衛門はその後かなりの間肝煎役を勤めたあと、三〇年も昔に試みた製鉄にふたたび着手しようとしたのである。

ただそれは、三年季という短期間で、成功すれば延長願いになろうが、失敗すれば損金を重ねるだけである。

同時に、この願書で興味深いのは、この村に村鍛冶がいて、かれらが一方では漁業用の釣針や船釘を造って、浦方の漁師らに供給し、もう一方では農業用の道具を製して、村方の農耕民に供給していたことである。しかし、原料鉄をよそから入手すれば高値となり、漁具・農具も高値となる。地元で入用鉄を製造すれば、原料も製品も安くなる。六右衛門は、このように鉄具の必要性を強調して、村鍛冶と農民・漁民の間に、鉄生産者としての位置を占めようと目論んだのである。

じつは栗林村には、六右衛門のほかにも鉄吹きをする百姓がいた(『釜石市誌』栗林小史資料編、二〇二―二〇四頁)。十八世紀以降、ほぼ一〇軒ほど(鍛冶屋九軒、どら屋一軒という)、「ほと役《ど》」(ほど＝火床。金属鍛冶用の簡単な炉)という名目の上納鉄を納めて、かれらは荒《あら》鉄《がね》・延鉄を製し農村に農具、漁村に漁具を供した。鍛冶屋の鞴《ふいご》でも荒鉄つくりができたという。砂鉄だけでなく、栗林川などの地元の川床にころがっている、餅《もち》鉄と呼ばれる鉱石を採取して鉄にかえることもおこなわれた。それら鉄吹きの者が在村することは、製鉄のさいの槌《つち》の持ち手――三人で叩く――という面でも村の者に稼ぎの機会を与えたし、製鉄や鍛冶のさいに大量に必要とされる木炭の生産・販売という面でも稼ぎの機会を与えたのである。

そのような栗林村のなかで「東」の家が明和期に地吹鉄にのりだして損金をだし、寛政期に再び試みようとした。そのことがほかの鉄吹き衆との間にどのような波紋を生みだすのかはわからないが、六右衛門は、少なくとも村鍛冶として生きようとしたのではなく、また直接の技術者でもなく、出資者も他に求めて製鉄の経営に着手しようとしたのである。かれは、二か月後の五月にも再び願書を提出した。三月の出願が失敗したのかもしれない。その内容は、ほぼ同趣旨であるが、営業場所の指定について、「御山境之儀は、西は遠野御山境、東は小槌村御山境、北は金沢村御山境、南は遠野往来道限、頂戴仕度《つかまつりたく》」(同前、一五〇頁)とより詳しく範囲をきめ、営業が「田地方《でんじかた》」(農業)にも「海辺方《うみべかた》」(漁業)にも迷惑をかけないことを述べ、明和期の目論見《もくろみ》ちがいをくりかえさぬために試験の鉄吹きを許されたいと願いでている。また、入用炭について、利用範囲の山中の雑木や立ち枯れ木、根上り木を下げ渡されたいとも願いでた。上納礼銭、年に五〇貫文という出願は、領主の側にとっても財政難を補うものであるから、ことさら周辺と紛争を生じないかぎりは許可したはずだった。しかし、これから約二〇年後の命助が生まれた時代には「東」の家の鉄吹き業にたずさわる動きはまったく見られないから、おそらく、明和期と同じように寛政期の試みも失敗に終わったものと思われる。しかし、それは、六右衛門の製鉄の試みがうまくゆかなかったということであって、他の一〇軒ほどの鉄吹き、あるいは入用鉄を購入しての村鍛冶は栗林村のなかで滅びることなくつづいた。

この六右衛門であったか、その次の六右衛門——であれば喜太郎とも言い、命助の伯父筋にあたる——になるか、ともかく六右衛門が、文化・文政期に、村内だけでなく村外の者に対しても金銭を融通している。その一つに「東」の家の社会関係をまた一つ照らしだす証文がある。

借用申手形之事

一、代物《だいもつ》三貫文、借用申す所実正《じっしょう》明白にござ候。但《ただ》し、利足(息)之儀は、壱ケ月壱貫文に弐拾五文ずつ相定め申し候。右代物返済之儀は、来酉《とり》の三月中に間違いなく、元利相揃《あいそろえ》、御払申し上ぐべく候。書入《かきいれ》には、小縄漁事之代物請合《うけあい》方へ相渡し申すべく候定《さだめ》に相違ござなく候。依而《よって》後日之請合のため加印件《かいんくだん》のごとくにござ候。以上。

文化九年(一八一二)申十一月廿四日

両石借主《かりぬし》　弥之助 ㊞

〃　村請合《うけあい》　与助 ㊞

くり林村

六右衛門殿

(『森史料』一五三頁)

三貫文を借りた弥之助は、漁村である両石村の漁師にちがいない。抵当に、「小縄漁事之代物《だいもつ》」を証人の与助に渡す約束をしているからである。この年の五月にも、「両石嘉兵衛船頭与助」に七貫文を融通している。その時の与助の証人は、「船番　水主《かこ》共不レ残《のこらず》」だった。その船頭与助が、さきの弥之助の借金のさいには証人になったのである。両石村は常楽寺を中心に檀徒中としても結ばれており、遠隔でもないのだが、六右衛門が漁業・船業にたずさわる者たちとも濃密な関係をもって生きる百姓だったことは注目されてよい。ただ、六右衛門が漁業や海運関係の営業にまで手を伸ばそうとしていたとはみないほうがよいだろう。弥之助の抵当は「代物」、つまり売り上げ金であり、与助の抵当も「拙者取立伊勢治半丁《はんちょう》分」と記されていて、これは村々でおこなわれていた頼母子《たのもし》(互助金融の組織)の権利である。このような貸借は、きっかけも性格も、融通するということの範囲にある。

栗林村でこの頃おこなわれた融通の一例をあげると、文化十四年(一八一七)に沢田の善左衛門が「栗林村御村衆中」から一五貫八〇〇文を借りた。かれは、その抵当に「鍛冶屋諸道具不レ残」を入れたが、村の側は、この村鍛冶を高利で取り倒して鍛冶道具を取り上げることを目的にしていたのではなく、逆に、村の鍛冶屋を支えるために融通したのである。

命助は、このような「東」の家族の一員として、文政三年(一八二〇)に生まれた。かれは、まだ入牢に至らない安政三年（一八五六）に、逃走先で「大福徳集帳《とくしゅう》」という横帳《よこちょう》をつくって「東」の家の貸借関係を整理したが、その末尾に、

栗林村　東屋《ひがしや》　左馬之助扣《ひかえ》（三浦家文書）

と書きとめた。牢の内での記述にしてもこの帳面にしても、命助が、「東」の家に強い帰属の感情をもち、自分を左馬之助の後裔として意識していた、あるいは意識しようとしていたことが知られる。そうでなければ、「左馬之助扣《ひかえ》」というようには結べない。

二　「東」の人びと

命助が、左馬之助の後裔として、意識しようとしていた、と書いたのには理由がある。じつは命助は、左馬之助の後裔にはちがいなかったが、その主流をなす家筋ではなく、傍系の血筋、つまり分家の人間だった。しかもその分家はふつうの分家ではなく、本家と同じ家屋敷で、いっしょに二つの家族が暮らすというものだった。残存する文書の一つに、「大槌通栗林村六右衛門伯父同居　水呑《みずのみ》衆命助」(『森史料』三四七頁)という記述があって、本家に対して隷属しているイメージを与えるのであるが、この文書は、命助逃走のさいに親類の者らが、手分けして尋ねまわったけれども行方知れず、立ち帰れば申し出ると届けたもので、命助の位置を「水呑衆」とことさら矮小なものに見せ、類縁の責任を低く印象づけようとしたのではないかと思われる。本家の家宅に同居する分家ではあったが、村内では両家族を合わせて「東」の家とみなされていたようだ。

命助の父親定助は村肝煎を勤めた。命助が生まれた文政三年(一八二〇)に、本家の喜太郎＝六右衛門が家宅普請に松木を使うため、藩から入山証明書を得たが、そこに「栗林村肝煎定助」と明記されている(『森史料』一五四―一五五頁)。定助は、天保九年(一八三八)六月に数え年六十三歳で没しているから、安永五年(一七七六)生まれ、天明七年(一七八七)生まれの本家の喜太郎より一一歳年長である。分家のいきさつはあきらかでない。六郎兵衛の次の、入婿だと思われる六右衛門に、定助と喜太郎の倅《せがれ》があり、兄のほうが分家の位置にまわったという解釈がなりたつが、一一歳も年長の兄が分家になる不自然さを考えると、むしろ、安永八年に死んだ六郎兵衛に、最晩年定助という男児が生まれたけれども、すでに入婿の六右衛門が名跡を継いでいるゆえ、定助が同居分家になった、とするほうが納得がゆく。

定助の妻は同じ村の、屋号「上《かみ》の下《した》」と言われる家から来た。分家ではあるが定助も、外にたいしては「六右衛門」と称しておったらしい(「高王経」)。

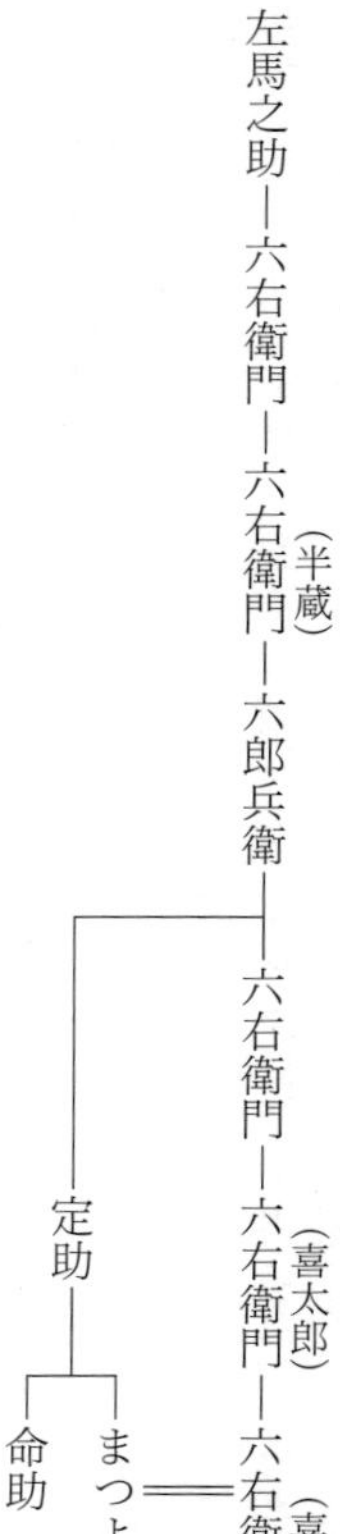

こうして命助は、分家であり、村肝煎である父親のもと、文政三年(一八二〇)に生まれ

た。定助はこのとき四十五歳。命助にはすでに一一歳年上の姉が一人あって、名はハル、別称まつよ(マツ)とも言ったが、やがて同じ屋根の下で暮らす本家の喜太郎の長男、喜七(のちにやはり六右衛門)の妻となる。だから命助が本家喜七＝六右衛門の義弟ともなり、本分家はいよいよ固く一体化した。

そのこともまたかれの左馬之助後裔の自覚を強いものにする一因になったであろう。

幼年・少年時代の命助については、確実なことをなにひとつ知ることができない。「東」の家は、命助が生まれた頃、本家の喜太郎一家と父の定助一家あわせて八、九人からなり、かれが、いちばん年少の一員だったはずである。

ただ、喜七と姉まつよの倅、つまり命助の甥、半蔵(弘化四年、一八四七年生まれ)が老年になって書きあげた『南部義民伝』(三浦家文書)を開くと、緒言のさらに前の頁に、本文とは異なる字体で記された次のような覚書がある。

> 命助、身長五尺七寸三分、体重参拾貫余、肩の広さ二尺二寸。
> 右は、南部侯の駕籠《かご》役に選抜の為、身体衆に勝《すぐ》れしものを体軀検査せしとき調べたるものなりと云ふ。
> 但《ただし》、命助肥満の為、歩行に差支《さしつかえ》あらんとて其時の選に洩れたりと云ふ。
> 命助、身体色白く、漆黒の胸毛厚生す。力量抜郡(群)なれども、腕力を力に誇りしことな

しといふ。
一、幼少より学問を好み、遠野町小沼八郎兵衛に就《つ》き、四書・五経・大学等を修む。
一、十七才より、秋田の院内銀山に参年労役す。
一、廿歳より、米穀商となり、遠野町より米穀を購《あがな》ひ、当時の三閉伊通りに販売す。
一、三十五の歳、百姓一揆の徒頭《ととう》となる。命助の乾分《こぶん》にして、最後まで辛苦を共にせしもの。

脱獄して仙台に走り、其地に住す(子孫現存ともいふ)　勘　助
流罪　金兵衛
九ケ年、盛岡に入牢　善五郎
カズ野銅山流罪中死亡　松次郎
仝《(同)》所十ケ年許され帰る　松之助

『南部義民伝』の最後は、「大正十四年《(一九二五)》　七十九歳　三浦半蔵記」と一行に記され、その次行に「盟《(命)》助文政三年生る」とあって終わる。「南部義民」とは、命助のことである。半蔵は、叔父命助の、いわば英雄譚を人生の晩年に仕上げたのであるが(実際には昭和九年〈一九三四〉、八十八歳までの長命に恵まれた)、緒言より前にある命助の幼少年時にわたる走り書きのような記述については、半蔵自身の手による加筆かどうかわからない。(三浦加禄氏は、

半蔵の孫、平右衛門によって書きとめられたものと言う。）

いずれにせよ子孫筋の人たちが記憶を共有し言い送ってきたことを書き留めた唯一の命助経歴によれば、かれは、幼少の時から学問を好んだと伝える。命助は、遠野町で学ぶ機会をもった。遠野は上閉伊郡にあり、当時の生活感覚では、栗林村から約六里（二三・六キロ）の地にあり、ことさら遠隔の地ではなかった。峠（笛吹峠がこのとき通じていたかどうかは確証がない）を越えて大槌と遠野を結ぶ道筋――栗林村の百姓らはその間の公用御状を運搬する役務を負わされていた――に栗林村があり、子供の足で毎日往復して学ぶということはむつかしかったが、城下町盛岡とくらべればはるかに身近な土地であった。

学問を好むという本人の性質もあったかもしれないが、肝煎の子でほかに男兄弟がなければ、期待される嗜《たしなみ》としても、命助が読み書き・そろばんをひととおり習得するのは当然のことだった。またそのような境遇に生まれれば、村のほかの子供らよりは読み書きについてより強い興味をもつということも自然な傾向だったろう。ただ、命助が幼児の頃の栗林村あたりでは、たとえ上層・旧家の子供であるにしても、親から教えられるという習学法がふつうだったのか、あるいは村役人を退任した隠居などが慈恵的に開設する手習い塾のような所で習学するのがふつうだったのか、はっきりしない。そのあり方によっては、毎日往き帰りできぬ遠野町に住む師匠について学ぶ覚悟をもちえた命助は、やはり「学問を好み」と呼ばれてよいかもしれない。師匠の小沼八郎兵衛は、寺子屋を開設していたのか、住み込みの弟子を置くだけであったのかわからないが、命助が四書(大学・中庸・論語・孟子)、五経(易経・詩経・書経・春秋・礼記)を修めたというから、漢学者・儒学者であったことはまちがいない。

百姓が習学することは江戸時代の後期になればそれほど異例のことではない。命助の習学年齢についておおよその推測をおこなうために、命助と同じ頃の例を一つとりあげよう。地域はそうとう遠いが、下野国芳賀郡真岡町にあった「精耕堂」の天保十三年(一八四二)の「筆学門弟帳」をみると、ここではもっとも幼い者で七歳、もっとも年長が十四歳である(『栃木県史』史料編近世三)。他の年には、十五歳以上の「門人」あるいは「勉学」と注記される者もいるが、幼少の者は七歳を下らない。

また四書・五経を学習する年齢について、これも下野国芳賀郡中村「嶺雲堂」の「筆弟子覚帳」(弘化二—元治二年、一八四五—六五年)をみると、筆弟子のなかで四書・五経に入っているのは十四歳とか十六歳とか十九歳の者などで、十歳以下は見あたらない(同前)。

もとより、この時代に農民や商職人の子供のすべてが就学したわけではないが、これらの史料から状況判断して、奥州の命助もまた、手習いをはじめたのは十歳より前であり、四書・五経の素読は十歳をこえた年齢で学んだ、とはいえるだろう。学んだ期間も、四書・五経へ達したとすれば、数年間にわたった、とみてよい。もちろんかれは、その間、毎日往復したのではなくてもしばしば栗林村と遠野の間を往き来したことであろう。
命助は、こうして、幼少年の時から読み書き能力を身につけることができた人間だった。同時に、その頃から、城下町とはいえないまでも、南部氏重臣の居所として小城下町に似た性格をもつ遠野の都市的環境(町)に日夜触れることができた少年だった。

つまり、若い時代に、自分の居村と同質ではない外界に接触し、その外界をつうじた見聞が、命助の能力や行動を支える要素になったということである。当時の遠野は、一万三〇〇〇石を知行する南部弥六郎の「城下町」で、六日町、新町などいくつもの町が画され、武士・町人あわせてほぼ六〇〇〇人ほどの人口があったと考えられる。一と六のつく日には市が開かれ、内陸部と沿岸部の両方から駄賃馬でさまざまの物産が運びこまれた。これらの馬は、「出馬」「入馬」と呼ばれていた。

遠野南部氏は、幕府からみると盛岡南部氏の家臣であって、支藩ではなかったが、南部氏からみれば、一番古い分家であり、一族の性格と格式をもつ最大の重臣であった。その知行所は藩の代官の管轄外の地であり、居城もあり、遠野南部家は、盛岡の南部本家に対しいっさいの領知経営をまかせられる「附庸《ふよう》」の地位にあった。

かれが体験した異質な外界は、もう一つあった。遠野の町で幾つまで学んだかはわからないが、その後、十七歳から三年間働いたという秋田藩の院内銀山がそれである。十七歳といえば、まだ父の名跡を引き継ぐ段階ではないにしても、当時の生活感覚からすれば一人前の男手である。そして、それは天保七年(一八三六)にあたる。

十七歳の命助が村を遠く離れてこの院内に働きに出た天保七年という年は、異常な状況、全国的飢饉が最もひどい時期だった。この天保飢饉は、南部領では三年(一八三二)から九年(一八三八)まで七年間も猛威をふるったと言われる。

栗林村のなかで、この飢饉が具体的にどのような事態を生みだしていたのかを立証する記録も口承も今は見当らないが、この村だけが凶作・飢饉の衝撃の外にあったはずはない。天保三年(一八三二)は命助十三歳、飢饉激化の年である天保四年には十四歳、四書・五経まで到達した命助の遠野町での手習いも、この前後に打ち切りとなったのではあるまいか。十五歳成人の年を、命助は天保飢饉の真只中でむかえた人間である。

のちに命助が牢内で書いた四冊の帳面のなかで、自分の子供らにたいして熱心にすすめた仕事に、蕨根《わらびね》掘りがある。一半は売り物としての利益性に着目してのことだが、もう一半は、命助自身の少年時代の飢饉体験から発するものだったように思われる。天保期前後の出来事をじかに知っている者が後年、世情をひときわ鋭敏に憂えるということは明治時代までつづいたことだ。かれらの危機の感覚の土台は、飢饉の恐ろしさという「天保体験」だった。

十七歳の命助が稼ぎに出かけた院内銀山は、今の秋田県の南端にあったから、太平洋岸

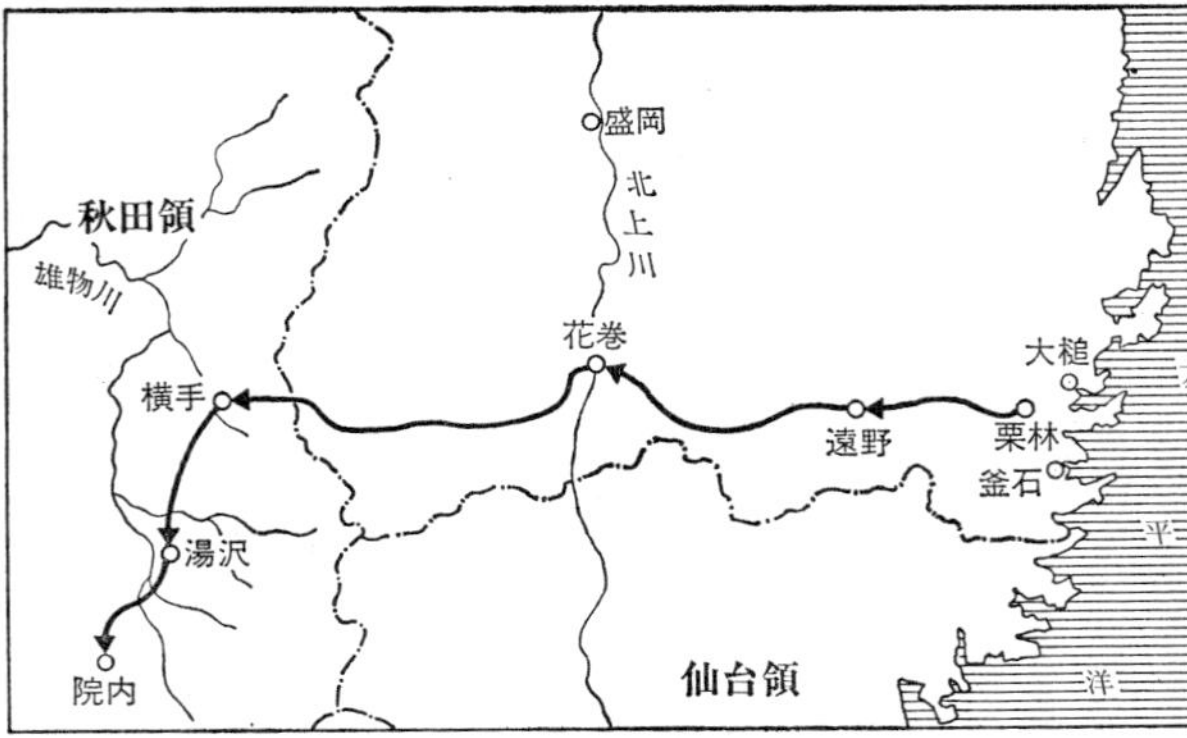

の栗林村からは遥かに遠い土地である。若いときには遠方にある院内へ稼ぎに行くというのが、栗林村辺ではふつうだったのかどうか、これも知ることができない。が、命助が天保七年という年に出かけた事情はやはり飢饉と関係があったろう。家族へ稼ぎをもたらすというのではないにしても、飢渇の土地から食い盛りの一人分を減らしてなにがしかの蓄えも期待する。もしそうだったとすれば、かれ以外にも南部の若者らが院内へ向かったと推測できる。連年の凶作・飢饉状況のなかだから、院内へ辿り着くだけでも危険なことであった。途中の野垂死《のたれじに》もないとはいえない鉱山へ向かっておもいきって村を出ることを、命助あるいは家族の者らがなぜ決めたのか、納得できる答えが一つだけある。それは、院内はこの頃景気が良さそうだという噂である。

今は完全に廃坑址となり史蹟群となった出羽国雄《お》

勝《がち》郡院内(現、秋田県湯沢市)の銀山は、慶長十一年(一六〇六)に銀鉱が発見され、秋田藩が経営をはじめてたちまち繁昌の地になったと言われる。山小屋・下町が軒を並べ、そこに諸国からの入山者が起居する活動的な、かつ厳重に閉じられた山間の都市が出現したのである。寺院が建立され、神社も造営された。山師や金名子《かなこ》(鉱山で働く者)が採掘に従事し寝起きするというだけではない性格が、この町に与えられた。江戸初期にはキリシタンが院内へ入りこんでいたらしく、捕えられて処刑されたという記録もある。京・江戸・大坂の三都にしか出廻らぬような種類の織物が院内に持ちこまれて売られたり、遊芸人が多数廻ってきて諸芸能がおこなわれ、芝居や角力《すもう》などもしばしば興行されたという。

最盛期にこの銀山の居住者の数は一万とも言われ、城下町久保田(現、秋田市)より人口が多いほどだった。この銀山を直営する秋田藩にとって、院内は二つの意味で重要な場所であった。一つは言うまでもなく銀の産出であり、上納される運上銀は藩財政の大事な収入源となった。もう一つは、米を売る市場として大事な場所であった。城下町をこえる人口をもち、しかも一人の例外もなく買い食いの毎日をおくる者らが住む院内銀山は、秋田藩の独占する効率のよい年貢米市場であり、その金が藩財政を潤した。

秋田藩は特別の事情があるさいは無償のお助け米や御普請米をこの院内銀山に投入したから、働く者からすれば、院内にさえ行けば飢えることはないということになる。事実、奥羽全体が飢饉で餓死者が出ている年でも、院内での犠牲者は少なかった。

秋田藩の米市場としてだけでなく、万余の人間の生活のために、海魚・干魚・酒・野菜・漬け物・衣類・諸雑貨が「山内《さんない》」に常時運びこまれた。大量に消費される炭はもちろんである。これらを商う者は、品物の一割にあたる税(歩金《ぶきん》)を藩に納めなければならない。この上納金も秋田藩にとってばかにできない収入であった。

このように述べてくると、院内銀山が繁栄の状態で終始したことになるけれども、埋蔵されている資源を掘りだす仕事だから、鉱脈が掘りつくされるなどで盛衰を免れることはできない。そのうえ、院内銀山は水抜き(排水)について難点があった。大小の水抜き工事がたびたび繰り返されたが、洪水や湧水に悩まされつづけた。経営の立場からみてもつねに不安があったし、金名子衆の多くは鋪よろけ(珪肺病)にかかった。

院内銀山の経営は、江戸中期の十八世紀にはいって技術的にも経営的にも困難に陥る。元文四年(一七三九)には、総金名子衆の藩主直訴さえ起きている。秋田藩は、明和二年(一七六五)、とうとう院内銀山の藩直営(御直山)を断念して大坂商人などの民間請負(請山)に切り換えてしまった。しかし秋田藩はこの鉱山をまったく放棄したのではなく、開発への欲求はもちつづけていた。

衰微の銀山を復調させるうえで、それが飢饉奥州の鉱山だったということが幸いしたように思われる。だんだんと地底深くなってゆく鉱山を整備するためには、排水の技術を高めることは勿論だが、そのための労働力を確保しなければならない。その労働力確保に十八世紀末期の天明飢饉が好条件となった。困窮者の入山が増加したことで水抜きの能力が上昇したのである。院内銀山の産銀量は再びふえてきた。文化十四年(一八一七)、秋田藩はその利益を求め、御直山(直営)を復活させた。

文政四年(一八二一)にだされた制札をみると、抜売《ぬけうり》・抜買、山内から麓村にみだりに出ること、「悪党人」を抱えること、山内の者の出訴にあたって徒党を組みその頭《かしら》として働くこと、などが厳しく禁じられている。そのように厳重に閉鎖された人工の社会ではあったが、視線を少しく変えて見れば、そこに驚くべき文化的小都市の活動があるのであった。

命助が飢饉状況の遠路をしのいでまで院内へ出かけようとしていたこの時期、院内銀山は、江戸初期の水準をこえるような繁昌をみせていた。「天保の盛《さか》り山」、と人は呼び、その活況の噂は飢饉の奥羽はもちろんのこと諸国にまで流れたと考えられる。「ミドシ《(巳年)》ノケガチ《(飢渇)》」とのちに怖れられた天保四年(一八三三)、諸国の困窮者が続々と院内銀山へ仕事と食い物をもとめて流れこみ、その労働力を水抜き、保全、水汲みに配置したため産額は急速に上昇し、この年だけでも一四〇〇貫に及んだという(『院内銀山』一九八〇年、院内銀山史跡保存顕彰会)。この天保四年から一〇年間、銀産額は年々一〇〇〇貫を超え、金も析出されて産額三、四十貫に達したようだ。

もはや命助の位置は疑いようがない。盛り山の院内へ流れこんできた諸国困窮者の一人、とするほかない。なにか特別の技術習得の目的があったとか、ひと山あてようとしていたとか想像することはむつかしい。命助がどの路を通って行ったかはわからないが、遠野へ出て花巻へ向かう。それから湯沢へたどる。湯沢は院内へ衣類・雑貨・清酒などを送りこむルートの拠点の一つだった。そこを経て、院内へ入りこんだものと想像される。

『南部義民伝』の「労役す」という記述の内容はどういうものだったのか。鏨《たがね》一丁で鉱《こう》砒《ひ》をたずねて身を屈しながら掘り進む掘子の仕事をしたのか。水汲人夫になったのか。あるいは保安用の普請に従ったのか。いずれにしても激しい労役だったはずである。だがかれの院内での三年間を悲惨の一言だけで片づけてしまうわけにはゆかない。十七歳の命助には自分の腕一本で家族の生計を補うという自覚があったかもしれない。また鉱山では、諸国からやってくる人間がおり、かれらから得る知見や情報が、若者命助を刺激したことであろう。

金名子衆の悪疾に対する方策として、医師をおいた避病所が建てられるのは命助が院内を去った翌年だったが、文化的小都市の面貌は天保の盛り山でこそ躍如としていた。銀山抱医者門屋養安の日記から、命助が院内に入った天保七年だけをとりだしてみても、三月に江戸講談師僊馬師匠、四月に本荘(現、秋田県由利本荘市)竹本ふりがな太夫、五月に手品の見世物、八月に大坂浄瑠璃竹本小巻太夫、芸者升吉の踊、十一月に本荘絵師増田九木席画などがあった(「院内銀山日記」)。山神祭には芝居や角力が奉納され、江戸の落語家も入山し、牛の角突きもあり、花火師もやってきた。命助も、江戸や大坂の文化に触れたことであろう。かれが、この短い時間、「町」というより三都「京・江戸・大坂」を体験していた、と言うのは言い過ぎだとしても。

このころ、命助不在の「東」の家は、一つの事件にぶつかっていた。天保八年(一八三七)二月に、本家六右衛門と同村松之助(一揆の発起にかかわり、『南部義民伝』では命助乾分と記された百姓)の二人が荷主願人の肩書きで大槌代官所へ提出した訴状があって、その事件のあらましがわかる。二人は、

去秋(天保七年)より一統凶作に罷成《まかりなり》候。私共両人飢渇相凌《あいしのぎ》申すべきようござなく候に付、

(『森史料』一六一―一六二頁)

と書きはじめて、以下のように陳述する。

花巻辺で雑穀でも買いととのえようと懇意の者から塩を借り、それを牛一二頭の背につけて送り、交易しようと計画した。牛方に倉松と巳之松を雇い、天保七年十月塩荷を送りだした。松之助は塩の売りさばきと雑穀仕入れのため先に花巻へ着き、手はずをととのえて待ったが牛方がこない。延びると花巻商人に申しわけないと、土沢あたりまで戻ってみると、牛方はそこで塩を売って帰ってしまっていた。驚いて花巻へ戻り、商人に事情を伝えるとかれらは、「海辺之米」と「岡方之塩」は同じ大事さ、骨折って雑穀仕入れの相談

にのったのに今更変更とは許せないと怒る。手付金三両と少々の衣類をさしだして詫びた松之助は、遠野町で牛方に追いつき、詰問した。牛方は、行く手が穀止め（移送禁止）らしいので売り払ったが、申し訳に、土沢の子之七《ねのしち》に雇われて駄賃で運んできた米四駄・粟二駄（一駄は三六貫）のうち米二駄を塩代として受け取ってもらいたいと答えた。松之助は後日の面倒を恐れたが、大丈夫だというのでその米を受け取り、牛一二頭を仕立てるさいに借金した藤屋善右衛門（大槌八日町）への返済にあてた。牛方はほかに、稗《ひえ》四石も附けてきていたので、それを引き取って、塩荷を借りた者への返済にあてた。荷主二人は大きな損失となったが、商売のためでもあるので諦めた。が、土沢商人子之七から荷主が米二駄を横領したように訴えられ、とうとう弁金を払わされた。雇った牛方に掛けあったが埒《らち》があかない。

こうして、六右衛門らは、牛方の吟味を願いでたのである。飢饉の大槌・釜石地方へ水田地帯の中心花巻から米・雑穀を運びこみ人の口を潤したいというこの計画は、同時に、それを商いにしようとするものでもあった。牛方二人の行動は、理不尽きわまるものにちがいないが、案外理解しやすい面もある。塩味のものが加工・保存食のかたちで延命の手段になることもあって、塩は、飢饉のさいにはことのほか大事だった。そんななかを牛歩の塩荷を満載して通れば、沿道の所々で引き止める力が働く。牛方が断わりきれずに売ってしまうということは十分ありえた。

こうして六右衛門は大損をしてしまったが、岡方の穀物と浦方の塩を、借金の元手で交易させようとするところに、百姓とはいえ商人的な考え方や動き方を苦にしない「東」の家の性格が示されている。

命助が院内から帰村を促されたのは、この訴訟事件のためというよりはおそらく、翌天保九年(一八三八)六月に父親定助が死んだからであろう。享年六十三歳だった。命助は倅《せがれ》の立場から分家の当主にならなければならない。じっさい、かれは栗林村に戻るとすぐに妻をむかえて、「東」の家に同居したまま一家をつくっている。命助十九歳、相手はまさ、一つ年上の二十歳であった。

命助の院内稼ぎは、天保飢饉という、誰もが避けられなかった状況の中でのことだったが、「東」の家の盛衰からみても、かれが他所へ稼ぎに出る必然性はあった。命助の遠野町での習学、六右衛門の営業者的な活動などから受ける印象とはなじまないが、天保期の六右衛門家はじつは行きづまっていた。あるいは、そのような活動性が行きづまりの原因になったのかもしれない。

分家の若い跡継ぎ命助に、結婚した翌天保十年(一八三九)九月、長男(前年に死んだ父定助の名前を与えた)が生まれてすぐあと、十一月に、本家六右衛門は大槌町の藤屋・後藤伝四郎に対して、焦げついている借金一五八貫文の扱いについて「改《あらため》証文」(『森史料』一六三頁)をつくった。その証文によると、「東」の家は、「先祖六郎兵衛・半蔵代」にその金を借り、利息を現金で返したり、質地から小作料のかたちで返してきた。ところが自分の代に「不如意《ふにょい》」になって利息も払えず、一年おきに稗・大豆を申し訳程度渡すだけとなった。この天保十年の秋はようやく凶作を脱したため返済を求められたが、余裕がない。色々に頼みこんで次の約束ができた。

(1) 大豆二六石。うち二石二斗は今年渡す。残り二三石八斗は翌子《ね》の年(一八四〇)から次の次の丑《うし》の年(一八五三)まで一四か年で渡す。

(2) 稗三九石。今年から同じ丑の年まで一五か年で渡す。

(3) 来年からは、したがって大豆一石七斗、稗二石六斗ずつを毎年渡し、元金も年一五貫八〇〇文ずつ、今年から一〇か年で渡す。

(4) 「書入《かきいれ》」(担保)には畑二五人役＝御高二石五斗をあてる。一年でも穀物の渡しが滞れば畑を渡す。

その約束どおりに六右衛門が返済していったのなら、返済の滞りも資金繰りの便法と受けとれて、行きづまりの印象にはならないけれども、翌年かれが、次のような一札(「御約《やく》定書之事《じょう》」)を伝四郎にさしだしているのをみると、やはり家勢の衰えとみないわけにはゆかない。

百五十八貫文、先年拝借罷有《まかりあり》申し候。右は、去亥《さるい》の年(天保十年)より申《さる》の年(嘉永元年)迄十ケ年賦に願い上げたてまつり候所、速《すみやか》に御叶《おかなえ》なし下され、依《よっ》て去《さる》亥の年(天保十年)十五貫八百文差上げ申し候。当年は、私儀格別迷惑に罷有候故、今明年之年賦《ねんぷ》銭《せん》御免なし下され候段押々《おしおし》願い上げたてまつり候所、御憐愍を以て、願之通り是亦《これまた》御叶下し置かれ千万有り難く存じたてまつり候。随《したがっ》て今明年之分は寅卯(十三・十四年)の年賦に差添《さしそ》え、両年に間違いなく御返済申し上ぐべく候。（『森史料』一六四頁)

一〇年間で元金を返済すると約束して、最初の年はどうやら一五貫八〇〇文を渡すことができた。しかし二年目にはもうだめだった。約束は一年でも滞れば畑を渡すことになっているのだが、今年と来年は返済を待ってほしい。その分は三年目・四年目の分につけ加えて渡すとけんめいに頼んで許されたのが、この約定書である。このような延納願いがとおるのは、貸し手の温情というだけではなく、受戻しを当然視するこの時代の貸借慣行によるものであった。だが、これを「東」の家の経営の面から考えれば衰勢にあったとせざるをえないだろう。

また、この天保期(一八三〇〜)に、漁村である箱崎村の庄助と共有のかたちになっていた塩釜の、六右衛門分の半分を譲り渡している(『森史料』一五八頁)。文化期(一八〇四〜)に漁村の船頭らに融通したことは先にみたとおりであるが、浦方の者とも金銭融通などをとおして触れ合う関係にあった六右衛門には、なにかのきっかけで塩釜の所持権をもつという機会が生まれていたのだろう。その塩釜を譲り渡すのは、後退と言わねばならない。

さきの借金証文の四年前、天保六年(一八三五)には、本家の六右衛門は栗林村の肝煎を勤めていたが、おそらく飢饉対策としてであろう、村二番目の額の特別御用金三分二朱を上納している(『森史料』一六〇頁)。だから社会的なランクは落ちていないのだが、内実が退勢にあるというのが、この時期の「東」の家だったように思われる。天保八年(一八三七)には六右衛門はもう肝煎の座になく、「村銭《むらせん》」二〇貫文を栗林村から借用している。松之助と組んで、花巻へ塩荷を送り穀物を買いこもうとしたのがこの年だった。

『南部義民伝』にある「廿歳ヨリ、米穀商トナリ」という記述は一つには、商業的活動に手をそめてきた「東」の家の環境からくるものだろうが、もう一つには、傾き加減の家運を支える手だてとして、若く堂々たる体軀を生かした稼ぎの途を選んだということではないだろうか。

命助が少年期に手習いの場として過ごした遠野町は、藩主家一門南部弥六郎の支配する物資集散地だった。命助は遠野で米などを買いつけ、それを三閉伊地方へ売り歩く仕事をはじめたのである。しかし命助の商いは、本家六右衛門が牛方二人を雇い、塩荷を花巻へ付け送ったような、荷主としての商いではなく、自分が飼育した馬の背に穀物を付け、みずから手綱をとって商い歩くというものだった。かれはそれを、まるで山と海がいっしょであるような、穀物を自給できない浦方・山方混在の三閉伊の村々へ運んだのである。もちろん返り荷として海産物を村方に運びそれを商ったことであろう。

遠野は、花巻とくらべれば大槌・釜石地方からよほど近い町だが、それでもこの間を付け送るのはかんたんではなかった。明治年代のことだが、大槌を午後三〜五時に出ると、夜どおし馬を引いても遠野着は翌朝八〜十時頃だったという。これを「通し馬」と称し、荷が鮮魚であれば賃金は倍額になった。これは江戸時代でも同様だったらしい(『古島敏雄著作集』第四巻、東京大学出版会)。

こうして命助は、一人前の仕事として、鉱山労働者、行商人を経験してゆくのであるが、百姓仕事を全くしなかったというのではない。「東」の家には田畑があったし、やはり馬背に売り荷をつけての日々が農耕の段取りと組みあわされていたと理解しなくてはならないだろう。彼の行商は、百姓の農間《のうま》渡世《とせい》だったのである。(命助が農業に精通していたことは、のちに牢内で書かれた文書によってもよくわかる。)

命助が稼ぎはじめてからも、「東」の家勢が好転したとは思われない。本家の六右衛門(喜太郎)は天保十五年(一八四四)に五両、同じ年だが改元されて弘化と変わった十二月二十九日に三五貫文を借金している。さらに弘化四年(一八四七)には大槌四日町安之助から三〇貫文、大槌八日町沢田屋から三五貫文を借りた。借り入れた金の使途はあきらかでないが、この分では、先にみた大槌の藤屋伝四郎への大額の返済約定も果たされていたかどうかあやしい。

この弘化四年に、「東」の本家では喜太郎＝六右衛門が六十一歳で死に、長男喜七(四十歳)が六右衛門となった。命助の姉まつよ(三十九歳)はもうとうに喜七の妻であった。その頃の命助はまだ二十代だったが、若く結婚したかれには、長男定助の下に天保十三年(一八四二)に次男千代松、弘化三年(一八四六)に三男善太郎が生まれていた。命助にはどういうわけか、はじめ男の子がつづけて三人でき、以後、女の子が三人つづいている。

命助(文政三年・一八二〇生)
まさ(文政二年・一八一九生)
- 定助(天保十年・一八三九生)
- 千代松(天保十三年・一八四二生)
- 善太郎(弘化三年・一八四六生)
- さと(嘉永二年・一八四九生)
- ちき(嘉永五年・一八五二生)
- まん(安政二年?一八五五生)

馬を引く行商と田畑・山の農作業にたずさわる命助の外貌は、伝えるところによれば堂々たるものだった。身長五尺七寸三分(約一七四センチ)は今でこそどこにでもみられる男の背丈だが、江戸時代では人並でない長軀だった。体重三〇貫余(一一二・五キロ余)、肩幅二尺二寸(六六センチ余り)という大きさは今でもめったにおめにかかることのないものである。さらには色白で漆黒の胸毛が密生し、腕力が強かったともいう。そんな偉丈夫の命助が、あるとき藩主の駕籠役に抜擢されようとした。夫役の一種にはちがいないが、藩主の身近かで召し使われるとなれば、当人も家族も村も光栄の感覚で応えた役目であろう。しかし肥り過ぎで駕寵をかついでの労役には適さないという理由で、命助は城下町盛岡へ召し出されなかった。草相撲でも名を挙げそうな力持ちの巨漢。これが、命助の、まわりに与える印象だった。

「東」の家のなかでの命助の立場は、分家とはいっても、従属の関係ではなく、しだいに共同経営者のようになっていったと思われる。本家の喜七＝六右衛門は一二も年上だが実姉の夫であるから、義兄である。もともと「東」の本分家は、それぞれが家を代表して村肝煎を勤めたこともあった。命助は肝煎になっていないが、喜七＝六右衛門は肝煎を勤めた。嘉永四年(一八五一)の借金証文では命助が大槌町の源右衛門から二〇両を借り、六右衛門が村役人としての役印を押している。命助はこのとき「拙者家下滝野と申《もうす》畑拾六人役《やく》」(『森史料』一七〇頁)を担保に入れた。「拙者家」と記し、「畑十六人役」(ほぼ一町六反歩にあたる)を担保に入れ、借金の主体になっているのは、命助の「東」の家における位置が軽いものでなかったことを物語る。

嘉永六年(一八五三)、義兄六右衛門が当主となって六年ばかりの四十六歳で死ぬと、命助は事実上「東」の家の当主になった。このとき命助は三十四歳。本家の長男半蔵は、まだ七つだった。長女のトクは、それより幼かった。本家には年寄はもういなかった。つまりこの年、「東」の本家は、四十五歳で後家となった命助の姉まつよが、幼い子供二人をかかえる頼りない状態となったのである。

命助は「東」の家の担い手として、働かなければならなくなり、それにつれて「左馬之助の家の後裔」という意識もいよいよ強いものになったろう。本家当主不在のため、かれが六右衛門として「東」の家を代表するという場面も生まれたと思われる。のちに命助が、大槌代官から命助という名前について尋ねられたとき、「先祖代々の名は六右衛門と申候」(三浦家文書)と答えたのは、「東」の本家が代々そのように名乗ってきたという事実にもとづくものではあるが、かれ自身がじっさいにその流れを受け継ぐ位置にあるという気持を表白したのでもあったろう。

本家が後家を主人に幼少の者二人という状態に陥った嘉永六年(一八五三)、同居の分家はどういう構成になっていたのか。年寄では命助の

「東」の人びと(嘉永6年現在)

本家	ハル(まつよ)	45歳	女
	半蔵	7	男
	トク	?	女
分家	命助母	?	女
	命助	34	男
	まさ	35	女
	定助	15	男
	千代松	12	男
	善太郎	8	男
	さと	5	女
	ちき	2	女
	(まん)	—	(女)

まんは安政2年か元年の生まれ

母親が存命だった。安政六年に命助が牢内から送った帳面で、「母様」(一番)のことをいかにも気遣わしげに頼んでいるからこれはまちがいない。それに命助とまさの夫婦、倅《せがれ》三人、娘二人。計八人である。それぞれの年齢は、母は不明だが、まさ三十五、命助三十四、定助十五、千代松十二、善太郎八、さと五、ちき二だった。命助は、妻や娘を、おまさ、おさと、おちきというように呼んでいた(「三浦命助脱走日記裏書」、『森史料』二〇二頁)。

「東」の本分家あわせて一一人は、ほとんど女子供ばかりの家族である。命助が嘉永六年三月に次のような質物証文を作成したのは、男手を確保するためだったろうか。笹子の靏松《つるまつ》が上栗林村命助にあてたもので、靏松は、命助から七六貫三〇〇文を借りて、その質物に「拙者当四十八歳」を置いたのである。年季は三年間三作《さく》とする。気に入らなければ、命助がいつでも断わることができる。死亡すれば金銭で残りを取りたてる。もし仕事がなければ昼五〇文、夜八〇文ずつの日傭銭を稼いで命助に渡す。万事、靏松は公儀の御法度《ごはっと》、村の掟、それに「東」の家の作法に従う。命助が渡した金は、貸したというより住込みの奉公人を一人もとめる前払い分だったかもしれない。

天保期以来、先祖の借財も重なって退勢に向かった「東」の家ではあるが、活発な経済活動をつづけ、また村役人をつづけてきたこともあって、ただ借金を重ねるだけの経営ではなかった。のちに命助が逃走中にそれまでの貸借関係を整理した、二冊の帳面がある。その一冊は「大福徳集《とくしゅう》帳」と表題がついている。

この貸金のほとんどは、命助の時代のものというより、文化・文政・天保の六右衛門の頃の貸金がほとんどで、古くは元禄時代のものさえある。つまり焦げついている貸金である。二、三、大額の証文もまじっているが、多くは融通という程度のことで、その相手は村内はもとより村外へも及んでいる。嘉永六年三月の鬮松への融通も「代物《だいもつ》七拾六貫三百文　笹子ノ鬮松　身代《みのしろ》セン(銭)ニ借シ」(三浦家文書)と記してあるから、かれの住みこみはなんらかの理由で実行されなかったのかもしれない。ともあれ、すべてを集めると、金三五両と銭二八七貫二五四文という金額が未済のままになっていた。(銭一貫は一〇〇〇文。嘉永六年〈一八五三〉の時点で金一両は銭六四〇〇文ほどに相当した。)

もう一冊の帳面も、表題は同じだが内容がちがう。先の一冊は貸借の請人まで書きあげてあるから、一件一件に証文があったと思われるが、この二冊目の帳面はどこからどこまでが一件か判別しにくく、また金銭の融通が出発点になっているのではなく、米・餅・鮪《まぐろ》などの物品が先に扱われて、その結果、〆めて計五両一歩と銭七四貫九三三文の貸金が発生したのである。「塩三駄賃不払」とか「米三駄、大槌迄ノ賃不払」などとあるのは、おそらく命助の荷駄運びの商い活動のなかで代金取立てが終了していないものにちがいない。年代がエトで表わされているのも、これが書かれた安政三年(一八五六)に近い年のものであることを物語る。

帳面の冒頭近く、亥・子・子とつづいて次が閏二月七日となっているが、二月が閏月になるのは嘉永四亥年(一八五一)だから、子は嘉永五年(一八五二)ではないか。そうすると、酉は嘉永二年(一八四九)、庚戌・戌《いぬ》は嘉永三年(一八五〇)となるだろう。「嘉永四年分」「嘉永五年分」とはっきり書いた項目があるのも、この推測を裏づける。とすると、丑は、一一人の家族をかかえ命助が「東」の事実上の当主として働く立場になった嘉永六年(一八五三)のことである。そして寅は、翌嘉永七年(一八五四)となる。したがってこの二冊目の「大福徳集帳」は嘉永二年から六年までの五年間の命助の商いをうかがわせる。そしてさらに重要なことは、この間の嘉永六年に、じつは三閉伊一揆が起き、命助がそれに加わったのだが、命助が一揆の前にも後にも荷駄商いの仕事に従事したことを示していることである。

この二冊目の「大福徳集帳」は、命助の貸借関係だけでなく、商いの内容までもうかがわせる。かれが扱った物品は、白米・米・餅・塩・小豆・柿・鮪・針金・蚕種《さんたね》・酢・長命草(煙草)・ひも・はかまなどであり、その商いの範囲は大槌・山田・片岸・釜石・遠野・宮古・気仙までの広さに及んでいた。気仙《けせん》(気仙沼《けせんぬま》とは違う)といえば、隣の仙台藩領に属し、のちの一揆のときに命助らが逃散・越境した土地である。そこの久五郎に、命助は嘉永五年十二月に金一分と銭四貫八〇〇文を渡して蚕種二一枚を受け取ったが、まだ受け取る蚕種が残っている、というのが帳面に記載した意味であろう(六二頁以下、「貸付覚」表—㊵参照)。

『南部義民伝』に、一揆のさい「命助ノ乾分」として最後まで行を共にした者として勘助・金兵衛・善五郎・松次郎・松之助の五人の名があがっているのだが、この「乾分」ということについて、二冊目の「大福徳集帳」がヒントを与えてくれる。丑(嘉永六年)の二月二十七日のこととして、釜石の民太郎に中種(蚕種)四枚を代金二分で商い、それが貸しとなっているのだが、その項目をよく見ると「夫《ぶ》松次郎」とある(表―㊹)。これは、松次郎に荷運びを頼んだということにちがいない。おそらく命助は、自分も直接に馬を引いて宮古・釜石・遠野を三角点とする範囲にふくまれるような各地、ときには仙台領気仙のあたりにまでも出向いたが、いくつかの方面に同時に仕事が重なる場合、あるいは避けられない自家の農耕とぶつかる場合には、別に馬方を雇って運んだものと考えられる。これを記録すれば「夫・誰」となる。松次郎らは、そういう関係のもとで命助の下働きをすることが多く、しだいに本人も周囲も「乾分」と思うような結びつきを強めていたのだと思われる。

このような商人《あきんど》命助を、村の者も、三閉伊の人々も「メイシケ」(命助)と呼んでいた。命助が牢中から送った四冊の帳面にも、この土地の言葉がふんだんに自在にひら仮名やカタ仮名で表現されているが、帳面のほかに書いた「高王経」のなかに、「ナンブ　メイシケ誦」(三浦家文書)とカタ仮名で署名している箇所がある。それは村の内でも村の外でも、そのように呼ばれたにちがいない発音である。命助にはちがいなかったが、かれにより近寄ろうとすれば、ナンブのメイシケとかヒガシのメイシケとか呼ばれていた言葉の感覚までも受けとらなくてはならない。

貸付覚

	事項	住所・名前	年月日
①	白米3升 代255文 貸し	おせん	戌10.16
②	金1分 米3駄 大槌迄賃不払	青木 良之助	〃 11. 6
	400文貸し		
③	白米2斗 代1貫800文	中下 松之助	〃 12.26
④	銭150文	横内 金之丞	亥 1.14
	餅1升5合 代150文貸し 〆300文用立		
⑤	白米3升 代315文(内200文受取) 〆2貫870文	沢田 松次郎	〃 5. 7
⑥	金2分	古田 六左衛門	子 1.21
	金2分 受取	〃 〃	〃 2.10
	白米1斗 代850文 貸し 書入は喜六取立頼母子大吉名代1丁分	〃 〃	閏 2. 7
⑦	銭120文	嘉蔵	7.19
⑧	金2朱 塩3駄賃不払 400文貸し	七蔵	亥 3.11
⑨	銭2貫306文 貸し	橋場 助松	酉 12.28
⑩	金1両 大槌より山田へ米2斗入5駄片馬賃682文	大槌沢 松兵衛	子 3.24

⑪	銭2貫文　アバ代不足　貸し	橋場　伊勢松	〃 4.—
⑫	餅2升　代220文	山田　勝右衛門	〃 7.25
⑬	銭1貫520文	〃　およす	〃 8.24
⑭	〃400文貸し　上白値段に勘定．中白ゆえ400文過銭	横内　長松	〃 8.11
⑮	銭350文　貸し	山田　ビッコ茂助	〃 11. 3
⑯	〃200文　〆2両と9貫48文	片岸　六重郎	〃 11. 4
⑰	餅6斗　代金3分と660文	白川ら　倉松	〃 11. 7
	内3分受取，485文先分預り　〆175文　貸し		
⑱	柿700ほど　渡し　銭290文　長命草代　借り	遠野上同心　勝兵衛	〃 10. 1
⑲	金2分	横内　清四郎	〃 12.19
⑳	〃1分1朱　米2斗5升入20駄　橋場より川岸まで賃不払	新屋　次助	〃 12.19
㉑	銭291文	酒屋　巳之助	〃 12.19
㉒	金1分ト350文　貸し　伝次郎より1両受取以外不足分	遠野　萬兵衛	子 12.19
㉓	金2分　受取	伝次郎	丑 4.19
	〃1分　〃	幸助	〃
	2人〆2分ト600文不足　莚25枚(代2貫文)受取		
	〆1貫800文　貸し		
㉔	銭50文　〆2貫320文ト　貸し	吉助	子 12.19
㉕	金1両2分　宮古宿に渡し　注文所に渡し，品物送られず　貸し	上　松次郎口	子 12
㉖	鮪33本　代25両　宮古で渡し		〃 12
㉗	金2両と1貫280文　懸り入用　渡し		—
㉘	銭12貫825文　貸し	松次郎	丑 2. 6

	内48貫423文　定役未納分弁金の分		
㉙	銭1貫18文　貸し	古田　六左衛門	嘉永 4
	〃1貫145文　貸し	〃　〃	〃 5
㉚	〃2貫835文	下　久助	丑 5.21
㉛	〃2貫243文　内2朱受取　〆1貫443文貸し	門吉	〃 5.29
㉜	〃1貫185文	大下　伝助	〃 2
㉝	〃18貫119文　貸し　本帳どおりに直す	熊蔵	〃 2. 9
	銭515文　不足分貸し　外39文　小川未納分貸し		嘉永 5
㉞	銭3貫150文　貸し	上　銀蔵	丑 2. 9
㉟	〃366文　貸し	沢田　松次郎	酉 —
㊱	〃2貫文　貸し	古田　勇助	丑 2. 7
㊲	〃5貫文　夫藤助　貸し　内1貫219文佐源太より受取	竹岸　六重郎	子 12.23
	〆3貫781文　貸し		
㊳	〃3貫200文　渡し　久治へ催促に遣した故	横内　清吉	〃 12.29
㊴	〃金1分と1貫400文　外200文　渡し	下　久助	—
㊵	○金1分と4貫800文　貸し　蚕種21枚　預り	気仙　久五郎	—
㊶	○銭382文　貸し	酒屋　巳之助	丑 2. 7
㊷	○〃762文(丸3つ〆金1分と5貫944文　貸し)	橋場　丑松	2
㊸	上種2枚　代金1分　貸し	古田　六左衛門	丑 2.27
㊹	中種4枚　代金2分(夫松次郎)	釜石　民太郎	—
㊺	中種5枚　代金2分半(夫松次郎)	中山　弥右衛門	—
㊻	〃　4枚　代金2分　内1枚居合に　貸し	下屋敷　与之助	—

㊼	〃 1枚　代金2朱　貸し	トボ　市之助	—
㊽	〃 1枚　代金2朱　貸し	重吉	—
	上記種渡しの惣高中定助900文受取		
㊾	地面少し　貸し　丑3.17本人改め直し	後川　久左衛門	—
㊿	金24両ト679文　貸し　銭200文　代貸し	上　松次郎	丑 4
	金1両と300文橋場頼母子金　貸し	〃	〃 4.19
	〃 3分半と467文宮古よりの針金代　受取		
	〆金24両半と712文　貸し		
㊿+1	金1両2分と675文	金兵衛	〃 12.晦日
	白米1斗5升　貸し　合す代1貫350文	〃	寅 1.29
	銭1貫文　貸し	〃	〃 2. 8
52	〃 50文　不足分　貸し	嘉蔵	〃 1.19
53	銭65文　13人分　借り	徳次郎	—
	銭122文　軒繋　借り　〆187文　借り		
54	銭262文　貸し　銭112文貸し　〆374文　貸し		寅 4.22
	〆186文　貸し		
55	銭336文　利銭貸し	松之丞・巳之助・嘉蔵	寅 4.19
56	〃 450文　利銭貸し	松次郎・万兵衛	〃
57	金2分と銭3貫200文(相場六々)受取	嘉蔵口	—
	〆100文　不足　〆金1両2朱と4貫147文		
58	金2両2分半　預り	竹松口	—
	右へ小豆8斗渡し　外，文平渡し		

⑲	金2分と433文　預り	深松	丑. 仙台行
	銭2貫6文　貸し	〃	〃
	〃380文　ひも代　貸し	〃	〃
	金1分2朱　はかま代　貸し	〃	〃
	相場六四　〆1貫153文　貸し	〃	〃
⑳	銭1貫28文　貸し	おもい　弥助	仙台行
	上2口〆2貫181文		

安政3年1月吉日改め　〆5両1分と銭74貫933文　貸し　(「大福徳集帳」より)

三　先行する者——弘化四年の一揆

二冊目の「大福徳集帳」の末尾は、次のようになっている。

丑ノ年仙台参リ候節
一、金二歩(分)ト四百三拾三文　深松より預り
一、弐貫六匁　かし(貸)
一、三百八拾文　ひも代かし
一、壱分弐朱　はかま代かし
　相場六四
　差引て一貫百五拾三文　深松に改借(貸)し
一、壱貫廿八文　をもい　弥助かし
右は、仙台に参り候節
二口〆《しめて》　弐貫百八十壱文也

（三浦家文書）

「丑」は嘉永六年(一八五三)である。「大福徳集帳」にはこの年の二・三・四・五月と十二月の記事がある。六月には命助が商いの関係をもっていた一帯も、かれ自身も、一揆の大渦に巻きこまれている。一揆状況が鎮静し、命助が栗林村に戻ったのは十一月である。そうすると、かれが、一揆に加わる直前まで商売をしており、一揆が終わるとすぐに商売に戻った、ということをこの帳面はあらわしている。考えてみればあたりまえかもしれない。一揆に加わったからといって、稼ぎにかわる儲けが生じるわけではない。一揆の体験自体は百姓らにとって日常の諸関係を転換させ平常のリズムを超越させるような性質ものだったが、しかし一揆を起こしたのはそういう特別の状況を味わうためではない。精いっぱいの働きでなんとかやってゆける状態をつくりだすために覚悟をきめた行動が一揆であって、それが成功したとしても、得られるものは精いっぱいの働きでやってゆける状態以上のものではない。一揆に加わる直前まで日常の働きに精をだし、終わればまた仕事に戻るというのは、生活者の運動である百姓一揆の当然の姿なのである。「大福徳集帳」は、そのことをあらためてわれわれに見せてくれている。

だが、記述の末尾をここに引用したのはそれだけを言うためではない。「丑ノ年仙台参リ」という注記は、商いのためではなく一揆への参加のことではないかと思われるのである。「大福徳集帳」の、丑年のほかの記載の仕方に似ないことと、三閉伊一揆は仙台領への逃散であったことから、それ以外には考えられない。命助は、逃散決行の前に仙台領へ下見と交渉にでかけたと思われるから、この記述はそのときのことかもしれない。一揆のような時にさえ、深松と弥助に袴・ひも代ふくめて二貫一八一文の銭を融通し、のちに回収すべき未済分としてきちんと記録するところに、命助の強《したた》かさをみないわけにはいかない。

そのような強かさは、嘉永六年という年が命助に強いた緊張からもきていた。天保期の試練をたっぷりくぐった命助は、嘉永六年には、それにも増して難儀な状況のなかに置かれた。正月には本家の六右衛門が死に、かれは「東」の家を代表する位置に押し上げられた。女子供一一人の家族を支えるために命助は、ひときわ隙ない稼ぎをせざるをえなかった。そして、そんな年に大規模な一揆が起こって、命助は、頭人の一人として働く立場になったのである。

命助が加わった南部藩領百姓の一揆について、大佛次郎は『天皇の世紀』のなかで、「ペリー提督の黒船に人の注意が奪われている時期に、東北の一隅で、もしかすると黒船以上に大きな事件が起っていた。……これは南部領の農民が三万人に近い大人数で、田畑を捨て集団となって雪崩のように領内を横断し、隣国の仙台領に入って保護を求めた事件であった」(『天皇の世紀』1「黒船渡来」朝日新聞社)と書き、その経緯を詳しくしるしている。

かれは、近代日本の生誕を促す力の一つに、外側からの力だけでなく、歴史の下のほうから武士支配を掘り崩す力があったことを、ペリー来航と同年に起こった三閉伊一揆によって、象徴的に示そうとしたのだった。

どこの農民にせよ、眼前に押し寄せた耐えがたい難儀のもとで一揆を覚悟する。そのことは南部領百姓の場合も同じだった。

この地域の人々にとって、生存全体が根こそぎ脅かされるような条件は、凶作・飢饉のかたちをとって襲ってきた。命助の一生の間をとってみても、文政八年(一八二五)、天保三、四、五、六、七、八、九年(一八三二―三八)、嘉永二、三年(一八四九、五〇)、同六年(一八五三)がそういう年だった。かれの長くもなかった四十五年間の一生のうち、一〇年以上が凶作・飢饉年だったのである。霜雨、早冷、大風雨、霜害など、不順な天候の年には、かならず作物は大幅に減収となった。政治的に強引に拡張された米つくり、水稲北限地帯の避けられぬ悲劇でもあった。嘉永六年も気候不順で旱魃であり、南部藩領全体で七万石の減収だった。この減収は藩経済に強い打撃を与え、南部藩主は藩財政を建てなおすために、困窮におちいった領民に臨時の賦課税を加える。天保期をピークとして、凶作・飢饉年にかならずと言ってよいくらい南部領で一揆が起こっているのは、この臨時賦課税と関連がある。この点で、南部藩は無策であった。

南接する仙台藩領では、江戸時代、一揆はわずか数回しかないのに、南部藩領では一五〇回以上も起こった。天保期(一八三〇—四四)以降にことに多発したのだが、それ以前の、命助が生まれた文政三年(一八二〇)から、かれが一揆に参加する嘉永六年(一八五三)までの三三年間に限ってみても、一揆は毎年というわけではなかったが五〇回をこえた。

一揆に加わるということが容易ならざる決意を要したとしても、一揆多発藩に生きる南部領民にとって、一揆は、たとえば仙台領民とくらべていくらか身近なところにあった。つまり一揆状況に向かいあう心の「準備」がいつでもあるような社会的雰囲気のなかに、かれらは生活していた。そのことが、一揆への覚悟とまとまりを早め、また巧みなものにしたと思われる。

命助の身辺でも次のような伝承が受け継がれていた。栗林村に隣接し、生活のうえでも交渉の深い橋野村の「義民」についての言い伝えである。

嘉惣治
　延宝二年十一月三日
宝樹院良通清居士(嘉惣治)
橋野地頭・楓助左衛門、非道にて、嘉惣治、時に肝煎役、百姓共願いに先立ち、盛岡へ訴え、地頭切腹、これにより百姓相名代として吾より願出、橋野萩(荻)ノ洞に於て死罪、委《くわ》しくは別録有。

（『釜石市誌』史料編一、五四頁）

十八世紀末寛政の頃、大槌町の菊池慈泉が、嘉惣治の事績を記念して、その家の略歴を記述したものの一部である。これによると、橋野村の「地頭」（知行主）楓助左衛門（南部藩家臣）は、十七世紀後半の寛文末年か延宝一、二年かに知行地の百姓らから抵抗を受けた。その時の橋野村肝煎が嘉惣治だった。「地頭」の「非道」がどのようなものであったかは知ることができないが、ふつうこのような家臣（給人）の「地方《じかた》知行」と呼ばれる支配から生じるのは、百姓をほしいままに使役すること、年貢その他の上納物を無理無体に取り立てること、それができぬと手ひどい人身的な懲罰を加えること、などである。百姓がそれを阻む方法の一つは、「地頭」より上級の権力である藩主へ直訴して、「地頭」を苛政の罪に追いこむことだった。おそらく橋野村では惣百姓の相談が重ねられ、その結果、藩への直訴という方法が選ばれた。肝煎嘉惣治は、村を代表する立場ゆえの要請もあって、出訴の先頭に立った。直訴は成功し、楓助左衛門は切腹を余儀なくされた。しかし、理は百姓の側とされても、法は百姓の行動を許さない。嘉惣治はみずから頭取《とうどり》であることを名乗りでて捕まり、居村の外《はず》れ、栗林村と接するあたりの荻ノ洞で死罪になった。

延宝二年（一六七四）という古い時代からこの事績がそのまま膾炙《かいしゃ》していたかどうかは疑わしいが、大槌町の者が聞き知っていて訪ねるくらいの広まりはあり、十八世紀の末期に調べなおして略歴を記述する者が現われたことで、嘉惣治についての伝承があらためて新鮮さを増したということも想像される。少なくとも、橋野村や栗林村の住民にとっては、あそこが嘉惣治刑死の荻ノ洞だと指さすことのできる歴史であったろう。(直訴には老名《おとな》十三郎が同行し、地頭を罷免に追いこんだのち帰村途中自殺したとも伝える。)

延宝の嘉惣治らについての土地全体が共有する記憶が、雰囲気のような作用を命助に与えたとすれば、かれが生まれて以降の領内の一揆は、とびかう風聞や人の動きとしてもっと直接の刺激を与えたにちがいなかった。毎年というわけではなかったが、命助が院内銀山へ稼ぎに出る前にもいくつかの一揆が起きた。少年命助の耳にも、出来事の噂が届かなかったはずはない。

命助が院内から戻ってのち幾年かは表立った激しい騒動はみられず、比較的平穏な状態がつづいていた。しかし矛盾は進行していたのだ。このころ南部藩は、奥羽諸藩の一つとして、ロシアに対抗するための対外警備の軍役を負担しなければならず、その財源を、百姓からはもちろんのこと家臣からも「収奪」した。減俸・借上《かりあげ》がその方法で、一〇〇石につき二、三両とか、知行高の二分の一とかを召し上げたのである。天保飢饉のもとで、そのような「仕打」を受けた南部藩家臣団の、ことに下級の者らは徒党をつくったり、脱藩したり、なかには百姓の一揆へ共感する者さえ生まれた、という(保坂智「天保期南部藩における家臣団の動向」、北島正元編『幕藩制国家解体過程の研究』一九七八年、吉川弘文館)。また南部藩では、農工商民の富裕層に士分の格を金で売って藩財政を補塡するということもおこなった。売禄《ばいろく》には格の上下によって定価があり、士分に上昇した者は「金上侍《きんじょう》」と呼ばれたが、かれらは、家臣の譜代層からも、それぞれが元来所属していた町・在の共同体からも、反感を持たれていた。

弘化四年(一八四七)は、格別の凶作・飢饉年とは記録されていない。が、この年、しばらく持続していた平衡の皮膜が破れ、矛盾がいっきょに溢れでた。破ったのは、三閉伊通の百姓たちだった。弘化四年十月、南部藩は御用金五万二五〇〇両を領民に課し、年内に上納することを命じた。地域別にみると、商工漁の利益をあてにしたのか、三閉伊通が他より多額の上納(八四三七両)を命じられていた。花巻を中心とする盛岡南方の水田地帯は、天保期の飢饉と一揆で、これ以上の収奪が不可能だった。たまっていた不満をいっきょに解決しようとする一揆状況が、三閉伊の地帯で急速に生まれた。

この弘化一揆は、命助が頭人として働いた六年後の嘉永六年(一八五三)の一揆と、地域・規模・内容とも連続線上にある。この一揆は第一次三閉伊一揆と呼ばれるのにふさわしい。

年貢よりも臨時税としての御用金や、専売制による営業・流通税をあてにしたため、農耕外の稼ぎが活発におこなわれる沿岸部が特別の重課をこうむったのである。その収奪ぶりは、負担の重さを感じさせただけでなく、労働の意欲を奪うことにもなった。たとえば次のような話がある。

弘化年中、宮古沖に鰯《いわし》の大群が押し寄せ、浜は出漁の活気にあふれた。ところがそれを知った藩は、出漁直前の漁民らに、課税の内容をこまかに予告したため、働き損になることを知った漁民らはただ鰯の大群の通りすぎるのを見送ったという(田村忠博「嘉永六年三閉伊一揆概要」、『宮古地方郷土史料集』第一輯)。

野田通の百姓らは、一揆を拡大してゆくにあたって、「狼狩り」の比喩を用いている。弘化四年十一月二十五日、野田通の百姓が、南方の宮古通小本村にやってきて一宿を乞うた。「土地の肝煎が騒立《さわぎたち》の噂もあるが、と聞くと、「横沢と言へる沢に、以《もって》の外の悪獣棲んで数多《あまた》の人を取飲《(喰)》ふ。これにより野田通の百姓共申合、此悪狼を狩取んが為、山狩に出たり。明朝は大勢押来るべし。我々其先達に来れり。各方《おのおの》も倶《とも》に出らるべし」(「三閉伊通百姓一揆録」『日本庶民生活史料集成』第六巻、五五三頁)*と答える。悪獣棲む沢とされた「横沢」とは、藩政を担当する横沢兵庫のことである。

＊　以下、弘化・嘉永の一揆の叙述は、命助と同時代の史家横川良助の記録『内史略』后十一巻・二十巻に従う。『内史略』は岩手史叢五巻本として活字史料集になっており、そのうちこの一揆にかんする記述は森嘉兵衛氏が「三閉伊通百姓一揆録」と題して『日本庶民生活史料集成』第六巻(三一書房)に収載している。これ以降、引用が同書によるときは、単に『集成』6

の該当頁数のみを記す。

「狼狩り」だけではなく、「手間取り《てまと》」という目標を呼号することもあった。宮古通へ南下してきた一揆勢に、願向きを尋ねた役人に対して、重すぎる御用金に耐えかね、仙台へ手間働きにでるだけが望みであると一揆勢は言い返している。

一揆勢は、そのように誘いたてるだけでなく、「出でざる家を毀《こぼ》て。或《あるい》は焼立てよ。或は出でざる内は或《(幾)》日なり共此村に逗留して賄《まかない》を得て世話に預れ」(同前、五五四頁)と参加を強制しながら数を増していった。そして、さらに追いかけ、説諭を加える役人に向かって、「だまされな〱」と罵り、鯨波《とき》の声で応じ、ホラ貝を吹き立て、大地を踏み鳴らした。また宮古町では、遺恨のある鉄山師佐藤儀助の営む酒屋を打ち毀している。その模様は、「家内土蔵に至る迄《まで》、落花微塵に打毀、酒桶は悉《ことごと》くたがを切放し、(此夜宮古町鍬ケ崎に一宿して宿々の手桶に此蔵の中のこほれ酒を思ひ〱汲取て、其夜の飲酒とすと云々。其乱暴いはん方なし)、家具を打砕き、諸帳面を焼立て、家内粉の如く沽却す」(同前、五五五頁)という具合だった。『内史略』によると、この打ち毀しのさい、百姓らは手分けして町中を触れ廻った。かれらは、この酒屋に恨みがあって打ち潰すが他に恨みなし。隣家にも手はださぬ。火の用心をされたし。驚き騒がず暫《しばら》く御見あわせあるべし、というように呼ばわったという。

このとき命助は二十八歳だった。かれは、まだ「東」の家を代表する立場ではなかったが、三人の子供をもって毎日の暮らしを維持しなければならぬ「一軒前」の生活者だった。

この年九月十九日に本家の喜太郎が没して「東」の家は喪中の状態にあったから、十一月に起こった弘化一揆には加わることがなかったかもしれない。（この弘化四年の第一次三閉伊一揆に栗林村が参加したという記録は残されていない。）この一揆は、北の方の野田通から下降してきて、大槌の町・在や吉里吉里《きりきり》を経て、遠野へ向かっていった。その一隊は十一月二十九日に橋野村まで到達している（『岩泉地方史』下）。一揆は、遠野南部家へ強訴する方法をとったのである。

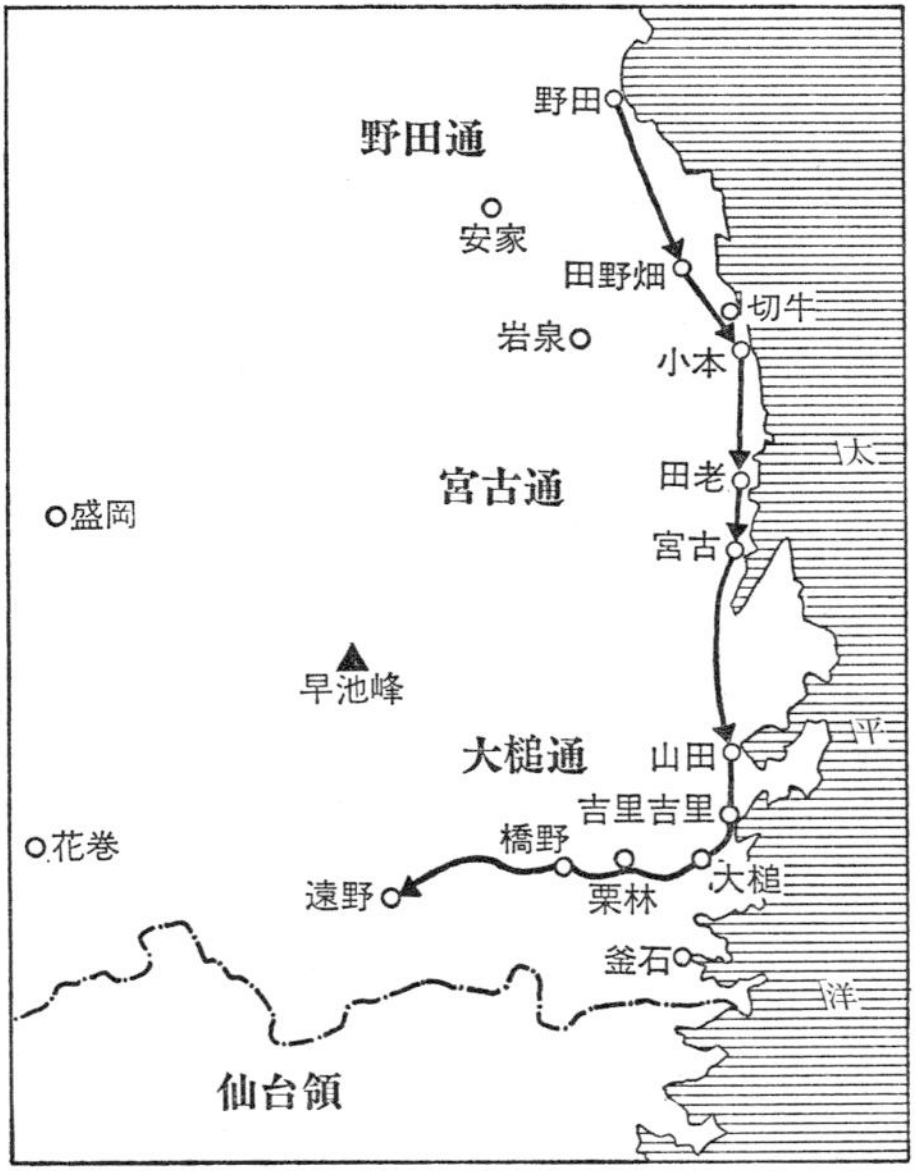

　大槌から遠野へ抜ける道は、栗林村の者らにとって、御用状を夫役として運び、日常の暮らし向きのなかで利用している通路である。命助は、「東」の家の前を通る数えきれぬほどの一揆の百姓を見送ったかもしれない。

　遠野へ押し寄せた万余の百姓

らは、遠野を貫通して流れる早瀬川原に群集して、願向きの実現を求めた。その願向きとは、さきの御用金賦課の問題の他、塩手払い、諸請負《うけおい》、国産椎茸山、大豆買上げ、煙草役、濁酒一手役など、要するに藩が田畑の産物だけでなく海や山の収穫物にまで税をかけ、売買のルートや価格を統制し、さらに運上金や御用金のかたちで収奪をつよめようとすることに対する反対であった。「諸事往昔《おうせき》の通《とおり》に成し下され度《たき》事」(『集成』6、五五七頁)、これが百姓らの一致した主張であった。

一揆の百姓らは五日のあいだ川原で野宿した。今の一月中下旬の寒中である。雷雨もみぞれ雪もあった。かれらが消費する大量の食糧は、遠野町の若者らが、炊き出した飯や味噌を大桶で川原へ運んだ。川原の百姓らも、供給された炭をおこしつづけ、また薪をたいた。

其体《そのてい》至て物静《ものしずか》に無言にて、倶《とも》に物語もせず。川東の方川原に、村限混雑なく、合印に応じて拾人弐拾人、或は三拾人或五七人ずつ一場に集り、更に散乱せず、莚《むしろ》・菰《こも》・柴・薪様の品にて四方往来を除て囲ひ立て、此内に銘々火を炊き、集り居て、静り返つて無言也。 (同前、五五九頁)

それぞれ一組か一村ごとに目印をつくって集まり、ことに頭人のグループはひときわ目立つ絵の描かれた莚幟《むしろばた》を押し立てていたという。

この一揆には、めざましい活躍をする何人かの頭人がいた。安家《あっか》村俊作もその一人である。かれについては、近年可能なかぎり詳細にたどった評伝が発表されている（茶谷十六『安家村俊作』一九八〇年、民衆社）。もう一人は弥五兵衛（権太、萬六とも名乗る）という百姓である。

この弘化四年の一揆は、遠野南部家の巧妙な対応もあって、「願向」実現の決め手を欠いたまま、結局、十二月五日、遠野を引きあげることになり、百姓たちは在所へ帰っていった。が、野田通のみ、最後まで引きあげに「不承知」だった、という。

野田通大芝村の弥五兵衛は、この弘化の一揆のなかで、頭人たちのなかの総頭人として働いたのだった。この一揆とのちの嘉永六年の一揆をつなぐ線は、頭人のことに関しても確実にあった。嘉永六年の一揆では、数多い願向きのうちの一つに、

一《ひとつ》、七ケ年以前、遠野表《おもて》へ集合仕《つかまつ》り候節、野田通安賀《(家)》村安《(忠)》太郎・俊作、田名部牛滝へ流罪に相成り居《おり》候事。（『集成』6、五八六頁）

という項目がみられる。意味は、弘化四年の遠野強訴の結果、いまだに安（忠）太郎と俊作

の両人が牛滝(田名部通。重罪人の流刑地)へ流罪になったままである。その二人を、文言としては表現していないが、釈放せよと主張しているのである。(この願向きは嘉永六年の一揆に仙台藩が介在したことも好条件になって、二人は放免となった。弥五兵衛はすでに捕まり、それ以前に獄死していたが。)

弥五兵衛がやろうとしたことは、長い年月をかけて広い領内を歩きまわり、一揆への同意をつくりあげてゆくことだった。かれは、「小本《おもと》の祖父《おど》」とも呼ばれ、七十に達するほどの老齢だった。この一揆のとき、遠野南部家の家老新田小十郎は「海辺之通《とおり》御百姓共御取扱向《むき》始終之書留」(『内史略』)という記録を作成したが――遠野の位置からみれば、三閉伊通は海辺の地帯にみえた――、そのなかで、弥五兵衛について次のように記している。

この萬六と言ふ者は、野田通り大芝の切うし(牛)の弥五兵衛事《こと》、当時(現在)萬六、実は宮古通小本《おもと》村弥五兵衛事、幼名が権太《ごんた》と云、当節は萬六也。当六十七才筋骨健《すこやか》にして、弁舌能《よく》、百生(姓)には斯《かつ》て(これ無き)曲者《くせもの》、何程肝太き者やら、けしからぬ強悪人也《ごうあくにんなり》と云々。乙之助、目明《めあか》し共をもつて旧冬よりの萬六廻村の村々相探させ候処、悉く騒立《さわぎたち》方《かた》申進め、廻村候由、畢竟《ひっきょう》かれ壱人主立《おもだち》、勧《すす》め立て候につき、此度の愁訴出来《しゅったい》候事と聞こゆ。

(『集成』6、五七四頁)

弥五兵衛は、当時としては、聞く者が驚くような老齢だったが、筋骨が頑健なうえ弁舌さわやかで、いわゆる「口利《くちき》き」のタイプだった。「曲者」「肝太き者」「けしからぬ強悪人」という弥五兵衛に対する武士の側の評価には、ただ悪事を犯した下手人ときめつけるだけではない、彼の力量の何かを承認せざるをえないという気圧《けお》された感情がのぞいている。まるで弥五兵衛一人が一揆を起こさせたような印象を受ける記録になっているのは、武士の眼から見たためであって、じっさいの一揆はそんなものではなかったろう。しかし、社会的緊張が極度にたかまっているとき、弥五兵衛のような「口利き」のものが登場してきて、村々のエネルギーを一揆に結びつけ、鋭く吹き出させる働きをすることの意味は大きい。弥五兵衛らはいわば触媒の役割を担ったのである。

弘化四年冬、早瀬川原の「願向」実現の約束が反古《ほご》にされたと知るや、在所に帰った百姓たちの間に、再び一揆企ての動きがめばえた。このときの弥五兵衛の、村々を勧めてまわる風体について、役人工藤乙之助の報告書簡(『内史略』)は次のように記述している。

弥五兵衛事萬六という者は、当年六十七歳になるが、藍縞木綿の袷を着用、上着は藍縞木綿の半腰ふり、藍縞木綿の半単《ひとえ》物で碁盤縞《ごばんじま》木綿の風呂敷包を持って、去る二日(弘化五年〈一八四八〉一月)に高木通安野の渡場《わたしば》を通った。この者は、村々の肝煎宅へ立寄り、騒立の人数をそろえることを勧めてまわっているので……

（『集成』6、五七四頁）

あたりの住民らと変わることのない藍縞一色の身なりで、村肝煎の家をいきなり訪ね、勧誘に成功すれば肝煎の力によってその村の百姓を立ちあがらせるというのが弥五兵衛の基本的な策だったらしいが、旧来からなじみの関係になっている百姓家へも、わずかな縁を求めて説得に訪れている。再起をはかった弘化四年末の勧誘行脚では、三閉伊通を越えて、賛同する者から一軒一文ずつの資金を集めて行動の時に備えようとした。

弥五兵衛が捕えられてしまう前後のいきさつは、同じく工藤乙之助の手紙によれば次のとおりだった。

騒立の口合《くちあわせ》（相談）のために、弘化四年十二月大晦日、下宮守村（上閉伊郡）嘉兵衛方を訪れたが、取りあわないので安俵通晴山村の丑松方へ泊った。その夜と元旦（弘化五年正月）の夜と二泊し、二日二子通上根子村宗兵衛を訪れ、騒立を勧めた。宗兵衛は納得しなかったが一宿を得、翌日、同じ村の市之助宅を訪れたところを、目明し義右衛門の手先が探りだし、その旨私の方へ通報があったので、吟味の筋ありと申渡して捕まえ、手錠・腰縄で代官所（二子通）へ引渡した。

（『集成』6、五七四頁）

弥五兵衛はこうして、大晦日や元日にさえ方々を廻り歩き、宿泊を乞いながら、騒立(一揆)への同意を説きつづけたのだが、かれが捕まる直前に宿を頼んだ晴山村丑松、上根子村宗兵衛、同村市之助の三人が、取調べを受けて事情を説明した記録が残っている。その「申口《もうしくち》」(『集成』6、五七二―五七三頁)をみると、弥五兵衛の動きだけでなくこの一揆を結ぶ百姓の内実と南部藩領農村のありかたが浮かんでくる。

百姓丑松は家族九人、九十五歳になる親があり、妻を失ったばかりだった。六石七斗余を手作りし、外に「馬喰渡世《ばくろうとせい》」をして稼いでいた。一揆が起こる前年の弘化三年に、丑松は宮古通の刈屋村へ馬喰の仕事で出かけた。そこへ弥五兵衛が塩荷の商いにきていて、知りあった。丑松を訪ねた弥五兵衛は、はじめ「塩の義は、是迄浜留《これまではまどめ》の処、(海辺)ひらけて、以前の通、自由に商買致候に(ても)宜《よろ》しく候間《そうろうあいだ》、交易相談に参《まいり》候」と、前年暮の一揆の成果をふまえて、商売の話をもちかけた。

丑松は、妻の病死で「忌火《いみび》」中だからと宿泊を断ったのだが、弥五兵衛が「穢火」も頓着しないし、先年知りあった誼《よし》みもあってとうとう泊めてしまった。丑松が塩の商売の件を断ると四方山咄《よもやまばなし》になった。そこで弥五兵衛は、「扨此辺《さてこのへん》、有福《ゆうふく》の地に御座候(哉)。夫《それ》に付《つき》何か思立もこれ無く哉《や》」と一揆にかかわってゆくような話をきりだす。丑松は妻の病死で心が開かず一切返答しない。弥五兵衛はそれから商売と旅の話、たとえば先年塩を付けて出かけたところ馬を見失い、ある馬喰の世話になったこと、宮古辺は売る馬が沢山あるから買いに行くとよいことなどを話した。実名も在所も知らない。ただ「小本の祖父」とだけ覚え、一回会っただけである――。

丑松はこのように白状して、二泊もさせた不始末を詫びたが、二日もの間、弥五兵衛を四方山咄だけにとどまらせえたかどうかは疑わしい。その点は、司直の吟味に対する工夫とも思われるのだが、それは別として、かれの「申口」にあらわれている両者の関係は興味深い。弥五兵衛は、六十歳をこえてなお各地に塩荷を商う商業的農民だったのである。農民で馬喰の丑松と遠くの村で、多分塩を付ける馬のことで一面識をもち、そのときのやりとりだけを頼りに騒立を勧めに来たのだった。

宗兵衛は年齢四十四歳、家族十人、持高は二七石七斗を手作りする百姓で、村肝煎ではなかった。正月二日、弥五兵衛はここでも「小本の祖父」と名乗り、「二〇年ほど前塩を送って雑穀と交易していたが、その節は度々宿に頼んだことがある。今度海辺もひらけ、塩を自由に送ってもよくなったから、正月末か二月初には荷を付け送りたい。そのときは世話をしてほしい」と頼みこんだ。宗兵衛は、二〇年も昔のことで見知る者もいないと、宿の提供を断ったが、強《た》ってというので泊めた。弥五兵衛はその夜、一揆の計画を次のように述べたてた。

此辺は有福に候哉《や》、御在々御百生《(姓)》困窮に付、吾等始、遠野表へ願分を以《もっ》て申上候得共《(ば)》、夫々《それぞれ》御さたも其節は御座候得は《(共)》、今にあらはれ(ず)、御さたこれ無く候間、迚《とて》も面倒故に、猶《なお》又正月十日過か、二月初には催し仕《つかまつり》、御在々一統起り立、其節には中々御国では埒明《らちあき》申さず候間、仙台へ罷越《まかりこ》し、松平陸奥守様(藩主)へ願い上げ、公義へ申上げ候心得に付《つき》、皆々を誘引に参候。願書もこれ有り候。外にも書付も御座候間、見せ申すべしと申候。

(同前、五七二頁)

宗兵衛が、尤なことだが、先だっても「騒立」の先頭に立ったということで御仕置になり、恐ろしくて決心できないと断ると、弥五兵衛は願書と用意した書付を宗兵衛に読ませようとする。険悪なやりとりにもなったが、けっきょく、宗兵衛は弥五兵衛を一宿させ、翌日隣の市之助方へ案内したという。

遠野へ強訴した弘化四年(一八四七)の三閉伊一揆は、百姓たちが、「手間取り(賃銭稼ぎ)」に出かけるとか「狼狩り」に出るとか申しあわせて、十一月下旬に湧き立ち、十二月上旬にはその願の通り取りはからうという約束を得て収束したのだった。しかし約束は果たされなかった。そのため弥五兵衛はその年の暮れから翌弘化五年正月にかけてあちらこちらの百姓を訪ね、あらためて「願向」を、仙台藩、さらに公儀(幕府)への直訴によって実現しないかと勧誘したのだった。

かれが、風呂敷のなかに包んでいたと思われる願書・書付はほんの少し前に万余の百姓が決行した遠野強訴のさいに用いたものと同じで、三つあった。

一つめの願書は、野田通御百姓・宮古通御百姓・大槌通御百姓の連名で遠野の南部弥六郎と南部土佐へ宛てたもので、御用金、大豆買上げ、塩買上げ、軒別役《のきべつ》などを指摘し、きまった負担のほか新規のものは一切御免願いたいと書いてあった。

二つめは「口演《こうえん》」と題する横帳で、大略、役人のせいで町人・百姓とも迷惑に及んでいるので出訴するから相談したいと書かれていた。宛先は、大槌代官所支配の町方・村方・浦方のすべてとされている。この二つの文書で気がつくのは、「百姓」だけが難儀だというのでなく、「町人」も同じだと並記していること、また「浦方」の漁業者へも一揆を呼びかけているということである。塩の専売制に難儀するのは漁村の者らである。一揆の主体は「惣御百姓衆中」という言葉でまとめられていたが、内実はさまざまな生業者が想定されていた。稼ぎをする百姓ら、稼ぎに出かける百姓らも多数いた。

三つめの「廻状」は、左のように「手間取に罷出申候」という呼びかけであったが、それが一揆への誘いであることは三閉伊通の者には十分に感知されたのである。

此度思立《このたびおもいたち》候義これ有り。何方《いずかた》へも働《はたら》きに相出申度《あいいでもうしたく》候処、頼人罷《まかり》越し、何千人にても相頼度《あいたのみたく》申候間、手間取《てまとり》に罷出《まかりいで》申候。仍《よっ》て来る廿日に夜九つ時(十二時)、中通・浜通より早々遠野へ相出申すべく候。猶以《なおもっ》て、宮古川の儀は、勝手次第早々相渡し申すべく候。以上。

右村々惣御百姓衆中

此状とまり(留)九村にて見届候はば、火中へ入れ申すべく候。以上。

（『集成』6、五七三頁）

のちに、じっさいに嘉永六年の一揆が起こったときにも、打ちこわせ、焼き立てよと奮いたつような昂揚した状況のなかで、手間働きのため仙台へ参る、という言葉が一揆行為の象徴的な言い替えでもあるかのように叫びあわれた。

市之助は五十九歳。家族一三人で持高一七石余があり、耕地は蔵入地と給所にまたがっていた。宗兵衛に連れられて市之助を訪ねた弥五兵衛は、ここでも塩の交易の話から騒立を勧めはじめる。願の筋はない、いやあるはずと問答しているうちに、捕手が襲って、弥五兵衛は捕まった。

このようにみてくると、凶作・飢饉に脅かされつづける南部藩領の百姓らが、手作り農耕を一方の足場としながら、塩・馬・穀物などの交換、手間働きなどの他出で広く交わりあう関係にあったことは疑問の余地がない。なかでも漁村民と農村民は、その場その場の紛争や対立はあったとしても、生活の構造そのものが深く結ばれていた。そして、弥五兵衛は、それらの村々を交易の渡世でつないでいる百姓だった。弘化の一揆は、このような農漁村の小生産者・小商業者の、かれらが交流しあいながら作っている世界に敵対してくる力に刃向かう、という性格をもつのであって、この性格は嘉永六年の一揆でも同じであった。

「手間取に行く」とか「狼狩りに行く」とかの呼号は、百姓が「催し」へ向けて互いを盛りあげてゆくうえで中心的な唱語の力を発揮したにちがいないが、弥五兵衛が上根子村宗兵衛を説得したさいにみられたように、この一揆が、百姓であるということの自己確認に根ざして構想されたものであることを見落してはならないだろう。

弘化四年十一月の強訴は、南部藩に直接向かうべきところ、支藩的な位置にある重臣、遠野南部家へ訴え、その力を借りて藩政を動かそうとするものだった。それが見かけの効果だけに終わってしまったために、次に弥五兵衛が構想したのは、南部藩に対してより強い牽制力を発揮できる仙台藩主へ直訴すること、それでもだめなら圧倒的な権力をもつ公儀へ訴えでることだった。

遠野表(を)御百(姓)共引払の節、萬六壱人相残り、大槌通・宮古通御村方肝入宅へ罷《まかり》越《こ》し、壱軒より銭壱文宛取集、(萬六)申分には、此度海辺通騒立の義は、去る三月より催し、御国中廻村既に野辺地通迄同意に付、此度《このたび》遠野表にて願筋御取上仰せ付けられ候得共、中々《なかなか》御百生《(姓)》共存入《ぞんじいり》にも仰付けられざる事、嘸《さぞ》や当座の世事談にこれ有るべし。来三月迄には又々催し、仙台一ノ関・田村隠岐守様へ申出、夫《それ》より仙台城下へ申出、夫《それ》にて埒《らち》明ずば公義の御玄関へ罷出《まかりいで》、南部家にて御政事荒く、万民を苦しめ申候の間、百生《(姓)》は天下の民、公義の御情に預り申度《もうしたく》の念願と申出で候心得に候間、其節の路用多《た》足に仕候間、軒《のき》壱文宛差出し申すべく候。（『集成』6、五七一頁）

「百生《(姓)》は天下の民」であるゆえ、南部家がほしいままに政事を私し、万民を苦しめることは許されないという、どの身分に属する者でも否定しきれない見解がこれら直訴行動を支えて効果をあげる。百姓であることに根ざすというのは、百姓の「公法的存在」性を明示してゆくということである。それを権力体系の頂上にあって保証するのが、公儀だった。もとより、強訴《ごうそ》という、違法な実力によって現実の深刻さを浮かびあがらせることをもう一方の支えにしてであるが。

「天下の民」という自己認識は、しだいに公儀＝徳川氏権力をも相対化するような意味合いをもってくるが、弘化四年弥五兵衛の述べる文脈のなかでは、江戸幕府はなお個別領主の非政を抑えることのできる威力をもっていた。かれは、その計画を三閉伊百姓に訴え、江戸直訴の路用として一軒一文の出資を求めたのだった。そしてこの論理は、百姓身分である者には納得されやすかった。

城下町の牢に送られた弥五兵衛は嘉永元年(一八四八)六月に刑死した。(「牢死」と藩は言い触らしたが、実際は法の手続きを経ず斬首された。)かれの若い頃の姿については、出身村のこともふくめ、なお不明なところが多いが、ただ浜岩泉村に弥五兵衛という百姓がいて、天保期の一揆でも後押しをしていたことが知られている(『岩泉地方史』下巻)。ともあれ、弥五兵衛が、四十代の頃にも六十代の頃にも塩を馬につけて岡方の村に入り、雑穀などと交易する百姓であったことは、「申口」という史料の性格からみて疑いないだろう。

その姿は、命助とそっくりである。弘化四年(一八四七)といえば命助二十八歳の年であり、大槌通を中心に交易の稼ぎを始めてからすでに八、九年はたっている。その間に、同じような仕事に従事する老齢の弥五兵衛の噂を命助が聞いた、と推測するほうがむしろ自然であろう。そしてもちろん、弘化の一揆ののちに、命助が弥五兵衛を知らなかったということは、まずありえない。弥五兵衛が、さらに新たな仙台越訴の一揆を起こそうと工夫し、骨を折った日々をくわしくは知らなかった、ということはありうるけれども。

四　同行する者——嘉永六年の一揆

1

一万人を超したといわれる百姓の集合力によっていったんは願い通りと約束させる威力を顕わしながら、総頭人みずから不成功と判断せざるをえなかった弘化四年(一八四七)の一揆。しかし、再起の勧誘をつづける総頭人の召し捕りによって、小さく口火がつきはじめたのに鎮静して未発に終わった「弘化五年の一揆」。嘉永六年(一八五三)の一揆は、いわば、この二つの失敗の付けを返すための闘いだった。矛盾の質は嘉永にはいってからも変わらず、この年のはじめ、またいつもの論法で多額の御用金が命じられたことで、不燃のままに抑えられていた一揆状況から一揆へと急速に展開したのである。

嘉永では弘化とは逆に、先に未発の「一揆」があり、そのあとにみごとに組み立てられた一揆が湧きあがるというように進んだ。その過程で次から次へと頭人が立ち現われた。

未発の一揆の動きは、嘉永五年(一八五二)の春頃からはじまったようだ。「第一の頭人、袰綿《ほろわた》村の忠兵衛」(『内史略』)という者が知られている。秋の農耕が終わった頃と思われるが、頭人らは仙台領気仙郡への逃散《ちょうさん》を企てたようである。その逃散は、強訴の一つの形としてというのではなく、自分たちの家族を引き連れてきて永住する企てだったという。一百姓が家族ぐるみ退転(欠落)するということはこの時代にもよくあるけれど、特定の地域へ多くの家族が大規模に逃散して永住しようとした行動は、入り百姓政策といわれる領主側の移住仕法をのぞけば、あまり見られない。他領の百姓になることも辞さないというのは、嘉永の一揆を貫く一つの特徴であった。

このときいちばんはじめに気仙郡へ出むいたのは、命助の村、栗林村の「孫吉」だった。「孫吉」は仙台領の者へ、やがて自分の家族を連れてくる、また居村の百姓をはじめ各地の百姓をすすめて一国同時に発起させる、と告げて帰村している。

かれの後に、栗林村のはるか北方になる野田通の頭人らも気仙郡を訪れ、家族ぐるみ引越・永住の希望を伝えた。気仙郡の下有住村の者たちはこれを承諾し、大庄屋を紹介している。このようなことを百姓間で取り決めるということは、「百姓土地緊縛」を原則にしてなりたつ幕藩体制からすればありえないはずではあるが、江戸後期の現実の社会に照らすと、そのようには言いきれないのである。

野田通の頭人らは、仙台領の者によって大槌通の「孫吉」のことを知らされたというが、かれら同士の関係がどうであったのかははっきりしない。ともあれ最初の一揆的な動きは、帰村した野田通の頭人らの密談から起こり、代官所の説諭を無視して、あちらの村こちらの村からホラ貝の音が吹き立てられ、鬨《とき》の声があがるという出来事がつづいた。

田の畑村・沼袋村・大芦村より騒出し、此時已《すで》に大騒と成るべきの処、御官処(代官所)より役方代《かわ》り〳〵罷越《まかりこ》し、御城下(盛岡)より御代官頭取寺本惣内出役して、色々相《あい》諭《さと》し、御用金等も御免相宥《あいゆる》し候えども、初の程は更に聞入れず、有無の答もなくして、夜に彼処の村にて貝を吹き、鯨《とき》の声発し、是《これ》を聞て諸役方、其村へ駈付《かけつけ》見れば、悉《ことごと》く潜忍んで影も見得ず。又此方の村にて頓《やが》て貝を吹立て、時の声を揚《あげ》て動揺す。又其村へ役人中駈《かけ》行けば、頓て何《いず》れかへ隠忍んで人影更に見得ず。又北の村にて騒ぎ、又東の村にて鯨《とき》を揚げ、貝を吹立て、東西南北にて打互に頻《しき》りにかくのごとくして、諸役方を悩《なやま》しける。

(『集成』6、五七六頁)

こんなふうに、百姓らの貝吹き・鯨の声、それを取り押えようとする藩側のあれこれの手だてが入り乱れていよいよ物騒がしさをつのらせていったが、この状況は、偶然の事情から急に鎮静してしまった。第一の頭人、野田通褒綿《ほろわた》村忠兵衛がにわかに中風で死んでしまったのである。それだけのことで一揆状況が平常に復帰するのは奇妙なほどだが、ほかの頭人や百姓たちの考えは、自分たちの言い分にも役人がある程度応えているし、忠兵衛が急死したことでもあり、ここはひとまず思いとどまり、追って催し立てることにする、というものであった。

嘉永六年(一八五三)の三月か四月にかかる頃、こうして、百姓側の自主規制のようなかたちで一揆は未発のままに収束した。


しかしいったん醸成された一揆状況は、エネルギーを吐きだすことなしに平常へ復帰することはできない。一度エネルギーが存分に噴出させられたために、すぐに二度目の火を点じることができず未発となった弘化の場合とちがって、嘉永の場合は、力がむりやり押しこめられて未発に終わったのである。

いくつかの浮説が流れた。浮説のかたちで、一揆が未発のまま押えこまれていることへの不満を述べた、と思えるふしもある。浮説のなかには命助の身近かで起こったらしいこともあった。

その一つ。栗林村に、ふだん煮売《にうり》渡世で暮らす草相撲取り(藪角力取)の松之助という者がいた。その松之助宅にこの年、嘉永六年の四月十五日、大槌町に住む旅商人「命助」が小商いのため止宿して怪しい光景を目撃し、肝煎に報告したというものである。その報告によれば、十五日の夜中、十四、五人の一団が押しかけ、松之助を無理やりに連れだした。

おずく〳〵起出て、何用事にて何《いず》れより来りし人々なる哉と云うに、其者共申すには、其元煮売商売にては家業は成べからず。左らば我々共と一処に来るべし。宜敷《よろしき》相談有りと無体《むたい》に引立る。（『集成』6、五七六頁）

その十四、五人は白い衣類を着、白紙を張った笠をつけ、顔をかくして変装していた。松之助は夜明けに戻ったが、「命助」が

「何れへ行きしや。又右人々は何れの誰々なる哉。何用にて深更に」

と尋ねても、

「誰々なるや知らず。同道して栗林の甲地《かっち》へ行くや否(や)、我等を捨て行衛を見失ひ、我等一人よんどころなく戻り来れり。……疑らくは狐狸抔《など》の仕業なる歟《か》。怪むべし」(同前)

とはぐらかして要領を得なかった。

なにやら栗林村を中心に一つの出来事があったようである。「命助」は、ここでは城下町盛岡の仙北町で生まれた者で、一〇年ばかり前に大槌町へ移ってきた者と注記されている(『集成』6、五七六頁)。小商いの旅商人というイメージは命助に結びつくけれども、出自・居住地については当たらない。松之助の草相撲取りのイメージはむしろ命助にふさわしいし、煮売渡世は栗林村より大槌町でなりたつものだろう。もしこの浮説が、栗林村の、

肥満大力で野相撲に強い、旅商いもする命助の家へ、大槌町に住む煮売渡世の者が訪れ、謀議のような光景を目撃して届けでたという内容であれば納得しやすいけれども、ここではひとまず栗林村、命助、松之助などが印象づけられはじめる段階として記憶すれば足りる。

二つめの噂は、栗林村の「孫吉」ら十数人の者が、仙台領気仙郡に現われ、以前頼んだように百姓らの引越しを敢行したいと申し入れ、経費二〇両を渡そうとした。ところが数日後、ふたたび栗林村の「孫吉」という者が気仙郡にやってきて、蜂起の日になって「惣頭人、袰綿村忠兵衛」が急死したため一統力を落し中止となった、六月迄には、また催すから得心願いたいと述べて帰った、というものである。風聞の記録は「弥吉」が一揆中止について「大に腰抜《こしぬけ》、残念千万の次第、左なきに於ては当節専《もっぱ》ら出初《でぞめ》申事に候処」(同前、五七七頁)と述べたと記しているが、落胆と不満の両方を感じさせるこの表現には、大槌通百姓らの蜂起待望の気分が反映している。

次のような風説も聞きとれた。それは、一揆のなかでの女の立場の一つを言い伝えるもので、栗林村の「孫吉」の女房が自分の夫や同席の頭人らに向かって次のように口説いたというのだ。

此度《このたび》の思ひ立《たち》は、実に恐しき仕業《しわざ》、たとへ首尾好く参る者にも致せ、御国へ二度戻るべき様も叶ふまじく、其上千万御召捕等に相成候はば、重き御成敗《ごせいばい》となるべく、其期に至り、子供等にも永く歎きの種《たね》、誠に不便《ふびん》の事と思ひ玉はば、必ず思ひ止り玉ふべし。
（『集成』6、五七七頁）

だが一途に思いつめた「孫吉」らはこの説得をいっさい受けつけず、女房はとうとうあきらめ、自分と幼少の子供らの身の振り方を気仙郡の者に訴え、その好意で頭人「孫吉」の妻であることを秘して移住した、というのである。この風説の終末は首肯しがたいが、一揆における女の、しかもなんら責められるべきでない悩みの一つを表現している。次のような風説は、いかにも漁村の多い三閉伊通にふさわしい。

○頭梁《とうりょう》共の内、釜石辺、浦方の船を盗出し、沖合へ乗出し、江戸を志して漕出せし者共も有しと。
（同前、五七八頁）

○御国の内には迚《とて》も住み難きの間、浦々の船共を奪取漕出し、唐天竺《からてんじく》の浦々成共、風に任せ、漕付《こぎつけ》候ても、是より住能《すみよ》からん。
（同前）

浦方に住む者の願望、そして解放の地が江戸はおろか唐・天竺にまで想定されているところに、広大な海へ開かれた三閉伊通の人びとの夢と願いが、どのような方向へ漕ぎ出されてゆくか、がうかがえよう。

「浮説紛々として実否を知る者なし」とはいえ、そのほかにもいくつかの風説が流れた。なかには一揆への武士の介在を憶測させるようなものさえあった。それらの一つ一つについて事実を跡づけることはできないし、また事実か否かにこだわり過ぎる必要もない。これらの浮説を貫くものは要するに無名の者らの、現状に対する絶望と立上りへの待望、決意、しかしその際に生じる難儀への危惧、怖れなどの三閉伊百姓共通の気分である。

こうして、ふたたび一揆状況が形成されてきた。一揆の先端的な渦巻を押しだしたのは、弘化のときと同じく今度も野田通だった。五月の下旬に、田野畑村あたりから騒ぎが始まっている。

旧暦五月下旬は、百姓らが一揆をおこなうのには不利だったはずである。この時期、百姓は農作業に忙しい。米騒動の性質をもつ打ちこわしは米の端境《はざかい》期の夏場に起こったが、負担の軽減を求める百姓一揆は、秋の取り入れの時期か、その後に起こるのがふつうだった。南部の一揆は、厳寒のイメージと結びついている。弘化四年の一揆がそうであった。

嘉永の一揆も、弘化の一揆と同じ地帯で、同じように御用金賦課を契機に起こったのだから、元来は五年の末か六年の初め、つまり、春の仕付や夏の耕作を避けて冬のあいだをねらったほうがいいはずであった。それが夏へかけての一揆になったのは、冬の計画が未発に終わったこともあろうが、同時に、農繁期の夏でもあえておこなうというところに、百姓らの現状に対する絶望の深さが現われていた。この時期をねらったことは、百姓が農耕を放棄することのもつ打撃の強さによって、これまでの一揆にない効果が発揮された。

田野畑村から押出しが始まったのは、今の暦では炎天の七月に入る、五月十九日だったようである(前出・田村忠博「嘉永六年三閉伊一揆概要」)。弘化の一揆のさいに百姓らは「狼狩り」を呼号したが(「狼狩之事とて数大勢押寄之事道中通之覚」『岩泉地方史』下巻)、この嘉永一揆のときにもかれらは口々に「狼狩り」を叫んだことであろう。

狼は架空の動物でなく、当時はこの土地に実在する生き物の一つであり――のちに命助が獄中で書いた製薬法のなかには、「をうかめ」(狼)にかまれた時の薬や、「をうかめ」を黒焼きにしてつくる薬のことなどが記されている――悪獣とみなされていた。今は「オイネガ森」と書く栗林村の山の名は、その頃は狼《おいぬ》ケ森、つまり狼の棲《す》む山のことだった。狼が出現したならば、なにはさておきその悪獣は掃討されなくてはならず、したがって「狼狩り」は、百姓の現実の暮らしに基礎づけられていて、百姓を呼びだす合言葉として実際の効力を発揮していたのだった。だが、一揆に集合した百姓らは、その呼び立てが、じつはほんとうの「狼狩り」のためではないということを知っていた。かれらは「人里に棲む狼」を想起しており、山の狼の棲息が現実のものであるだけ、そのイメージに促されて、より強く人里の「狼狩り」の感情をふくらましたのである。悪獣が現われたならば恐怖しつつも力を尽くして退治しなくてはならぬ。一揆を催すにあたって、「狼狩り」を言いかわしつつ人を集め、みずからもそれに加わっていったのは、暗喩を用いたとか相手を明示できないということでなく、だれからも絶対的に承認を得られる悪獣退治の立場にたつことで、一揆に正当性を与えようとしたのだ。

退治されるべき悪獣、「人里に棲む狼」には二種類あった。一匹は盛岡の城中を頂点にした支配機構のなかに巣食う「狼」であり、もう一つは、人里のただなかに棲んで利潤をむさぼる「狼」である。嘉永一揆の百姓らは、前者については弘化一揆の失敗をくりかえさないため、他の有力な領主の権力を活用しようと企図した。そして後者に対しては直接的な力を加えた。

押出しが始まってから四、五日めの五月二十三、四日、田野畑村の頭人太助らを先頭に、二五〇人ばかりだったとも数百人だったともいう一揆の集団が鉄山役所へ向かった。野田通にあった鉄山は門《かど》村の佐藤儀助が藩から請負って経営していた。この鉄山は鉱石を溶解するため、田野畑通り辺の百姓らの焼く炭を大量に買い上げていた。またこの鉱山は百姓らが日雇賃を稼ぐ所でもあった。かれらの生活は、この土地では、鉄山と深く関係しあっていたのである。儀助は近年立身して、鉄山支配役の名で百姓を使役し、手間代も払わないと恨まれていた。経営者が、その利潤を還元せず、権威にまかせて労役を徴発するならば、その経営者は退治すべき悪獣、「人里に棲む狼」にほかならなかった。

百姓らは、鉄山に設けられた賃銭支払所や納屋小屋などを叩き壊し、帳面を引っぱりだ

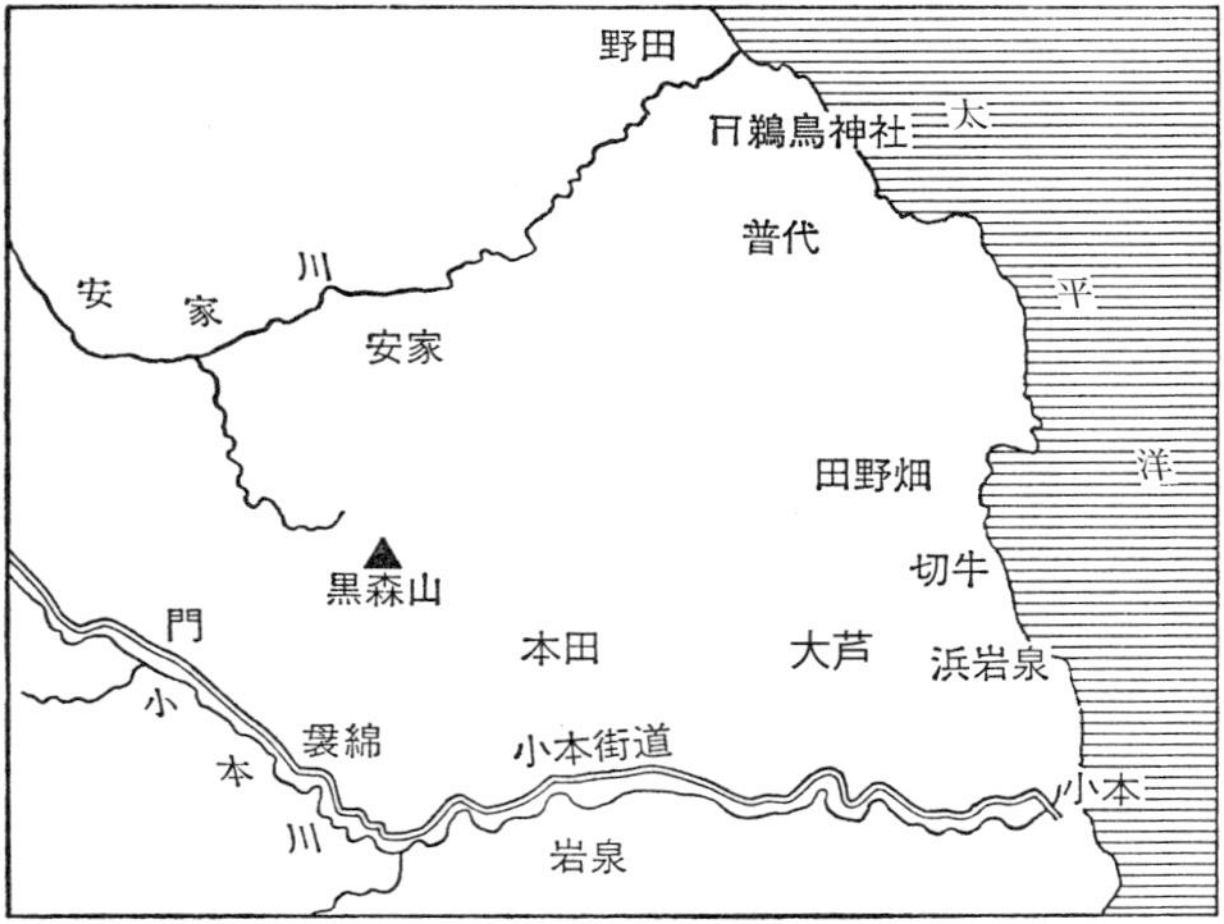

しては焼きすてた。この間、一揆集団の大きさは急速にふくれあがっている。

五月二十五日、かれらは佐藤儀助宅を打ちこわすために、安家《あっか》村を抜け、一〇〇〇メートルの黒森山を越えて門村にでた。門村に住む儀助のほうでもその打ちこわしを予測して、家族と家財を散らして待ち受けていた。しかし儀助宅の打ちこわしは中止された。打ちこわしを免れたのは、儀助が百姓らに精一杯の馳走を振るまい、一揆の資金を出したからだといわれる。ある記録は、百姓側がはじめ入用金として一〇〇〇両望み、六〇〇両をその場でもらい受けたと記し、また別の記録は儀助側から米二〇〇駄と金二〇〇両を差しだし、百姓らが路用金は受けて米は返したと記している。どのように弁明しても打ちこわしを免れない者と、応じ方次第では免れる者の二つの場合が、百姓一揆にはみられるが、儀助は応じ方で切り抜けている。かれは、なにをおいても力を尽くして退治すべき悪獣というほどではなかったのか、百姓らは、馳走され路用金を与えられて、「是に感じ、流石《さすが》は他の御官処にも非ず。我在処《ざいしよ》の儀助故、悪《にく》しと雖《いえども》共手を立兼《たてかね》、難なく引取しと」(『集成』6、五七九頁)いう。

「我らの在処の儀助ゆえ」という感じ取り方に、百姓らが、あまりに身近かな存在に対してはは打ちこわしをためらうものであることがあらわれている。憎悪も人一倍増幅するが、相手の出方によっては手も打ってしまうという関係である。打ちこわしは、居村の者によってよりも他村の者によって行われることが多いという指摘もある。ここでは門村の百姓だけというわけではなかったが、野田通の鉄山を通して同じ在所の間柄、それも稼ぎの相手という関係意識が生じていたとすれば、もともと儀助は眼の前で打ちこわしをやりにくい相手である。儀助の出方、とくに一揆に同意することを前提とした――当人はそう考えていなくとも――資金の醵出は、百姓らの悪獣認識をひとまずなだめる効果をあげたのであろう。

この一揆は、始終の過程でいくつかの打ちこわしをおこなっているが、一揆の規模からすれば打ちこわしの回数は少なかった。五月の鉄山役所打ちこわし、六月に入ってからの宮古町での刈屋勝兵衛宅打ちこわし、小槌村での諸荷物取立御用役所打ちこわし、大槌町での佐々木作兵衛宅打ちこわし、平田村での代官所給人宅打ちこわしの合計五か所だった。(七月に誰ともわからぬ者らが遠野の御用所を取り毀したのを加えれば一回ふえるが、頭人のあり方がちがっている。)

一揆が打ちこわしの実力をもたなかったのではないが、この一揆は、ほかの一揆以上に、支配機構のなかに住む「狼」をその対象に想定していたのである。多くの一揆が、悪代官や悪家老らを藩主に訴えたのに対し、この一揆は、藩主の交替までも求め、それが実現できなければ三閉伊通を公儀御領に変えるか、仙台藩領に変えることさえ求めた。

この一揆の頭人、田野畑村出身の太助らは、自分の村から押し出すとき、小○と書いた判じ物のような一本の大幟《のぼり》を持ちだした。小○は、コマル＝困る＝我々は困っている、という意味だった。

この大きな幟は第一人者の属する頭人グループが持ち歩いた。生地は木綿の絞りだったという。大将分は白装束で経帷子《きようかたびら》を着用という記事もあるが、これは浮説としておくのがよいかもしれない。だが、第一人者、つまり太助のいるこの頭人グループを、「大旗本」、あるいは「本陣組」と呼んだということは疑う必要がない。

かれらは六年前、弥五兵衛を惣頭人とする弘化一揆を経験したのだったが、そのときも軍陣行動のような集中された隊形で臨んでいる。この「本陣組」はつよい統率力をもっていて、ここからの下知《げち》なしには進むことも退くこともしないことになっていた。「本陣組」は、野田通の田野畑村、上戸鎖村、城内村、玉川村、大田名部村、岩泉村の者らがつくっていたと思われる。(このなかに命助が入っていた形跡はない。)

この「本陣組」の左右を、白たすきと赤たすきの者が五〇人くらいずつで固めていた。かれらは若者だったと思われるが、みな手に棒を一本握っており、かれらのなかにはさらに「小〇」印を絞り地に浮きたたせた手持ちの旗を揚げている者が二八人いた。編笠をかぶっている者も四〇人くらいいた。「本陣組」のこのような行列と装束は、百姓らがのちに仙台領唐丹《とうに》川原でまとめあげる願向箇条の一つ一つをおおっている暗さとはあまりにも対照的な、なにか祝祭の派手な行装のような晴れやかさに満ちていた。

こうして膨張しつつ宮古通をすぎて南下してきた一揆集団は、六月二日、栗林村からそう遠くない山田町に入った。その人数はすでに万を超えていたという。この集団はこの山田でいちだんと装いをこらした。かれらは、この町で木綿布を提供させ、それで長さ一尺ほどの小旗を数多くつくった。出立のときから組印の旗はもっていたが、作り方がまちまちであるため、ここであらためて寸法・様式をととのえたである。一番というように番印をうち、村名が明記された。一番から一三番までが野田通の村々、一四番から七三番までは宮古通の村々というように決められた。そしてここからのちに合流する大槌通の者らも加わってきて、同じように村旗を用意したであろう。さらには大きなまとまりごとに、

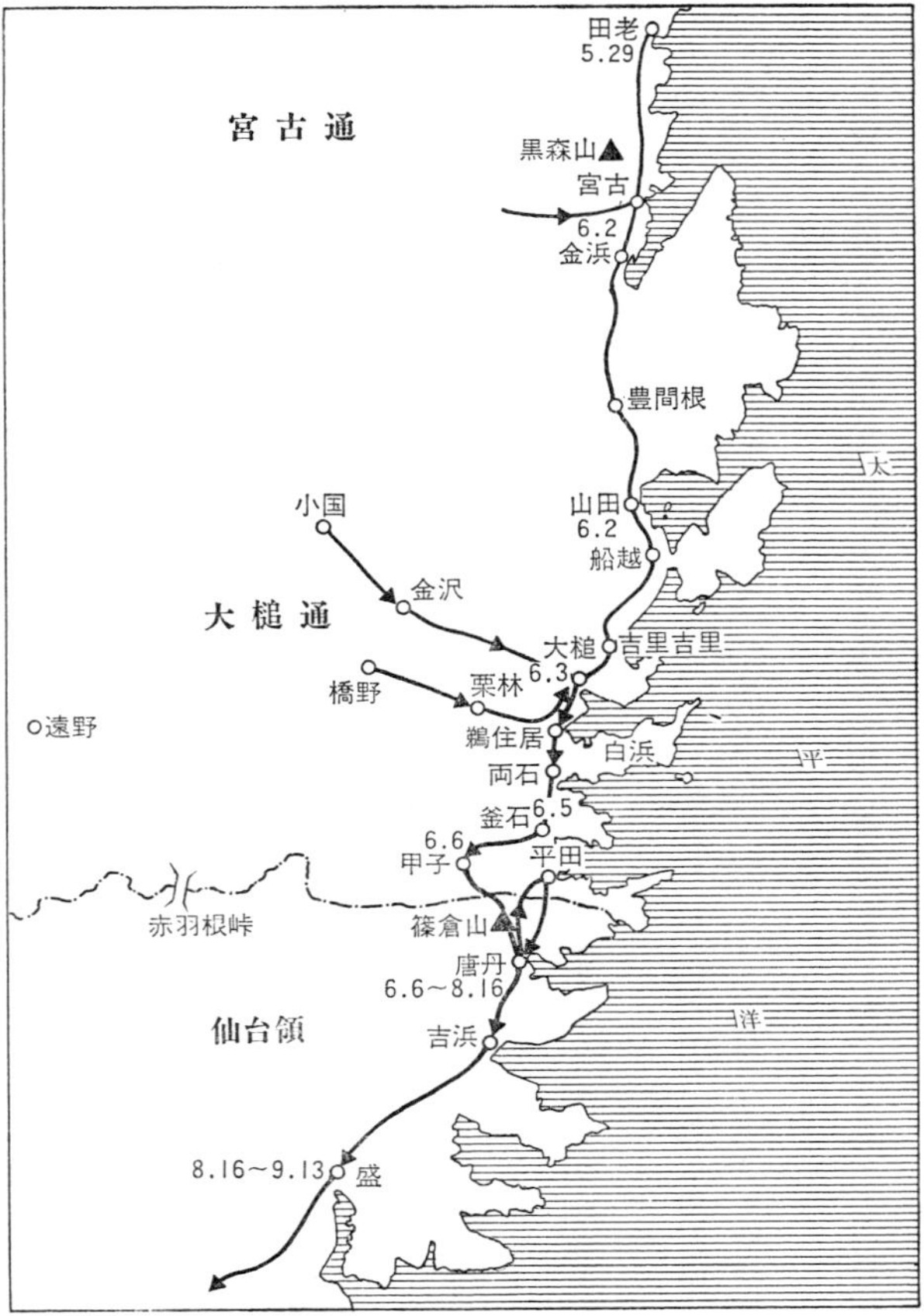

『嘉永六年三閉伊一揆資料』参照

白たすき赤たすきの者が配され、ホラ貝吹きの者がついていた。

　百姓らの恰好は、冬の一揆ではないので短衣に股引《ももひき》という姿だった。これは平常の野良仕事姿だったはずだが、腰に、紐を通した大椀を結びつけているところが違っていた。さらに彼らは、叺《かます》や、木の皮で編んだ背負袋や風呂敷包などをめいめいが背中につけていた。それらの中に玄米か麦粉、それに味噌と塩を少々ずつ入れていた(田村忠博、前出「概要」)。かれらは、棒か竹木の杖をもち、ごくわずかの者だが竹鑓《たけやり》や鈀《まぐわ》、鎌、斧、鉞《まさかり》などを持っていた。扇子や団扇《うちわ》をもつ者も多かったが、これは暑気を払うためにちがいない。足元は、脚半《きゃはん》、草鞋《わらじ》であった。

　着ているものこそ日常の仕事着だったが、この行装と行列の全体は、厳しく日常性を拒否していた。「本陣組」を中心とする、紅白を浮き立たせた行列の異様さだけではない。背負われた叺や袋や風呂敷、つり下げられた大椀は、藩領離脱の意志を表示する身なりにほかならなかったのである。

　この大群が進んでゆくときは、派手な色といかめしい形だけでなく、「棒を振廻し、貝を吹立、鯨(波)を揚《あげ》、無二無三に押入」(同前、五八〇頁)というようなすさまじい音と動作が加わった。ホラ貝を吹くことは人集めにも使われたが、一揆の行進にも用いられた。夜明けには、本陣組から「支度貝《したくがい》」を吹き立てる。身支度が終わると「勢揃いの貝」を吹き立てる。そのほか合図の貝を吹き、了解の請《うけ》貝を吹く。さらには行進の道でも、百姓らを鼓舞するために吹く。かれらが活動状態にあるときは、ほとんどひっきりなしにホラ貝の音が響いていた。その間に、人間の声も湧きあがった。朝、出立の鬨《とき》の声。「鯨波」とも書かれる唱和の鬨を、歩き進む途中でもあげた。打ちこわしをはじめる際には、ひときわ大きな鬨の声があがる。そして、百姓らは長い列になって進みながら、手にもった棒や杖を振りまわしつづけた。こうしてかれらは、間断ないホラ貝の音にかきたてられ、鬨をあげてみずから昂め、杖・棒を振り立てたが、その昂揚状態のなかには、深まってくる疲労の克服、励ましあい、遠近の「狼」への威嚇などのさまざまな要素がふくまれていた。

一揆に参加した者はさまざまだった。もとより百姓が圧倒的に多かったが、その百姓も家長の者だけでなく、倅の立場にある若者らも数多かった。百姓といっても浦方の漁業民と村方の農業民の両方が入っていた。また村方の百姓の中にも、農業専業者だけでなく、鉄吹きをする者や荷駄稼ぎをする者など、さまざまの百姓がいた。また僧侶・山伏、それにマタギの者らも加わっていた。さらには女・子供・年寄らも参加していた。

老少男女打交《うちまじり》、女は幼子を背負《せおい》、或は抱き、……（『集成』6、五八〇頁）

三閉伊一揆は他領逃散の方法をとって目的を実現しようというものだったが、この逃散は、見せかけだけでなく他領永住の手配りまであらかじめなされていたらしい。もとより三閉伊通の全住民が気仙郡へ完全に移住してしまうのは不可能であろう。のちに見る一揆の願向きも、三閉伊通に住みつづけるためにはなにが変えられなければならないかということを細かに提示しているし、藩主の入れ替えか、三閉伊通の支配替えを求めている。そのためにも、逃散がたんなる他藩への越訴にとどまるものでないことを示威しなければならなかった。それは手段だったはずだが、その雰囲気のなかで、老若男女・女子供の家族ぐるみで一揆に加わるということが生まれたのにちがいなかった。年齢・性別を問わない三閉伊一揆は、江戸時代には他にあまり見いだせない「流民」型の動きを示した。少なくともこの動きは、大槌通の山田町までつづいている。

しかし、山田の町をすぎるころから、「此時に至りて、極老の者、又は幼若稚子《ちご》は本陣より下知《げち》して、山田より悉く《ことごと》帰村す」(同前、五八一頁)となってくる。ここから先、いよいよ仙台領へ向かって難所を越える態勢に入ったからである。ここで帰った女・子供・年寄らは、一揆成功のために見送りに来たとも言えるけれども、むしろ、かれらがここまでは示威の行動に加わったのだとすべきだろう。かれらが帰村を開始したのは六月三日のことであるが、そのとき蜂起以来、すでに半月ばかり経っている。一揆の行進が半月という日数もつづいたということは江戸時代の百姓一揆のなかでも珍しいことであるのに、その長い行程に女・子供までもが参加していたのは、さらに稀有なことであった。

一万を超える一揆集団の移動には、大量の物資が必要だった。ただ大勢の人間が押し寄せてきたというだけでなく、その物資の調達ということが重なって、一揆集団が移動してゆく道々のどこでも、まるでつむじ風に襲われたような混乱が起こった。百姓らの背中の叺《かます》には玄米・麦粉・味噌・塩などが少しずつ入っていたが、それらはとうてい仙台藩までの全行程を支えうるものではなかった。必要なものは食料だけではない。金も必要だった。門村の佐藤儀助に提供させた資金だけでは、万余の大群を維持するには十分でなかった。かれらが通りすぎた後、大槌代官所は、在や町で一揆に供給した賄入用《まかないにゅうよう》を調査している。判明したところでは、米だけでも六〇八石七斗一升五合を食い尽していた。江戸末期らしい海防備米や、非常用に藩が買いこんでおいた仙台米まで、一揆の百姓らにまわすほどだった。

百姓一揆は、ふつう食料を携帯したり独自の輸送グループを用意することがない。はじめから手持ちの穀物は欠乏しているのであり、かりに入手したとしても徒歩で進む集団には重すぎる荷である。この三閉伊一揆は、各自が背中になにがしかの食料をつけて出発した点で手配りがむしろゆきとどいていたといえる。しかし、日程の長さ、集団の大きさ、そして食料を行路の施行《せぎょう》によって調達していくという、もともとからある考え方が重なりあって、莫大な量の米の強借《ごうが》りになったのだった。

一揆は、米のほかに身支度に使う物を道筋の町場で求めた。宮古、山田、大槌などがその中心で、大槌通へさしかかるときは、先達《せんだつ》の者らが、路用金三〇〇両、脚半・草鞋一万六〇〇〇足の提供を町方に申し入れ、その申し入れがきいれられないときは家宅焼打と通告している。差しだした草鞋は、銭にして二〇三貫八五〇文に達したという。暑さのなかでの一揆だったから、手拭・扇子・団扇なども強要した。小旗やたすきをつくるための木綿も、である。そして、他の多くの一揆にもみられることだが、酒屋のある所では、酒をださせた。

一、銭三千四百五拾八貫百五拾文、右は支配所大槌通在《ざい》・町《まち》酒屋にて、此度《このたび》の騒立百姓共に呑潰され候酒代。

（『集成』6、五九五頁）

この「三千四百五拾八貫百五拾文」は清酒のほうで、濁酒のほうは「二百四拾貫六百文」を呑みつぶしたという。たとえばそれはこんな光景であった。

山田町並大沢村迄軒別に押入、湯浴或は風呂を立《たて》させて入《はいり》、丸裸の儘、煙草盆を引請、家別に宿となし、酒屋より最初の内は手桶の類にて宿々へ自身酒を持賦《くば》り、膳を引請、給仕等迄致させ、終には酒屋の見世（店）・蔵の差別もなく、銘々勝手に押入、酒屋〳〵にて是を制し兼《かね》、見世蔵共明渡し、銘々勝手に呑飽《あき》て熟酔の上、或は喧嘩口論を仕出し、或は擲《たた》き合、其乱妨いはん方《かた》なく……

（『集成』6、五八〇頁）

山田へのりこんできた一揆集団は、土埃に汚れ炎天下の行進で汗を吹きださせていて、家々へ押し入るとまず水浴びをしたり風呂をたてさせたりした。やがて、丸裸のまま煙草盆をひきだして一服する者があらわれる。その頃に宿割りがすむ。酒ははじめは、酒屋から手桶でそれぞれの宿へきめた量だけ配ってまわる。宿所の一家がめしを炊いてだす。そのうち、酒屋の店・蔵の区別なく、めいめい勝手に押し入って運んでくるようになる。酒屋もさからいかねて百姓らに明け渡してしまう。なかには熟酔してしまう者、またなかには口論喧嘩をはじめる者、たたきあいになる者、などなど喧噪の極みとなる。だが夜が明けると、かれらはまた本陣からホラ貝の合図をうけて一団となり、鬨の声をあげて押し出していくのだった。

酒による夜の乱痴気と炎天下の辛抱づよい行進。遠路の逃散をめざすこの一揆ではこの二つの対照はよりくっきりしていた。真冬におこなわれることが多かった他の一揆では、夜空に赤々と燃え立たせる篝火《かがりび》の勢い、音、色が、暖を取るだけでない刺激と熱気を百姓らに与えたが、真夏の三閉伊一揆では、夕刻から夜にかけての酒が、ことのほか大きな位置を占めたように思われる。昼間の行進の苦痛をおもいきり逆転させる共飲の場が、一揆の途次の「日常」のなかにつくられたのである。

暑いさなかの一揆であることから、いくらか滑稽な出来事も起こった。「炎天の節につき人数の内、暑気に中《あた》り(し)か」(『集成』6、五九五頁)、炎天下で疲労が重なったせいか暑気あたりで病人が多くでた。かれらは薬種店の品をことごとく奪って、病人へは医者を頼み、鍼灸《しんきゅう》の薬を用いた。本陣の大将分の者が病気になると、鍼灸の薬・按摩など用いたが、そのときは百姓らが四方から医者を取り巻いて治療させた、と藩の役医金浜杏庵は報告している。一揆百姓らのたずさえてきた薬もあったのだが、すべて暑気あたりの治療に使いつくした。病の癒えぬ者は、おそらく女・年寄・子供らと同じように、それぞれの村に引き返していったのだろう。

六月五日、大槌出立。昼過ぎに釜石着。人数は、一万八〇〇〇人をこえたという。

六月六日、釜石出立。ここで一揆の人数を減らす。おそらく各村とも半数ほどを帰し、あとの半数が越境するということにしたのである。たとえば宮古通金浜村は二四人のうち一一人を残している。

釜石から出立し、いよいよ南部藩を抜けでようとする――現在の県境よりもかなり北方に藩境があった――一揆集団は、これまで以上に華やかに仮装するように粧って進んだ。酒を呑みつぶし、喧噪のなかにみずからを解放した方向とは、まったく逆に、厳粛な自己規律のなかに解放の方向を見いだそうとでもしているかのように。

行列正敷《ただしく》、真先に大力大兵の天晴《あっぱれ》剛強と見ゆる者共計《ばかり》撰出せしものなるべし、三百人程、花染《ぞめ》たすきと白たすき、左右に列し、棒を提げ、其中へ百姓共を押包み、跡勢《あとぜい》、右同様に備《そなえ》、貝の相図(合)にて進退し、大旗を押立、隊伍を乱さず、静に押出し、……
(『集成』6、五八三頁)

多くは若者であったろう、体格がよく力量のある者らが選ばれて茜《あかね》と白の襷《たすき》をつける。棒を手にもち、越領の百姓らを左右から守る形にはさむ。「小〇」の大旗はなお中央にある。この隊形は最初から本陣組が採用していたものだが、あらためて、全体に押しひろげ、また強調したのである。確実に八〇〇〇人以上はいた百姓らはあたかも一つの祭儀を執り行なうように満身で威儀を張り、ホラ貝の響に促されながら、しゅくしゅくと藩境を越えようとした。(この六月六日は、五月十九日に田野畑村を押し出して以来一八日目、踏破した距離は、おおよその直線でみても二〇里〈七八・五キロメートル〉以上になっていた。)

2

南部藩領から仙台藩領へ越えるには平田《へいだ》の番所を通らなければならない。儀式の行列のように釜石から南下した一揆集団は、そのままの態勢で越領することはやはりできなかった。衝突が起こったためではなく、欺かれたために。

藩境の備えが大筒をはじめとして殊のほか厳重であると教えられて、一揆の百姓らは、標高五七〇メートルの篠倉山《ささくら》の難所、道とはいえぬような道を越えるのに惨憺たる苦行を強いられた。しかし実際には平田番所にはなんの備えもなかったのである。(『内史略』は「一手は無二無三に平田御番所前を押通」と記しているが、以後の事情から考えて、押し通ったとしてもごく少数の斥候グループだったと思われる。のちに一揆の大群が六月十七日に帰領するとき、番所の備えについて偽りを教えた猪又市兵衛――平田住居。もと漁師で近年立身し、給人となった――は家宅と家財を微塵に打ちこわされ、仕返しの制裁をうけている。)

唐丹《とうに》川原に野宿の態勢をつくった南部藩の百姓らに、仙台藩は八五六五人分の飯米を供給したが、その百姓らは、越境の理由を「御当領へは手間取り致したく罷《まか》りこした」と述べた。「狼狩り」も百姓の結集の合言葉であったが、もう一つ「手間取りに行く」という言葉も、かれらを結びつけ前へ押し出してゆく力を発揮したのだ。過重な御用金を上納したために一家が口過ぎする生活費を他領で「手間取り」して得なければならないという越境理由は、白昼、番所を押し通ってゆく行動を正当化する力になった。

一揆集団が、仙台藩に提出した願書は大部なもので、記録によって前後、条数などに若干のくいちがいがあるが、大きくまとめると二種類ある。一つは、南部藩政の根本、あるいは個別大名としての南部氏の領知権そのものにかかわるもので、それが三か条あった。もう一つは南部藩の具体的な施政にかんするもので、四九か条あった。

まず後者からみてゆく。その願書は、一揆百姓らのもっとも大きな結合の枠組である

「三閉伊通惣御百姓」の名で提出された。森嘉兵衛氏の考証を参照して前後に並べ（森嘉兵衛『三浦命助伝』）、それらの箇条を解釈してみると、三閉伊通百姓の困苦、言いかえれば南部藩の支配体制の過酷さはいうまでもないが、それ以上に、一揆を起こしたかれらが、日常どのように生活し、どのように物事を考えていたかがわかる。つまりかれらの性格が鮮明に浮かんでくるのである。

1、御定役《じょうやく》と申す義、是迄《これまで》ござなく候処、二ケ年以前より一ケ年十俵ずつ仰せ付けられ候処、十壱俵宛《ずつ》両年仰せ付けられ、迷惑の事（元々はなかったものを村毎に一年に一〇俵ずつ取り立てられるようになった。殊にここ二年は一一俵ずつ取立てられて迷惑である）。

2、無役過役《かえき》の事（御定役の他に、二〇年前から無役――特別税の名――過役として一年に数回も納めさせられるようになった。昨年は一〇回、今年もすでに二回大金の上納を命じられ迷惑である）。

3、御年貢米の事（年貢米は金納《きんのう》で、以前は宮古の米相場を基準にして納めてきたのに、近年はむりやり高値の基準を押しつけられて年貢上納額が増した）。

4、諸請負の事（文政年間以来、さまざまの事を百姓が請負わされ迷惑である）。

5、御買物の事（大豆や真綿など、すべて強制買上げとなり、いたって迷惑している）。

6、御代官様の事（以前は二人であったのに近年は四人になり、そのための百姓負担が多くなり、迷惑である)。
7、御山奉行様の事(以前は代官の兼役であったのに、近年は六人も特別に任命されており、迷惑である)。
8、御下役《したやく》様の事(以前は当地の給人から二人を選んでいたのに、近年は城下から四人も派遣され、負担がふえ迷惑である)。
9、御物書《ものかき》様の事(代官につく物書役は以前は一人であったのに、近年は三、四人にもなり、賄い代等がふえて迷惑である)。
10、牛馬役様の事(以前は一人であったのに、近年は四人になり、迷惑である)。
11、牛馬肝煎の事(以前は二人であったのに、近年は四人にふえ、迷惑である)。
12、牛馬孕《はらみ》御役の事(孕牛馬は、以前は負担がなかったのに、近年は牛馬が孕むと特別の税がかけられて入用が多くなり、迷惑である)。
13、御見舞銭帳代の事(以前はなかったのに、近年は役人に対する御見舞銭帳紙代を負担させられ、迷惑である)。
14、御振《まわ》りの節御懸《かか》り御役人様の事(以前は御定目付《めつけ》一人、御定役一人、馬見《うまみ》一人であったのに、近年は御目付二人、御定役二人、祐筆《ゆうひつ》一人となり、迷惑である。別の史料では御目付二人、祐筆一人、改役二人、勘定吟味役一人、計六人で迷惑とある)。
15、駒三歳御改の事(以前は土地の牛馬役が改めたのに、近年は目付・定役両人で改めることとなり、迷惑である。別本では、定役は改役と記されている)。

16、馬売買の事(以前は仙台岩谷堂〈現、岩手県奥州市〉で売買したのに、近年は盛岡日市で売買することとなって馬買いの馬喰《ばくろう》が入らず、甚《はなは》だ下値となり迷惑である)。

17、牛馬皮剝取りの事(百姓請負いの事の一つであるが、以前は死牛馬は尾・鬣《たてがみ》・耳を納めればよかったのに、皮まで剝ぎとって役人へ渡すこととなり、剝ぎ方を遠方の小屋へ申しいれる場合は剝ぐまで番人をつけなければならず、迷惑である)。

18、上田通小川三か村の事(元は宮古通であった小川三か村は天保八年〈一八三七〉に上田通へ支配替えとなり迷惑している)。

19、絹糸一手《いって》買いの事(諸請負いの一つであるが、近年は絹糸が請負一手買いになったため下値になり、迷惑している。一手買いとは特権的な専買のこと)。

20、御十分一御役の事(この税目が以前とくらべて近年いたって重い役となり、迷惑である)。

21、御船手《ふなて》役人の事(以前は一人であったのに近年は四人になり、迷惑である)。

22、野馬の事(野馬懸り役人が度々通行するので迷惑である。そのうえ色々の飼料をださせられ、牛も馬同様冬の飼料をださせられ、迷惑である)。

23、家大工日雇いの事(すべて大工日雇い賃の増加を命じられ、迷惑である)。

24、布海苔《ふのり》・骨粕《ほねかす》の事(両方とも藩の御買上げを命じられ、浜手の者は迷惑である。魚の骨粕は肥料にする)。

25、御十分一鮪《まぐろ》網の事(一手請負いとなって迷惑である)。
26、御用御肴《おさかな》御代物《だいもつ》の事(御用肴を御買上げになっても代銭をきちんと下げ渡さず、迷惑である)。
27、真木《まき》細工の事(真木栗《まきくり》と呼ぶ薪が一手請負いになったのは迷惑である)。
28、塩御役の事(以前は一升につき二文の懸りだったのに、近年は一〇文納めることになって迷惑である)。
29、米御役の事(以前は一升につき二文であったのに、近年は四文の負担となり、ほかに出入一駄につき二〇〇文納めなければならない。大槌通辺は小桝一升につき二〇文、一駄につき二斗入二俵八〇〇文負担するので迷惑である。一駄は三六貫。ただしここでは馬一頭の荷のことかもしれない)。
30、御城下付入《つけいり》(搬入)の荷物御役の事(倍増になって迷惑である)。
31、麻糸の事(藩の一手買いを申し渡され、迷惑である)。
32、塩釜御役の事(近年は倍増になり、迷惑である)。
33、焔硝煎《えんしょういり》の事(焔硝煎を申しつけられ迷惑である。去年新たに焔硝煎の者が廻って人家の場所まで掘り、そのときの薪木代を百姓に負担させたのも迷惑である)。
34、御鉄山御用人足の事(荷物を付け上る御用人足に使役され、迷惑である)。
35、御伝馬荷物御通馬の事(外川通御伝馬通行の節、本馬は一疋という先触であったのに二、三四ずつも使役されたのは迷惑である)。

36、片栗《かたくり》役の事(片栗粉上納分が四升位に増役《まし》になり、一統迷惑である)。

37、御蔵米の事(宮古通支配の基準になってから相場より高値で取り立てられ、迷惑である)。

38、在々青葉染の事(町場のほか、在々での葉染を一切禁じられ、迷惑である)。

39、御同《(銅)》山へ付上《つけあげ》の事(銅山御用の牛は、一年に一〇手綱《たづな》ずつ命じられ、その給代《きゅうだい》としては一手綱つまり一往復につき五両ずつしか渡されず、不足の一〇両ずつを村方で補っており迷惑至極である)。

40、諸書上《かきあげ》の筆銭の事(すべて書上はその道の者を頼まないでは、村々の者の直筆では通じないというのに、筆墨代や礼銭が高値になり、迷惑である)。

41、諸勧化《かんげ》の事(御上からむりやり命じられ百姓共一統迷惑である。勧化は百姓からいえば寄進)。

42、五十集《いさば》(海産物商い)職札の事(先年はなかったのに、近年になって上札二両、中札一両二分、下札一両の割で免許料を取り立てられ、浜手の者は迷惑である。上・中・下は権利の大小)。

43、山林・社木・居木の事(藩御用のために山林・社木・居木などを見当り次第に剪採《きりと》るのは、百姓の迷惑である)。

44、濁酒御役の事(先年までなかったのに近年は五貫文位負担させられる。百姓はことのほか迷惑である)。

45、五ケ年金の事(天保十一年から弘化元年までの五年間、一人につき一年一両ずつ取り立てられ、迷惑である)。

46、伝馬人足の事(文政年間より役人が多くなり、また代官・下役使用の伝馬が多くなり、迷惑である)。

47、諸上納の事(年貢・定役は先年の通り国中の肝煎から殿様へ直《じき》上納にしたい)。

48、御諸士の事(在方に住む者で、ここ五〇年間に身分上昇した者は、今後は御百姓の身分に戻してもらいたい)。

49、流罪人《るざいにん》の事(弘化四年に遠野へ出訴したときの一揆頭人で、牛滝《うしたき》に流罪になっている安家《あっか》村忠太郎と俊作の両人を放免してもらいたい)。

一揆の百姓らは、これらの願向き箇条のほとんどの末尾を「迷惑」という言葉で結んだ。困る、という自分達の状況について、為政者の側に責任があると抗議する。支配を受ける存在であることを認めながら、その意思を、ぎりぎりのところまで押し返す言葉が、かれらの用いる「迷惑」である。「迷惑」と言いきることを支える基準、つまり不当を非難する根拠は、百姓の年来の生活のなかでつくられた道理の感覚であった。それは「百姓成《なり》立《たち》」という実際生活の物差で検証される。だから、かれらは、以前はしかじかであったのに近年はかくかく悪化した、と訴え、「迷惑」の解除を、「先年の通り」という方向で提案するのが常だった。だからといって、先年あるいは以前の状態を欠陥のない最善の状態だとかれらがみなしていた、とはかならずしもいえない。現状を批判するがゆえに元通りの状態への復帰が現状打開の論理となるということであったのだ。

四九か条は、そのようにして現在の「迷惑」状態を元通りにせよと要求したのであるが、「迷惑」をこうむるのは誰なのかということをそれぞれの項目についてみると、

浜手《はまて》の者、迷惑の事
塩焼の者、甚《はなはだ》迷惑の事
船手《ふなて》の者、迷惑の事

というように末尾が結ばれている箇条があるのに気づく。多くの箇条は、

百姓共一統、迷惑の事
百姓共、迷惑の事(至極迷惑の事)

と結ばれていて、やはり、「百姓迷惑」ということこそが、武士の非法を排除できる根拠だったことは疑えない。百姓は、個々の領主がほしいままに生殺しえない公法的な存在だったのである。

だが三閉伊一揆では、その百姓の中味が重要であった。「浜手の者」「塩焼の者」「船手の者」も、百姓身分にはちがいなかったが、布海苔《ふのり》・骨粕《ほねかす》買上げ、御用肴代銭、塩役、塩釜役、船手役人数、五十集《いさば》職札、十分一鮪《まぐろ》網請負いなどに関する要求箇条は、農業民のあり方からだけでは、ただちには生まれない。浜手の者らは、じっさいには耕地を有して

農耕の仕事にもかかわったはずであるが、生活の様式と考えかたの土台は、漁業民、少なくとも漁村生活者のそれだった。だから、いくつかの箇条は、「百姓迷惑」という言い方でなく、はっきりと浦方の者の願向きであると明記する必要があった。弘化の一揆でも、弥五兵衛は、町方中・村方中・浦方中の三方面へ訴え、かつそれらを「惣御百姓中」という言葉でくくっていた。

また四九か条は「百姓共迷惑」でしめくくられている場合でさえ、問題になっているのは石高《こくだか》制度や、それにもとづく米納の量と率をめぐるものより、それ以外のものが多い。このことからも三閉伊通の百姓らの現実の生業は、単純には百姓＝農耕専一の民、としえない内容になっていたことがわかる。それは貨幣経済が発展した江戸後期という「時間」と、奥州海岸沿いという「空間」とが刻印している特徴、という二つの面からくるものであった。

江戸後期、嘉永の時代、三閉伊通の百姓らは、じつにさまざまの生業によって暮らしを維持していた。四九条の要求箇条からみても、牛馬、絹糸、真木栗《まきくり》、米その他諸荷物の輸送、麻糸、かたくり、藁染、濁酒などにかんする要求箇条がはいっているのは、そのことの反映であった。現在の呼称で「兼業農家」、当時の言葉を使えば「諸稼ぎ」農家——余業・余稼ぎ・余作、それに手間賃取りをおこなう——が「百姓」の実態であった。それに、百姓ではあるが祭礼の方式さえ独自である漁村の民が大勢加わる。栗林村で鉄吹きを営む百姓は、耕地の営みもおこなうが実質において職人である。地吹鉄にも塩釜にもつながろうとしてきた「東」の家の歴史をみても、大槌通の荷駄交易に収入の中心があった命助をみても、三閉伊一揆の百姓らを農工商漁、諸業民の広がりで理解することが要請される。

　漁業民と農業民のことを考えようとすると、茶谷十六《ちゃたにじゅうろく》氏が雑誌『わらび』に連載した「一揆・神楽と村むら」(208〜215)という示唆深い論考をあげないわけにはゆかない。南部三閉伊一揆が黒森神楽とかかわりあうのではないか、というのが茶谷氏の提起である。黒森神楽が長期にわたって幾十もの村々を巡行(門付《かどづけ》)してゆく過程、あるいはそれが所属する黒森神社の大規模な造営事業を克明に紹介し、そのなかにこの地の人々が交流し結ばれる契機を指摘する茶谷氏の考えは否定しがたい。

　その紹介のなかで、とりわけ示唆されるのは、黒森神社についてである。その神社は、五穀豊穣と海上安全の守り神であるという。今も、出漁する漁民は出航前に参拝して海上安全を祈る。漁業民の神社なのである。だが、同時に土地の産物の豊作を祈念する神社でもあるというのだから、神社の機能が、農業者と漁業者を一体化させる性格をもっているのである。

　宮古通山口村の黒森山(現、宮古市。宮古駅より北三キロほど。一〇五頁図参照)は山頂三一一メートル、杉・松・檜・樅が密生して黒森の恰好であったが、その中腹に黒森様(神社)

があり、神木とみなされる杉の巨樹は、漁民らにとって出船・入船の目安だった。黒森大権現の勧請は古代にさかのぼると伝えるが、羽黒の神につながる羽黒森の略が黒森だともいい、かつては山伏修験の霊地とされていた(小島俊一『三陸海岸　北上山地の地名』一九八二年)。

この黒森神社の神楽(山伏神楽)は、普代村に鎮座する鵜鳥《うねとり》神社(一〇一頁図参照)の神楽と競いあう位置にあって、三閉伊通を南北に隔年巡行した。二つの神楽は、あわせれば三閉伊全域をおおう広さで動いた。「霞《かすみ》」といわれる勢力範囲がそれほどに広かったということである。村々の百姓からみれば、一年おきに両神社の神楽衆を迎えて、獅子舞いをはじめとする幾つもの芝居風の舞いをたのしんだのであるが、その夜神楽の時間は、えんえんとつづく老若男女の交歓の場であった。豊作と豊漁、祈禱と祝福と娯楽、これらが二つの神楽では渾然として一体となっていた。

黒森神社の境内では、弘化一揆のときにも、参加した山口村の帰村を祝う行事がおこなわれている。そして、三閉伊通が、失敗した弘化五年の一揆から次の騒立へ向けて伏流の状態にあった嘉永二年から三年にかけ、本殿、鳥居、建物、石垣などの造営事業がおこなわれた。その資金をつくり、黒森神社造営の意志を方向づけてゆくために、黒森神楽はいっそう活発な動きをみせ、建造工事そのものがまた、数十か村をつなjust がないではおかなかった。村と村の関係が、必ずしもつねに結合を深めるものだったとは言えず、そこには対立も紛争も発生したはずだったが、少なくとも三閉伊通の村々には、見知らぬ世界として互いを断ち切ったままにはしておかない力が種々働いた。政治の区域、経済活動のつながり、そのほかに、信仰に媒介された文化圏としてのまとまりも無視できないものだった。

四九か条のなかには、百姓であるかぎりまぬがれない年貢負担にかんする要求箇条もあった。第三条がそうである。しかし、その場合でも現物で上納する米の量とか率の問題ではなくなっている。すでに石代納《こくだいのう》＝金納という方式になっていて、米納の形式はつづいているのだが、現物の年貢米でなく、宮古町の米相場を基準にして換金したと想定し、そうして算出された額を金銭で納めるのだった。当時の米価は場所によって一定せず、米質によって一定しないという変動相場だったが、南部藩が収入をふやそうとすれば、より高い場所の基準で換金を命じて納めさせればよい。第三条はその不当性をついたのである。年貢の問題も、ここでは、交換関係、貨幣量の形で深刻になっていることに気づく。

年貢のほかでは、これも百姓であるかぎり免れない負担として御用金がかれらを圧迫している。第一、二、二十、四十五条などがそれであり、それらは新規・不定期でしかも物品としての対象に課されるものでないだけに、筋ちがいとする不満感は増幅するばかりだった。

御用金というのではないが、けっきょくは金銭負担の増加という点で同様の不満感を与え、それに対する抵抗の結果、百姓らが支配の機構に対して口出しをする形になっているのが、第六、七、八、九、十、十一、十四、二十一条などである。代官・山奉行・下役・物書・牛馬役・牛馬肝煎・巡回役人・船手役人の人数増加を批判し、以前の人数あるいはあり方が理想的だと述べているのではないが、それと比較することで元へ戻すことを求める形になっているこれらの条項は、経済のレベルにおさまらない政治的性格を帯びている。

南部藩の側からいえば、役人の増員は、役職をふやして家臣の不満を解消するというのではなく、領民の生活をより的確に掌握して財政収入を得ようとする工夫にほかならなかった。大豆・真綿・馬・絹糸・布海苔・骨粕・鮪・魚・真木細工・塩・麻糸・焔硝・青葉染・濁酒・かたくり・五十集《いさば》などの産物、およびそれらの荷駄運送は、農山漁村にわたるこの地帯の百姓らが暮らしをなりたたせている方法だったが、その活動のいっさいに税目を立て藩財政を立て直そうと、あがくような政治をくりかえしていたのがこの時期の南部藩だった。

江戸後半以降になると、およそ領国経済圏と呼べるほどの、都市と農村の両方をふくむ支配領域をもつ大名権力なら、国益政策、あるいは殖産・専売政策と呼ばれる方法をどこもが採用した。そしてその政策が多くの藩では百姓一揆——反専売一揆という性格を帯びる——をまねいたのである。南部藩もご多分にもれない。なおその上に、度重なる凶作・飢饉状況、山の多い土地と寒冷な気候からくる貧弱な農業生産力、という不利をはねかえすためにこそ、かえって活発さを増してきていた領民の自在な流通活動と、藩・特権商人の流通活動独占への動きとの対立が、南部藩においてはひときわだっていた。

たとえば百姓らが第三十八条で「在々青葉染御差留《さしとめ》に相成り迷惑の事」（「諸役請負加帳」では、「在々青葉染御差留に相成、一統迷惑仕候間、先年之通御みのが志《し》成下され度《たき》事」（『嘉永六年三閉伊一揆資料』五二頁）と批判したのは、別の史料によれば、「これ在々にて、自身藍染《あいぞめ》を致候事の由、御紺屋《こうや》より申上、停止《ちょうじ》せしが又役せん（銭）を取立しが」（『集成』6、五八五頁）とあって、百姓らが自家営業としてこの頃藍染をはじめたか、すでにそれを広範におこなっていたのにたいし、藍染を専業とする町方の「御紺屋」が藩に訴え——その代償として紺屋からのいっそうの運上の約束がされたことだろう——、南部藩が村々での自家藍染を禁止したからである。それに抗議する一揆。その結果は「相免候事《あいめんじそうろうこと》」（同前、六一八頁）となって、百姓らの要求が容れられるのである。

濁酒もまた、「酒屋より申上、役せん（銭）取立しが」（同前、五八五頁）という動きが前にあった。このように、諸営業をめぐる対立は、単純に武士と領民の間にあるのではなかった。南部藩も、領民の一部上層の商人や加工業者に特権を与えないでは領内の富を吸収することはできないし、上層の者らは、権力による営業特権の保証が必要だった。三閉伊一揆の要求箇条は、そういう対抗図を、領民の暮らしの立場から鮮明に表現していた。そしてそのような要求が切実であるような三閉伊住民は、水田稲作を核にした、山と水を中心とする狭い共同体生活者としてイメージされる農耕民ではなかったということである。

そのような地帯に結集が生まれたとすれば、農業・漁業・商業・加工業の、それぞれ比重を違えた組み合わせで暮らす者同士が、互いを補って頼み合う関係こそが、矛盾を共通に感知させ、一揆結合にみちびいたのだった。

ここで次に仙台藩に申し立てたもう一つの願向き、南部藩政の根本にかかわる三か条の要求をみてみよう。この要求三か条は、「仙台御国主様」にあて、「三閉伊通惣御百姓」の名で提出された。しかも、「御百姓」の「分」をはるかにこえた内容で。

恐れながら願上げ奉《たてまつ》り候事

一、御隠居あそばせられ候甲斐守様、御入国なさせられ度《たく》偏《ひとえに》願上げ奉り候。

一、三閉伊通に罷在《まかりあり》候御百姓共一統、御慈悲を以て御抱居《かかえおり》、露命《ろめい》御助け下し置かれ度偏《ひとえに》願上げ奉り候事。

一、三閉伊通公義御領に仰付られ下され度《たく》、此《この》義御成兼《なりかね》候はば、仙台様御領に成下され候様《よう》願上げ奉り候事。

右ケ条、御慈悲を以て、願の通仰付られ下し置かれ候はば、一統重畳《ちょうじょう》、有り難き仕《し》合《あわせ》に存じ奉り候。

（『集成』6、五八六頁）

第一条は、藩主の交替を求めたものである。この条項の背景には当時の南部藩政の変動が影響している。現藩主南部利剛《としひさ》(四十代、美濃守)は、利済《としただ》(三十八代、信濃守)が弘化の三閉伊一揆の責任をとって隠居(嘉永元年三月)したあと、わずか一年ほどの藩主で同じく隠居(嘉永二年九月)した利義《としとも》(三十九代、甲斐守)の弟である。二年ほどの間に三代がかわるという異常事態であった。甲斐守利義は父利済の〝院政〟のなかで、百姓に対して、諸上納物を直納にすると言明し、執行する段階になって、その施策を不利とする役人たちに阻止され、利義は重病であるとされ、むりやり隠居にされてしまった。甲斐守の施策は「仁政《じんせい》」であった、だからそれを潰した現藩主たちの政策は納得できないので、前藩主甲斐守南部利義に再入国して藩主になってほしい、甲斐守様は「仁政」を行うはずであり、御百姓共も慕い上げているから、再入国をとりなしてもらいたい、というのが百姓らの陳述の趣旨である。

現実には、さきの甲斐守の行政は百姓の生活にまで眼くばりをしたうえのものとは言えない。それでも百姓らは「甲斐守の仁政」を最大限に強調して、現在の藩政を批判した。甲斐守再入国要求はかならずしも以前の状態の絶対化でもなく、また領主に対する強い幻想というものでもない。この要求は、なによりも現藩主への批判の強さが、前藩主の甲斐守への賞讃としてあらわれた、ということであろう。そこに流れる仁君(仁政)待望の強さは否定できぬとしても。

もとより、この箇条が受け入れられるはずはなかった。

秘伝に云う。此《この》願向の内、甲斐守様再度御入国の願、是は相成らざる義、下郎《げろう》の其方共知《しる》べきことに非ず。預り置候義相成らずと、厳重に向《むき》役人相断《ことわり》、右願書、百姓共へ直々《じきじき》差戻す。

（『集成』6、六二七頁）

百姓らもそれがどういう性格のものかを承知していないわけではなく、「再御入国の義は、公辺(公儀)に御拘《かかわり》候義」(同前、五八四頁)だから、仙台藩において吟味中は我々を「御かくまひ」下されたいとつけ加えている。

第二条は、三閉伊通の御百姓をすべて仙台藩伊達家の百姓にしてもらいたいというものである。これは、第一条ができぬことなら第二条のように、という関係にあって、一つの文章でそのように書いている願書もある。

第三条も、第一条ができぬことならそのようにしてもらいたい、という位置になる。三閉伊通を幕府が没収して公儀御領にしてもらいたいというのである。公儀へ最終の解決能力を期待して上訴してゆくというのは、百姓一揆の性格の一つといってよいが、居住する地域を公儀領にしてもらいたいと実際に訴状に書いた一揆はめったにない。公儀幻想と言えば言えなくもないが、公儀の名代《みょうだい》である南部氏に対する手厳しい拒絶こそ、ここでは注目しなくてはならない。（かれらは、あるいは蝦夷地〈北海道〉の噂などを知っていてこのように主張したのかもしれない。蝦夷地は文化四年〈一八〇七〉に全面的に公儀の直轄する地となったが、このときは一〇年余り経た文政四年〈一八二一〉に旧来に戻している。幕府が次に蝦夷地を上知《じょうち》させたのは安政二年〈一八五五〉のことだから、その二年前に願書を提出した三閉伊通の百姓らは後の事実は知らなかったはずだが、前の事実は知っていてもおかしくない。蝦夷地のことは、警備にかんする百姓負担の面からも、手間取りに出かける生活上のつながりという面からも、三閉伊の住民にはあんがい知られていたのである。蝦夷地の再上知についての風評に刺激を受けて三閉伊通の公儀領化をおもいきって願いでたという推測はなりたたないものではない。）

ところで「公儀御領」が不可能なら三閉伊通を仙台藩領に、というのが第三条の後半であり、これは第二条と同趣旨である。第二条は人身（身分）支配の角度から、第三条は土地（石高）支配の角度から表現したのであろう。人格としての百姓を「仙台様御百姓」として支配するということは、その百姓が耕作する田畑を仙台様御領にするということに等しい。しかし、それが——「人《ひと》」の支配と「高《たか》」の支配が——かならずしも完全に同一ではない場合があって、領主も百姓もそのことを知っているのが江戸時代だったから、第二条と第三条後半は、それぞれ書かれる意味があったのである。

訴え出られた仙台藩役人としては、公儀領にすることも仙台藩領（または預地《あずかりち》）にすることも絶対にないと抑えつけるほかないのだが、仙台藩領になることについては、ありうることだと、百姓たちは考えていたふしがある。

この年六月、一揆の蜂起と同じ頃にペリーが来航し、幕府は、対ロシア警備に加えて眼の前に現われたアメリカ船のこともあって、海岸防衛についていちだんと緊張を強めたやさきだった。東北の長い海岸線を混乱におとしいれている三閉伊一揆は、もっての外の事態であり、それは公儀名代としての大名の失政にほかならなかった。この一揆は、やがて幕府の知るところとなるが、そんななかで、南部藩主転封の噂が広がってゆく。七、八分どおりは国替になる、あるいは南部藩領を二つに割って甲斐守復帰になる、という風評が立った。今一度百姓が起てば三閉伊通は仙台領分になると、仙台藩の役人らが話しあっている、という情報も流れた、という。のちに述べるように一揆の百姓らは仙台藩へ逃散してしばらく後、四十五人の惣代を残して帰村したのだったが、かれらは、南部藩が村割りの税をはやくも取り立てようとするのに対して、

我々共、当分帰村にて、未《いま》だ仙台御役方の預人《あずかりにん》、仙台百姓も同様にて、御官所の諸郷《ごう》割《わり》上納とは存じも寄らざる義、既に此地所も仙台の地と成るやも斗《はか》り難しと内々に小《こ》言《ごと》を罵《ののし》り……

（『集成』6、六〇〇頁）

と応じている。

また、同じくこの年の七、八月、宮古町のはずれで藩役人と向きあった千数百人の百姓らは、「南部役人は、仙台役人とは違ひて申事《もうすこと》皆偽りなるぞ。皆一ツ穴の狐共。だまされな〳〵」(同前、六〇七頁)と叫びたてたという。身辺の経験に立って、かれらは南部藩の藩主から役人に至るすべてを、人を騙《だま》す狐に見立て、仙台藩の支配者と区別し、政治の変動についてのかれらなりの知識から、三閉伊通の領主交替はありうると期待していたのである。

この場合でも、仙台藩の武士は最善だと評価していたのではなく、南部藩の武士は最悪だという評価を表現する百姓の思考方法と解さなくてはならない。むしろ、眼前にある者への反感にみちびかれて、総体としての武士に対して、ある種の「自立」の感情を百姓たちが強めていることをこそ見なくてはならないだろう。もはや記録というよりは物語に近い「遠野唐丹寝《とうにね》物語」のなかに、こんな一節がある。野田通まで出張して嘉永六年夏の一揆をなだめようとする代官以下の役人と百姓らの応答のうちに、

役人、大いに腹を立て、百姓分として上を恐れざる過言、不届者、と叱りければ、百姓共、カラ〳〵と打ち笑ひ、

汝等、百《(諸カ)》姓抔《など》と軽しめるは心得違ひなり。百姓の事を能《よ》く承れ。士・農・工・商、天下の遊民、皆源平藤橘《げんぺいとうきつ》の四姓を離れず。天下諸民、皆百姓なり。其命を養故《やしなうゆえ》に農民ば

かりを百姓と云ふなり。汝等も百姓に養るなり。此道理を知らずして百姓抔と罵るは、不届者なり。其処《そこ》をのけて通せ……

(『徳川時代百姓一揆叢談』上、三九七頁)

という言葉が発しられたという。「百姓は天下の民」、というのは弘化一揆の弥五兵衛が使った表現だった。嘉永一揆のこの対峙の場面をつらぬくものも、命を養うという、より広い観点から、武士と百姓の上下を相対化する考え方である。このような身分観念の現われ方と、農耕ばかりではない種々の生業によって生活をなりたたせているあり方とは無関係ではない。生活を、領主の御蔭をこうむらない独自の交流様式でなりたたせているという現実が、かれらの「御百姓」意識を、従来の秩序に見合う「公民=御百姓」意識から、格段に「自立」性の高いものにしている、ということは否定できない。かれらの自己認識が、なお「御百姓」という枠組に支えられているものであるにせよ。

仙台藩領へ越境した八〇〇〇人を超える百姓の数は、帰村者も出て、しだいに減ってきていたが、それでも六月十七日朝には、三〇〇〇人ほどはいた。かれらは六月六日以来、海岸べりの唐丹《とうに》・花呂辺《けろべ》・小田浜三か村に宿泊をつづけた。

気仙郡前代未聞の混雑にて、殊に飯料一日に白米弐拾石程、其上城下より唐丹の間人

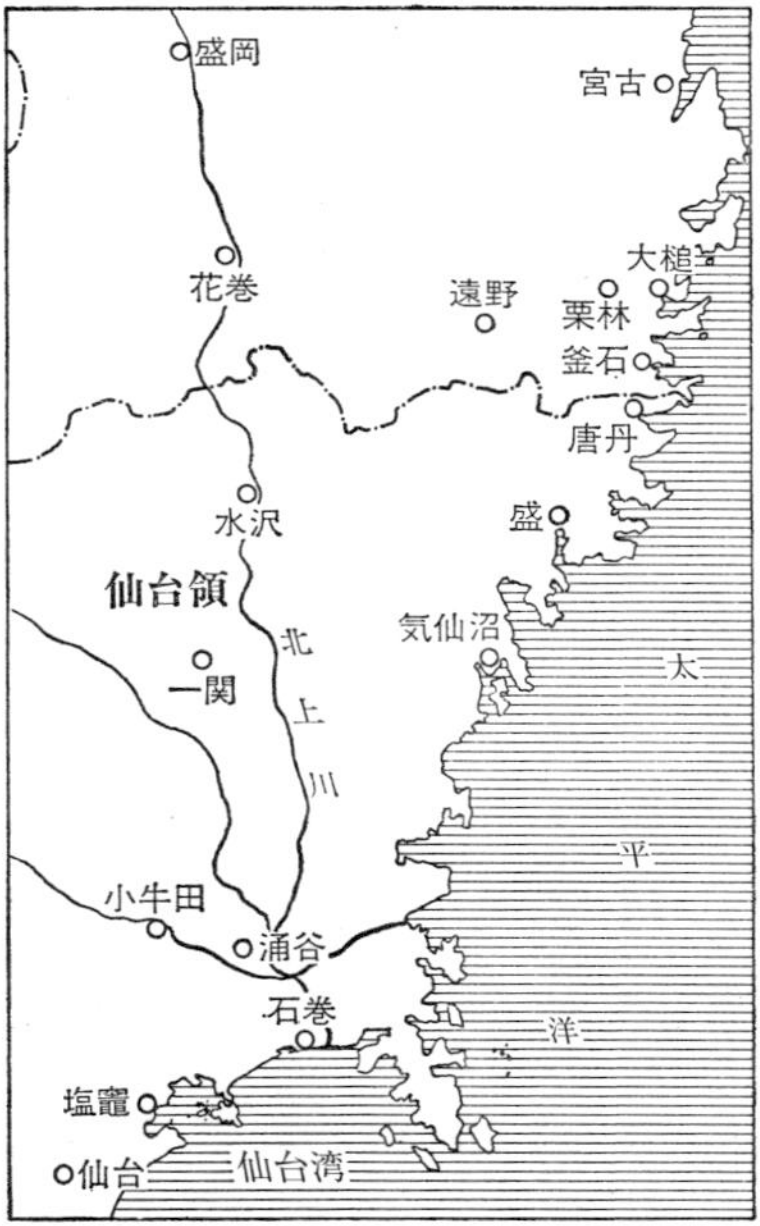

馬の往来引《ひき》も切らず、仕付《しつけ》農業盛の時節、言語同断《（道）》の至《いたり》と、御百姓共歎息し、其上用意米一先《ひとまず》千百駄白米として上納、此上は江刺《えさし》郡胆沢《いさわ》郡へ仰付けらるべしとの義、第一夏分の事故、用意米何《いず》れも手薄故、大に所の迷惑、気仙郡百姓共生涯覚《おぼえ》これ無く、聞も及ばざる難渋に逢し迚《とて》、口々につぶやきけるは実に尤《もっとも》也。（『集成』6、五八九頁）

百姓らの賄料は、仙台藩が気仙郡二四か村に命じて上納させたもので、穀物・塩・味噌などが牛馬や船でひっきりなしに送りこまれた。土地の者はその世話にかかりきりとなってしまい、気仙郡の漁場には船留《ふなどめ》令がだされて漁業ができず、難儀な状態になった。仙台藩と一揆集団のかけあいが進み、代表を残して他は帰国、ときまったのは六月十五日のことである。

四十五人の代表が仙台領に残るようになったいきさつは、この一揆の重立頭人《おもだつ》の第一人者田野畑村太助の「書留《かきとめ》」(『内史略』)によるとこうだった。

はじめに仙台藩の側から人数を減らすよう指示がでた。このときの命じ方は、「相州浦賀表へ異国船渡来に付《つき》、公義より警衛の義仰せ付けられ、一門中村太郎左衛門始《はじめ》、五頭《とう》にて千五百人の胴(同)勢を以《もっ》て出立の勢に付、旁《かたがた》城下にて内外混雑、其方《そのほう》如きの扱ひ相拘《かかわ》り難きの間、云々」(『集成』6、五九〇頁)というもので、ペリー来航への対処が一揆への対処とからみあわざるをえない時勢であった。そのことは百姓の側にもただちに看取され、それがかれらの抵抗の論理に組みこまれ、武士の側をあきれさせるような居坐りを支える一つの条件にもなった。仙台藩は、一揆などにかまっておられぬ場合だからこそ、一揆もほうっておけず、南部藩に対して、「御世態へ相拘り候義等申立、容易ならざる義に相聞《あいきこえ》得、右に付御面談致し度義《たきぎ》御座候」(同前)と南部藩役人の早急の出張を求めている。

惣代人数について、一揆の百姓らは三〇〇人くらい残したいと申しでた。さらに減少をと迫る仙台藩に対して、それでは九一か村から来ているから一村に一人の割合で九一人を残留させたいと返答した。ところが仙台藩の役人は、「五十人と相成候得ば、徒党と相成、押捕《おしとり》なされる御法に候間」、つまり五〇人になれば徒党扱いとするのが仙台藩の法であると、さらに減少をせまり、とうとう二村に一人の割合で四十五人という数になったのであるという。だから、この選ばれた四十五人というのは、一揆のなかから自生的に形成されたグループではなかったにしても、厖大な数の百姓のうちの活力ある少数者にはちがいなかった。

　その四十五人も始終不変というのではなく、重立《おもだつ》頭人のほかは一〇日間くらいで交替したようである。だから、その人名には変化があったはずだが、二か月後、九月中旬に仙台城下へ腰縄で移動したときの顔ぶれは、以下のとおりだった。

野田通（一二人）

1　田野畑村　重吉こと　多助（太助）（三八歳）
2　嶋越村　辰吉こと　辰之進（二二）
3　山根村　仙之助こと　利右衛門（四四）
4　下野田村　安右衛門こと　惣右衛門（三九）
5　上野田村　小重郎こと　寅之助（四八）
6　浜岩泉村・年代部《としろべ》村　庄兵衛こと　市右衛門（六三）
7　沼袋村・黒崎村　善兵衛こと　初之助（六五）

8 岩泉村・本田村　弥助こと　六之助(五七)

9 岩泉村・沢廻り村　善七こと　重兵衛(六三)

10 二升石村　孫之助こと　与之助(五六)

11 普《ふ》代《だい》村・堀《ほり》内《ない》村　治七こと　栄助(三〇)

12 小川三か村・三門村　六之助こと　時治郎(?)

宮古通(二七人)

13 老《ろう》木《き》村　弥三郎こと　弥八郎(四〇)

14 引《ひき》目《め》村　与兵衛こと　助右衛門(五〇)

15 長沢村・花輪村　伊勢蔵こと　市左衛門(四六)

16 刈屋村　彦右衛門(五五)

17 和井《わい》内《ない》村　佐右衛門こと　弥右衛門(四四)

18　近《ちか》内《ない》村　平之丞こと　長吉(六四)

19　川内村　夏屋村　升蔵こと　富蔵(六〇)

20　荒川村　乙部村　万之丞こと　岩松(四七)

21　茂《も》市《いち》村　腹《ふく》帯《たい》村　倉右衛門こと　文治(六二)

22　川井村　鍬ケ崎村　弥平治こと　弥四郎(六〇)

23　箱石村　専右衛門(五九)

24　崎山村　末《すえ》前《まい》村　藤右衛門こと　五郎助(五七)

25　浅《あさ》内《ない》村　勘之助こと　源吉(三〇)

26　大川村　浅内村　九兵衛こと　亀吉(三九)

27　有《う》芸《げい》村　長八こと　市松(四一)

28 山口村 森山村 儀右衛門こと 清八(五九)

29 田代村 源兵衛(四四)

30 神田村 田老村 与三郎こと 善兵衛(三九)

31 北乙部村 乙茂村 六之助こと 権右衛門(三九)

32 中里村 中嶋村 孫之丞こと 六之丞(五四)

33 小本村 中野村 門兵衛こと 長吉(五九)

34 接待村 猿沢村 孫六こと 半治(三〇)

35 赤前村 盛右衛門こと 宇之松(二三)

36 津軽石村 重茂村 甚重郎こと 弥助(六五)

37 豊間根村 伝右衛門こと 安兵衛(七三)

38　磯鶏村
　　金浜村　元治郎こと　周吉（二四）
39　八木沢村　辰治こと　勘治郎（五一）

40　大槌通（六人）
　　栗林村　命助（三五）
41　橋野村　勘右衛門こと　深松（四九）
42　小国村
　　関根村　茂右衛門こと　雷蔵（二八）
43　金沢村　平左衛門こと　権七（七一）
44　小国村
　　摺石村　与右衛門こと　吉太郎（四〇）
45　小国村新田　小平こと　長松（四九）

（「集会願書覚帳」前出『嘉永六年三閉伊一揆資料』五九―六一頁）

この一覧は四十五人の一人、宮古通金浜村の周吉（当時、二十四歳）が書き残した記録によったのだが、惣代数のもっとも多いのは宮古通の二七人で、次が野田通の一二人、命助の属する大槌通は六人であった。年齢もさまざまであり、不明の一人を除くと、二十代の者四人、三十代の者九人、四十代の者一一人、五十代の者一〇人、六十代の者八人、七十代の者二人と各世代にわたっていた。七十一、七十三歳の年寄さえ選ばれているのをみると、弘化一揆で六十七歳の弥五兵衛が惣頭人として働いたことも納得させられる。

二村一人の原則だったが、野田通の五村、宮古通の一一村、大槌通の三村は一村で一人の惣代をだしている。参加した百姓の人数は村によって多少があったが、それに応じて惣代の選ばれ方が違ったとは言えない。一村で一人の村は、やはりより活発な頭人がいた所とみてよいだろう。太助を選んだ田野畑村、命助を選んだ栗林村などはそのような村であったにちがいない。金浜村周吉の記録をみると、命助ほか三人を除いて、名乗りと実名の二つを用いていることにも気づく。これを、現在の偽名・変名と本名の関係で説明してしまうのは早計に過ぎるようにも思われる。

命助は、のちに代官に、「先祖代々の名歟《か》。又(は)四十五人へ加り候時の名歟」(「大吉祥覚帳」三浦家文書)と尋ねられたさい、「先祖代々の名は六右衛門と申候」と答えている。「東」の家でいえば、それは本家の当主名であるが、実質は当主の位置にあった命助が、家族を代表して六右衛門を名乗ってもさしつかえはなかったろう。「六右衛門こと命助」、とかれが称する場合がありえたように考えられるのである。弘化一揆の弥五兵衛も、幼名は権太、弥五兵衛事、当節は萬六、しかも「小本の祖父《おど》」と通称されていたのであるが、弥五兵衛を便宜のための変名とすることはできない。

最初に動いた田野畑村の太助は、三閉伊一揆全体のなかでも頭人中の第一人者の位置にあり、命助らもかれには一目おいていた。一揆のさなかに、代官所が手配した一〇人足らずの頭人のなかにも太助の名がある。太助の存在が一揆の中で誰の目にもひときわ大きく映っていたことが知られる。太助については、青木松太郎「田野畑村太助(畠山氏)のこと」(一九六〇年)、武田功「田野畑村多助文書」(『史潮』6、岩手県沿岸史談会、一九七三年)などの苦心によってほぼ輪郭を知ることができる。かれの一生は命助と同年代のもう一人の百姓の歩んだ道筋、それも、共通しているが異なる末路へ進んだ道筋として、興味ぶかい。

太助は命助より四歳年長で、文化十三年(一八一六)に田野畑村の、ある分家初代の倅《せがれ》として誕生している。分家倅という点は命助と同じであり、その本家が畠山氏を称し、村内草分けの位置にあって、村肝煎を勤めたというのも似ている。ただ、かれが生まれた分家は本家と同居していたのではなく、別に住居を建ててもらい、山林五町歩余、畑六反歩、草刈場一町歩を与えられていた。山仕事、炭焼き、畑仕事、それに焼いた炭を荷駄にして牛で付け出す——南部領の北部は牛を使うことが多かった——というのが、分家の日々の仕事だったろう。太助もまた、青年時代に「天保体験」をくぐりぬけた人間だが、他国へ出稼ぎで、生まれた村の田野畑を遠く離れることはなかった。ただ本家との関係からか、野田代官所への飛脚の仕事をしばしば勤めた。言い伝えであるが、かれは弘化四年の三閉伊一揆にも加わり、そのなかですでに頭人の位置にあったらしい。そのときすでに三十三歳だから、一揆の頭人であることは十分に考えられる。

未発に終わった嘉永五年の「一揆」も、この野田通田野畑村・沼袋村・大芦村から騒ぎだしたとされる。この動きには当然、太助の働きもみられた。その動きが鎮静して、数か月後にふたたび泡だつ状態になってきたとき、今度も先行したのは田野畑村・普代村の農漁民だった。それから以後の展開のなかでも太助の役割は変わらないが、一揆がやがて収束してゆくという段階に、ほかの頭人らの浮足立つのを食いとめ、失敗を防ぐために力を尽した振舞いは、この地帯の百姓の資質をもっとも晴れがましい姿で印象づける。

南部藩の思惑、仙台藩の思惑、幕府の思惑がそれぞれに交錯している下で、その思惑のぶつかり合いをこそ頼みとする方法で仙台藩領に残留した四十五人が、そのままの態勢を持続させるのは容易ではなかった。太助や命助ら重立頭人を除けば、十日ほど毎に惣代が入れ替ったし、帰国を説得するために南部藩役人が次々に現われもした。盛岡の本誓寺(浄土真宗)住職も、百姓の説諭のために派遣されてやってきた。赤白の祝い色もホラ貝の高鳴りも鬨の唱和もなく、激情に後押しされて自分を鼓舞してゆくことができるという状況はここにはなかった。しだいに妻子を思いだし、国元をなつかしみ、また自分の先行きに不安を懐き、やがて帰国のほうへ傾く者が多くなってきた。今のうち帰国すれば助命のはからいようもあるが、際限なく留まろうとすれば江戸表へ引き連れる事態になることもあると、仙台藩が脅かしたことも、惣代らの心情を大きくぐらつかせるきっかけになった。すでに二た月も頑張りつづけた八月中旬のことである。

この模様をみた太助は、次のように論じて中心者の役割を果たそうとした。

命を惜み只今帰り候はば、御政事向《むき》御取直《とりなおし》にも相成り申さずのみならず、重科《じゅうか》に仰付けらる義眼前の事、命の義は元より無き物と思ひ定《さだめ》候事は何《いず》れも御同前(然)、広き江戸にて御仕置に相成り候義本望の至《いたり》これに過ぎず候。左候はば我々共命を捨《すて》候ために国元の御法例も聢《しか》と相直り申すべし。衆民《しゅうみん》のため死る事は元より覚悟の事なれば、今更命惜み申すべき哉。今帰村して重科に行わせらるる時は、万民の為にもならず。妻子にも再び歎きをかけ、後々迄も万人の物笑《ものわらい》と成、誠の犬死たるべし。盗《ぬすみ》悪行いたし御成敗抔《など》とは事かわり、死る共何の世に恥る処なし。各《おのおの》いかが心得らるる哉。先以《まずもって》拙者に於ては帰村の処存《しょぞん》聊《いささか》もこれ無し。方々《かたがた》能《よく》御思慮、犬死して笑はれぬ様覚悟な(あ)れかし。

（『集成』6、六三〇頁）

この演説の記録は、太助が自分で持参していた「書留」のなかに記されてあったもので、無根拠なものとは思えないかわりに、前後を整序して、見事さを大映しにしたかもしれないという疑いは生まれる。それにしても、田野畑村の百姓太助の頭のなかに組み立てられた思考であることにはちがいない。

かれはまず、ともに命を捨てる覚悟に立ったはずであること、その覚悟によって政策の変更、法令の改革を実現しようとしたはずであることを強調し、他の者の心をとらえはじめた怯懦《きょうだ》と向かいあおうとする。衆民のために死ぬ、というのが太助の示す自己犠牲の根拠であるが、もう一つ、かれが示している、のちのちまで物笑いとなり犬死となることを恐れるという理由も注目される。これは、百姓の世界より武士の世界につながる考え方のようにみえるが、一揆で処刑されることは「盗《ぬすみ》悪行」で処刑されるのとは異なり、なんら恥る処のないものだという考え方は、江戸時代の武士にはもちえない発想である。死を軽いものと考えるというのではないだろう。長い時間をかけて必死でつくりあげてきた覚悟なのだから、「今更」ここで命を惜しむわけにはゆかない、ということである。

仙台領での惣代四十五人残留は、一面ではかれらの使命感も強めたが、他面、一揆の行動自体が煽りつづける昂揚感は弱くなっていった。緊張はしているが、毎日の起居の様子は、いわば強制された日常であり、保証された飲食は安穏への待望を生み、あるいは恐怖を呼びおこす。かえって心が揺らぎやすい状態に対して、太助はもっとも昇華された建前《たてまえ》を対峙させたのであって、百姓一揆の頭取となる者の死の決意を、合戦におもむく武士のそれと同じにみてはならない。

惣代四十五人のなかには、「元来私儀は、七年已来《いらい》より心に懸《かけ》、勝手（ママ）唐丹《とうに》表《おもて》、去る六月六日より毎日、朝夕香花・燈明・仙（線）香上げ、水翻（垢離）毎日取《とり》、身を清め、第一、日月様を九拝《きゅうはい》、御国家安全、天下泰平五穀成就此度《このたび》惣百姓大願成就祈り奉り心念致居候」(「三閉伊野田宮古大槌通愁訴一件」『森史料』三三九頁)と、みずから特別の状況をつくって内面の緊張を持続させていた者があったという。誰のことかは、史料には書かれていないが、弘化一揆以来の心積りと述べているところや、不退転への集中心を思えば、そのイメージは太助に重ねあわせるのがふさわしい。

さきのように述べて、帰村へ傾く雰囲気を阻もうとする太助に対し、これも重立頭人として、交替することのなかった命助ら二、三人が、「いかにも太助親方(の)申分至極《しごく》せり。拙者共も同意也」(『集成』6、六三〇頁)と応じている。「太助親方」という呼ばれ方が、いかにも第一人者の位置を思わせるが、この命助らの発言の結果、「四十五人(の)者共、これに励されしや、いかに(も)尤《もっとも》々とて同意相談決着」(同前)というように流れが変化していった。その進み方をみると、命助もまたまちがいなく幾人かの重立頭人の一人であったとみてよい。

すこしさきまわりして太助のその後を追うと、この年十月下旬に一揆態勢が解かれ、十一月に太助は田野畑村に戻っている。かれは第一人者として、いっさい咎なしという安堵状を預かって帰り、また、平常の三閉伊百姓の生活に復帰した。かれは山仕事・炭焼き、畑仕事に加えて塩焚きをもおこなったという。太助には、六人の子供があり、三閉伊地帯に似つかわしい内容の小生産者・篤農の毎日であったことを印象づけるが、住民らの特別の結集の際にはいつも表面に浮上してくる百姓でもあった。

明治二年(一八六九)、五十四歳の畠山太助は藩主南部氏転封に反対する一揆の頭人の一人になった。会計官役人へ宛てた嘆願書の惣代のなかに、たしかにかれの名がみえる(前出、武田功「田野畑村多助文書」)。太助は、嘉永の一揆が終わった翌七年(一八五四)三月、遠野を命助らと訪れ、南部弥六郎の仲介のお蔭で存命でいられると礼を述べ、馬三匹を献上しようとした。その申し出は断わられたが、たまたま一揆初動の地である田野畑村・普代村のうちから一五二石余が遠野南部氏に与えられることになっていたため、「太助義、以来御領分御百姓と罷成《まかりなり》候間、以来は別《べっし》て御慈悲下置かれ」(『集成』6、六四〇頁)と口上を述べている。なんでもない一言のようだが、前後の事情のなかにおけば、本家になる南部藩への不信の感情が響いてくる。しかし遠野南部氏は、太助に対しては神妙の申し出と応じたが、行政のための費用もかさむし、騒動を企画するような者ばかり住む場所でもある。これからも騒動を起こさぬとも限らないし、そうなれば弥六郎領分からの発起であると世間の風説も生まれ外聞も悪くなる、と新領地を返上してしまった。あるいは隣村の者も弥六郎様御百姓になりたいと出訴し、またまた大乱になりそうなので返上したという説もある。嘉永の一揆自体が他領への逃散《ちょうさん》であり、その要求箇条のうちには藩主交替を求めるものまでみられたほどで、これらのことをあわせてみれば、太助が南部藩に対して深い離反の意識をもちつづけたことは疑いないと思われるのであるが、明治二年には、その太助もふくめ多くの頭人たちは領主転封に反対したのだった。この反対の理由には、要求箇条との関係でみれば、嘉永の一揆で百姓らの言い分の多くがとおる結果となって、藩政改革がある程度実行されてきたこと、転封にともなう混乱と負担を嫌ったことなどの事情もあげられるが、いちばん大きな理由は、突如襲ってくるような維新の新政への反抗であったろう。

そしてじっさい、太助は、それからしばらくして、明治政府の新政に反対する行動にかかわって死んだのだった。地租改正が、太助の命を奪うことになった新政である。明治六年(一八七三)四月、田野畑村の佐藤繁蔵・忠吉の両人が中心になって貝を吹き、住民を集合させようとした。かれらの不満の理由は、具体的には、土地の新検地のために出張してくる役人の経費をいっさい地元村民が負担し、そのための人足として使役されるという点にあったが、租税増徴の予感が、もう一つ加わっていた。しかし、貝吹きによって集まった者は少なかったらしく、けっきょく何事も起こらなかった。太助がどのようにその計画に加わっていたかははっきりしないが、通報した者があって捕えられた者三人のなかに太助がいた。背後の指導者であるという疑いだった。

三人は、新政府の盛岡県庁役人から激しく訊問された。身柄は盛岡油町の河権旅舎へ預けられ、そこで連日拷問がつづけられた。太助には円治という三十歳になる倅がついてきていたが、目撃した者から伝えられた拷問は、こんなふうにおこなわれた。旅舎の裏に敷石がある。その上に蕎麦の実を敷きつめる。蕎麦の実は、三稜形で角が尖って硬い。その上に褌《ふんどし》一つにして正座の姿勢をとらせたうえで、割竹で殴打し、貝吹きの次の計画がどういうものだったか、白状させようとする。五十八歳になる太助が辛抱しぬいて気絶する。

このくりかえしのなかで一か月以上が経った。五月下旬の夜おそく、夜中の介抱で接触がゆるされていたと思われる倅に向かい、太助は剃刀を買うよう指示した。そして、耐えつづけている佐藤両人へ辛抱しきれないことを告げた。倅は、盛岡の町へでたが、父親の自殺を予感して剃刀を買うことができなかった。河権に戻って、父親の怒罵を浴びた記憶を、円治は伝えている。牛方や馬方が荷駄・家畜ともに泊まるために設けられている厩舎——その造りを今も残している——で、その夜太助は首を縊った。このままでは他に迷惑を及ぼすことになると太助が思慮したのだと、人々は解釈した。河権旅舎を経営する河内屋平野権次郎は、太助を、このあたりでも知られていた佐倉宗五郎に比喩して心にとどめた。かれは、盛岡の町にある自家の菩提寺、本誓寺に太助を葬って墓碑を建て、以後永くその墓にも香華を手向けるよう子供らに命じたという。「釈祐洞　明治六酉年五月二十七日　野田通田野畑村　畠山太助　五十八歳」と記された墓碑が、太助の生まれた田野畑村からはるかな距離の盛岡の一隅に残ることになったのである。

盛岡県は、太助の自殺を知って取調べを打ちきった。佐藤両人が釈放されて一件が終わった。嘉永六年の一揆の頭人らのうち、重立頭人《おもだつ》の一人だった命助は、これより早く文久四年(一八六四)にやはり盛岡の町で牢死していたが、重立頭人のなかの第一人者太助も盛岡の町の、いわば仮牢のような場所で命を絶ったのだった。わずか十年ほどしかちがわないが、一人は前近代の権力によって、もう一人は近代の権力によって死に至らしめられたと言えるだろう。太助は刑死したのではないが、事柄の性格は、明治政府があくまでも貫徹させようとする新政とそれを拒もうとする在地勢力の対立にほかならず、その矛盾がかれの命を奪ったのだった。そしてかれの自殺は、在地の側の無念さをこのうえなく象徴的に見せた。

このように生涯を閉じた太助を中心に、命助ら四十五人の惣代は、四十五人態勢を解体させようとするさまざまの力に対抗して、幕府・藩と隣藩の思惑のもつれが、百姓にとって有利な方向へ働くまで、ともかく耐えていなければならなかった。かれらは、南部藩の国政が変わらないことをあげ、仙台藩領の御百姓になりたい旨をくりかえした。帰村した百姓らとの交流は惣代交替と面会のかたちでつづいた。

○是迄の間四十五人の内、重立頭人《おもだつ》の外《ほか》は三度程、百姓共、交代、其度毎態《ことわざわざ》飛脚を以《もって》申遣、都《すべ》て四十五人の者共より用向申遣候。

(『集成』6、六〇〇頁)

○野田通・宮古通より四十五人の見舞なるや、又は何歟《なにか》手合《てあわす》事なるや。日夜絶えず唐丹村へ往来これある事。（『集成6』五九四頁）

局面を動かすために、南部領でもう一度「相催《あいもよお》」す（蜂起する）ことをすすめる手紙を送ったりもした。

此許《ここもと》にて仙台御役人様方様子《ようす》承り候所、今一度催《もよおし》、加勢候へば仙台御領分にも相成申すべく候旨、御内々御談合にて昼夜飛脚相立候間、右に付村々御肝入(煎)並びに老名《おとな》中を以て御片付早々相立ち成され候。左様これなく候ては、埒明《らちあき》申さず候間、此段三閉伊一統御心得、右にて村々肝入老名中御世話を以て、出立相催《あいもよお》し申すべく候。右旁《かたがた》かくのごとく御座候。以上。

七月十日　　唐丹町四十五人

野田通村々肝入中

（『集成』6、五九九―六〇〇頁）

七月十四日にも同趣旨の手紙をおくっている。そして実際に、国元では二度目、三度目の百姓蜂起が起こり、なかには仙台藩領へ越境した者たちもいた。南部藩側ではこれを受けて「飛道具相用《あいもちい》打殺」（同前、六〇三頁）しても蜂起を押えるよう厳命があったともいわれる。

嘉永の三閉伊一揆は、はじめの未発のものをふくめ、これらいくつもの動きで構成される一揆であった。

江戸へ参勤していた仙台藩主が八月に帰国すると、四十五人の惣代は交替がゆるされなくなり、居村の者との対面もむつかしくなった。そのかわりに膠着していた状況が急速に動いた。四十五人は、唐丹村から八月に盛町《さかり》に移され、九月には仙台城下へ移されている。

一直線に進んだというのではなく、複雑なトラブルを途中でいくつも乗りこえるような過程を経て、十月下旬に、百姓らの四九か条にわたる細目の願向箇条の多くがいれられた。南部藩が恐れたのは、隣藩や世間への聞こえ以上に、公儀への聞こえだった。仙台藩は「公辺御伺」をちらつかせて南部藩を追いつめた。それらの動きを百姓らはよく承知していた。

南部藩が認めようとしなかったのは、第十八条の小川三か村の支配区域変更の件、第三十三、三十九条の焰硝・銅山の件、第四十七条の直納の件の四か条で、第四十八条の武士身分から百姓身分に戻す件は、別途三か条とともに答える筋合のものではないとしている。そのほかにも吟味して、のち、とか、意味が不明である、と答えている条項もあるが、要求どおりになった条項のほうがはるかに多い。

四十五人の惣代がもう一つ苦心したのは、犠牲者をださないということだった。弘化の一揆では願向きは実現せず処罰者をだしている。また仙台領越訴でも、天保八年(一八三七)に盛岡南方の百姓らがおこなったときには打首にされた者があった。百姓一揆の頭取は刑死を覚悟して登場するというのが一般に理解されているところであり、それはおおよその説明としては妥当である。しかし、半面、かれらがちょうど合戦場に出向く武士と同じような気分と意味合いで死ぬことを決意していると理解するならば妥当でない。百姓一揆においては、手柄や功名をあげるために腐心したのではなく、したがって名乗ることを好んだのではなく、逆に、発頭《ほっとう》人や発頭村が顕われないように腐心したのである。傘連判によって中心者を隠す方法はよく知られているが、そのほかにも頭取の発覚を防ぐために、あるいは罪刑を軽いものにするために、いろいろな工夫がなされた。(ただ隠すだけでなく、そこには皆《みな》張本人という古くからの一揆結合の考え方がひそめられていた、とみることもできる。)

百姓らは命を惜しみ、刑は怖れたのだが、それでも、百姓一揆をおこなえば、内容において理が認められても徒党の違法性、直訴(越訴)の違法性は免れることができなかった。刑死者がでる確率は高い。そのときには刑死もやむをえぬものとする、というのが一揆頭取のあり方だった。

四十五人の惣代も、この問題から逃げるわけにはゆかなかった。『南部義民伝』のなかで、筆者の半蔵は「契約証」という表題の文書を紹介している。

契約証

浜南部三閉伊通り村々の為め、身命相捨《あいすて》候事も計り難く、若《も》し右様の節は、一ケ年金十両ずつ、向《むこう》十ケ年の間、其子孫の養育料として村方より取立、其当人に相渡すべく候事。

嘉永六年六月　　　　三閉伊通　惣百姓中

盟（命）助殿

太助殿

喜蔵殿

外四十二人衆

（三浦家文書）

惣代四十五人を唐丹村に残留させて一揆百姓らが引きあげる際に作成されたとされる文書であるが、実物の所在は確認できない。宛名のうち、喜蔵も太助も田野畑村の百姓であるので、同じ村から二人の惣代がでたことになって疑問点が生じる。あるいはこの文書は、命助を中心に置いて三閉伊一揆を叙述した筆者の創作であるのかもしれない。だが、六月中旬唐丹村での状況からいえば、このような約束がなされることはかならずしも不自然ではない。三閉伊通の惣百姓を代表する者としてわずかな人数が仙台領に残ることになった。

そのとき四十五人の者に、命を失うことになるかもしれぬという覚悟が深まり、去る百姓らにもそれを予感する雰囲気が広まる。その場面で、四十五人の者の家族の先行きについて、懸念を打ち消すやりとりが生じ、それが集約されていって、万一の場合は一年に一〇両の養育金を保証するという約束がおこなわれる、さらにはその一札が作られる、ということはありうることだった。

身命を捨てることも計りがたいと覚悟する他方で、四十五人は、帰国の勧告に対し、願向きの実現と百姓咎めなしの約束をとりつけることをめざした。弘化一揆のときには頭人は処罰されたのであり、嘉永の四九か条にはその処罰流刑者の放免要求さえいれられている。しかし、いくら助命の約束がされても、願向きが実現されないのでは意味がない。唐丹から盛《さかり》町へ移された段階で、命を助けるということだから今帰国するのがよいという意見がつよくなってきたのに対し、太助が、命を惜しんで今帰れば御政事向きは直らない、命は元より無きものと思い定めているはず、と押し返したのは、四十五人ともがもっていた、惜命と不惜身命の葛藤の表現にほかならなかった。

そういう葛藤をかかえこみながら、四十五人は仙台領に居すわっていたのであったが、この一連の経過の中で、武士の側が主導権を握っていた、とはとてもいえない。かえって百姓の側が武士の世界のもつ矛盾のまんなかに居すわって、武士の側を追いつめ、たじろがせることもしばしばだった。

○仙台向役の衆中幷此方出張の御役方、色々手段を尽し数度申諭《もうしさとし》候へども、百姓共必死の覚悟を極《き》め帰村の義承伏せず、仙台家向役方も一度は感心し流石辺鄙素性豪毅《へんぴのすじょうごうき》木訥《ぼくとつ》、一統挙《あげ》て角迄《かくまで》も覚悟せし下郎には珍敷《めずらしき》者共、此上は是非に及ばずと忙《あき》れ、此方出張の諸役方も詮方なく唐丹を引取しと……　（『集成』6、六〇五頁）

○……（南部から出張の役人の）書付も慥《たしか》な証拠に相成申さず、七ケ年以前遠野表《おもて》にて重役の方より墨付申請《もうしうけ》候得共、反古《ほご》に相成候得ば此度出役方より申請候ても反古に相成申すべく候間、如何様の義にても帰村致し兼《かね》候旨申出に付……　（同前、六一六頁）

○給処《きゅうしょ》の分にては地頭より用金申付《もうしつけ》、御上よりも御用金仰付けられ難儀仕候間、以来左様の義これなき様にと申候に付、尤《もっとも》の様には候得共当方にても給処処々にこれあり、表向《おもてむき》用等申付、地頭も用金申付候事これあり候。右は相成らざるものにては知行取《ちぎょうとり》の者致方《いたしかた》これなしと申ものにて候旨申諭候処……、　（同前、六三七頁）

○今日呼出候百姓共色々申諭候一円承伏の様子もこれなく、剰《あまつさ》へ膝痛《ひざいたみ》候間御下げ下され度抔《たくなど》と申候て立上り候者もこれあり、法外の致方実に当惑致し候。　（同前、六三三頁）

十月下旬、願向箇条の多くがとおり、処罰者をださぬという約束がなされたところで百姓らは帰村を決め、一札を差しだした。その応答のなかで、四十五人は、もし今後も政事が変わらず、われわれが帰村して七年経っても元のままであれば、もう一度一揆が起ることになろう。その節はわれわれがどのようにしても「苦しからず」という趣旨の「墨付」一札をもらいたいと申しでた。が、これには、さすがに南部藩も、「念を入過《いれすぎ》候事に候」とにげている。

三閉伊通惣御百姓共
其方共《そのほうども》儀、御内分を以て、此度仙台家より御引請之上は、御打合之訳《わけ》柄もこれあるに付、咎《とが》等之儀、一切申付けず候間、違乱なく安心帰村致すべき者也。
嘉永六年十月
和井内作右衛門 ㊞
鳥谷部　嘉助 ㊞
前書之趣、相違これなき者也
弥六郎 ㊞
（前出、武田功「田野畑村多助文書」）

安堵状と呼ばれ、太助の手元に預けられることになったこの一札が、一揆参加百姓の誰をも罪に問うことはない、と南部藩が約束した文書である。かりに一揆の側に主張することの理があるとしてもその中立ての方法を許さない法の側から理を抑えこむ、というあり方が江戸時代の支配の原則だったとすれば、少なくともこの一揆では、理が認められれば法によってこれを裁くことはない、という解決にたどりつくことができたのだった。いうまでもなく、この決着は南部藩と百姓との間だけでついたのではない。仙台藩が「内分」の扱いをすると約束したことが、南部藩を抑えているのである。だが、このようなかたちででも、武士と百姓の関係に大きな変化が起こりつつあることを、はっきりとみてとることはできるだろう。

四十五人の惣代を迎えにやってきた三閉伊通の百姓らもいれて二〇〇人余りの一隊が、十月二十九日、遠野弥六郎らが差し向けた役人の後について仙台を出発した。南部藩からも仙台藩からも、四十五人に対して路用金が与えられた。遠野町で一宿した四十五人は、そこで解散してそれぞれの居村へ向かった。三閉伊一揆は、この時点で最終的に一揆結合を解いたのである。

もっとも遠い野田通の百姓らも、十一月のうちには帰村を終えたはずである。公儀と仙台藩の干与と監視をひきだしたことによって、百姓らは今度は南部藩役人に騙されることがなかった。敗死に終わった弥五兵衛が抱いていた構想、すなわち「百姓は天下の民」であると「公義の御玄関へ罷出《まかりいで》」る、おおきくみればそのことと同じ効果を嘉永の百姓らはひきだしたと言えるだろう。藩主交替はなかったが、事実上の藩権力掌握者だった隠居利済は公儀によって謹慎させられ、南部藩は二百数十名にのぼる役人の蟄居、罷免、更迭を断行せざるをえなかった。

五　出　奔

先行する者、同行する者をふくめて、これまで弘化、嘉永の三閉伊一揆の概略をみてきたが、これらの一揆のなかで栗林村命助は、どのように自分一個の体験を経ていったのか。弘化一揆のさいにも命助は「東」の家の一人前の働き手の立場でなんらかのかかわりをもったであろうこと、その一揆の頭人で命助と同じような荷駄の商いをしていた弥五兵衛とかれはどこかで出会ったと考えられなくもないこと、嘉永六年四月に一揆の頭人らとなんらかの接触をもった風評があること、栗林村が大槌通のなかでは早くから逃散への蠢動を示していた場所のようであること、などについては指摘したけれども、それ以上に立ち入って命助の足跡を追うことはかんたんでない。だがそれでも、かれが獄中記以外に書きのこしたいくつかの記録(「三閉伊集会露顕状」「栗林村集会露顕状」「人間善悪書取帳」など)から、一揆のなかの命助の位置をうかがうことができる。

命助は、のちに自分の立場を弁明するために、嘉永六年(一八五三)の百姓結集の実態をあかす「三閉伊集会露顕状」(安政二年三月、三浦家文書)を書いた。そのなかで、嘉永の三閉伊一揆は「何国《なにこく》の誰に誘《さそわ》るともなく、人民雲霞《うんか》のごとく集会」して始まったことを強調している。かれはそのとき、「天地陰陽の時節」が到来したと考えて一揆の願向きに同意したけれども、南部家の悪事の箇条書提出には荷担しなかったという。命助としては、「大太守様《だいたいしゅ》御入国」(先代藩主南部利義の復帰)、「石原汀と小川三人の御役御除」(藩政要路者と鮪網一手請負者小川澄らの罷免)を要求しただけで、四九か条の詳細にわたることは主張しなかったらしい。この弁明が偽りでないとすれば、命助は、嘉永の一揆を妨げがたい万物運行の一つの現われとし、自分の身をそれにゆだねる、というような考え方をしたらしい。また、藩主交替などきわめて政治的性格のつよい問題に関心を深くもったということも示している。

命助の「三閉伊集会露顕状」のなかに「栗林村集会露顕状」と表題をつけた部分があるが、それを読むと、かれが一揆に加わってゆく様子がいくらかうかがえる。栗林村では嘉永六年(一八五三)四月十五日の晩、「甚助」という百姓が音頭をとって集会がおこなわれた。(『内史略』に「露顕状」の一部として「六左衛門口上の事」が収められており、それをみると「栗林村小笠原嘉兵衛様」という人物が六左衛門や甚助らを動かしたと解される一文がある。「三浦家文書」のなかの「露顕状」にはふくまれていない。小笠原嘉兵衛は栗林村の「地方給人《じかたきゅうにん》」であったらしく、嘉兵衛と栗林村一揆との関係については、鯨井千佐登「三閉伊一揆と村落社会の特質」〈『国史談話会雑誌』23、一九八二年二月〉が考察している。)この集会に命助は参加した。田野畑で押出しが始まる一月ほど前のことである。その頃、かれがまだ荷駄の商いをおこなっていたことは「大福徳集帳」によって知ることができる。四月十九日に、宮古から針金代金として金三分二朱、銭四六七文を受け取るというような、平常の営みをつづけながら、夜、かれは一揆へと向かう村の集会へ加わっていた。その集会では、なにか「白」色の物が着用され、その用意を命助は「甚助」から頼まれ、代金を受け取ったようである。この「白」色がなんのためのものだったかはあきらかでない。

「甚助」はその集会で、栗林村の百姓らを、三閉伊一揆を貫く一本の線である「手間取り」の合言葉で誘った。

我は手間取《てまとり》に罷《まか》り出で申すなり。各《おのおの》は手間取らず共宜敷《よろしく》御座候や。（三浦家文書）

この日の集まりは人を是非々々と同意させてゆくようなものではなかったが、「甚助」の提案に、「村中残らず、我々〵（も）と集会に罷成り」、同意がなった、と命助は観察している。命助がそのように言うわけは、だから「甚助」一人が他を強いたというのではなく、まして自分は一人として誘うなぞということはしなかった、と弁明するためである。だが、あのように勢いづいたのは「村一統の咎《とが》也」という指摘は、あんがい当時の状況を物語るのかもしれない。

四月十五日といえば、『内史略』が収録した風評では、栗林村の松之助宅へ大槌町の

「命助」がやってきて怪しい一団と接触した日である。内容にちがいはあるものの、その日に画期となるような集会が催されたことはよく反映されている。

「露顕状」での命助の弁明は、自分がこの集会の中心人物ではなかったことを立証することに意が払われている。かれの弁明によると、発頭人「甚助」はその後野田通へ行き、そこでの集会の様子をみて徒党人と対面するつもりだったけれども、すでに喜蔵・与市・多(太)助らが徒党をつくり大勢になっていたので会うこともできず、栗林村へ帰ってきた。それからまもなく仙台領へ立ちのいた、という。この期間は五月二十日前後から六月初旬のことであるから、おそらくこれらのことは、第一の頭人袰綿《ほろわた》村忠兵衛の急死によって事態が変わったことと関係する動きであるように推測される。『内史略』収録の風評は、惣頭人の急死で一統が力を落し、催立《もよおしだて》が中止になったことを、栗林村の「弥吉」が「大に腰《こし》抜《ぬけ》、残念千万の次第」(『集成』6、五七七頁)と批評したとするし、また栗林村「孫吉」らは女房らの心配をふりきって思い立とうとしていたという。

『内史略』にある風評と命助の弁明書を重ねあわせてみると、栗林村には一揆の初動段階から、命助以上の熱意をもって一揆状況に応じようとした者たちがいた、とみなしてよい。そして、命助は筆頭とは言えなかったが、渦巻の中心部の動きをよく知る位置にはあった。というより渦巻の中心部のメンバーの一人だった。このメンバーは、栗林村の者としてより、大槌通の者として野田通の者との連繋につとめていた。

のちに命助が捕縛されたとき、かれの所持品の一つに「人間善悪書取帳」(「人間善悪帳」とも言う)というものがあった。そのなかで、「丑年(嘉永六年)集会の時」のこととして次のような出来事があったことを記している。

栗林村の狖木《またぎ》共《ども》が、久左衛門をはじめとして大槌代官所に呼びだされた。命助が久左衛門に用向きを尋ねたところ、久左衛門は、御用ということでよんどころなく出向いたが、まさかの時は、「武士残らず打殺申」すつもりなので、そのように思っていただきたい、と答えた。

(『集成』6、六四三頁)

栗林村に住むマタギらは鉄砲を持つ人間であり、代官所が、一揆へ加わらぬよう警告し、一揆を鎮めるための力に利用しようとすることは当然であった。命助は、代官所のそのような工作を予想して久左衛門らを詰問したのであったろうが、かれらは、武士に与しないことを誓ったのである。この記事は、三閉伊一揆のなかに「狖木」、すなわちマタギの者が加わっていたことを証するとともに、命助が栗林村の集会のときから、一揆全体に心配りをする頭人の一人だったことを物語る。

一揆集団が仙台藩領へ越境してゆく途中の命助は、第一人者太助もそうであるように、大群の動きのなかに没入していて浮かんでこない。六月二日、北の方から野田通・宮古通の百姓らが大槌通へ押し寄せ、三日の晩、行装を整えなおして大槌町へ入った。この日、橋野村近辺の百姓百数十人が合流した。その人数のなかに、八〇人余りの栗林村の住民がいて、そのなかに命助の姿があったことは疑う余地がない。

命助の「大福徳集帳」には、嘉永六年の五月二十九日以後の商いの記載は途切れて無い。それは、六月に入ると、かれが、大槌通で荷駄運びをおこなえるような状況ではなくなっていることを示すとともに、かれが、栗林村の頭人グループに属しながら、ぎりぎりの時点まで生計のための商いをつづけていたことを示している。その「大福徳集帳」に、「丑ノ年仙台参り候節」と注記して、ひも代やはかま代など二貫一八一文を貸した記載があることはすでにのべた。その時期は、一揆の前準備のときか、六月初旬、越訴で仙台へ越えるさいにかわからないが、ともかく、この一揆にかかわるなかで命助が、それだけの金を融通したことを物語る。

命助が、四十五人の一人になる以前の動きとしてもう一つ知ることのできるのは、かれが「三閉伊集会露顕状」に書きしるした次のような漁村とのかかわりである。

一、風聞承り候所、白浜村より謀計を以て金子《きんす》奪取候様に咄合《はなしあい》これある趣承り申し候。全く左様にあらず。尤《もっとも》金子五両預り御座候得共、訳は、大太守様(先代藩主南部利義)御入国にも相成り申し候わば、右之金子、小遣《こづかい》に仕《つかまつ》り、先年白浜村にて伐開《きりひら》き候鮪立《たて》網《あみ》場所願上下され度と押々《おしおし》の願に付、預り置き申し候。尤《もっとも》大太守様御入国に相成申さず、願兼《かね》申し候わば、早速右の金にて御返済申し候約定に御座候。然るに依《よっ》て五両之預り切手差出し申し候所、少しも相違御座無く候事。（三浦家文書）

この文は、命助が、白浜村をだまして金を奪い取ったという悪評を打ち消すためのかれの弁明である。ここに書かれていることを一揆の経過のなかへ戻してみると、命助は白浜村の漁師らから、近年開発された鮪立網場所への一手請負いを押えて入漁できるようになりたいという願望を託され、その要求を代弁する費用として五両の金を預かったのである。これは「大太守様」と呼ばれる甲斐守利義の藩主復帰が実現すればその願いが受け入れられるのも不可能なことではない、という判断が命助にも白浜村の百姓らにもある程度なかったなら、なりたつ約束ではない。（命助は当初から藩主交替の希望を強くもっていたようだが、この文章からも一揆が極点に達した状況のなかで、その希望が「甲斐守再入国」という言葉で集約され広まったことがわかる。）命助の弁明に耳を傾ければ、むしろ白浜村の者らが、おして命助に承諾させたのである。しかし、甲斐守利義の再就封が実現しないという結末も想定されてはおり、その場合は五両を返済するという約束の一札がつくられた。命助はこの金を返さなかったのであろう。

白浜村の願向きは四九か条でいえば第二十五条に当たるもので、のち栗林村を出奔してから書きとめた日記「脱走日記」(「覚」)の裏書のなかに、命助は事柄の性質をあきらかにする訴状の案文のようなものを書きとめている。

一、無役過役《むやくかやく》御取(立)之儀は段々願上げ奉り候通り一統迷惑仕候処、就中《なかんずく》大槌通り給人(の)内、小川澄儀、国産針金・鮪網十分一、都《すべ》ては金代益《えき》これある分は、何事に寄らず一手請負に相行い、御同人捨弟《しゃてい》小川直右衛門、御同家給人小川市左衛門三人にて、南部第一之悪行行われ、御重役石原汀と組居《くみおり》、何事も勝手之御取行に付百姓甚《はなはだ》迷惑仕候事。

(『森史料』一九六頁)

小川澄が給人であるにもかかわらず(あるいは給人ゆえに)針金や鮪網について一手請負いの特権を与えられている。その弟小川直右衛門、また給人小川市左衛門、それら小川一族が、藩重役石原汀(煙草刻職人《たばこきざみ》から立身を遂げた)と結んで「南部第一之悪行」をしている。これは百姓にとって迷惑である、というのが告発の趣旨である。

命助は、石原＝小川一派をすべて罷免するというのが自分の狙いであったと「弁明書」に記しているけれども、これは一揆百姓らの採用するところとならず、「御十分一鮪網一手請負にて迷惑の事」という文言(願筋第二十五条)に整理されて提出された。

これに対する南部藩の回答は、吟味の上、ということで終わっている。だから、白浜村との行き違いは、藩主の交替ということよりは、鮪網漁にかんする主張がどこまで通ったかの理解の違いから生じたものと思われる。

だが、一揆の途中に命助がこのような頼まれ事を引き受けるのは、かれが、やはり「口《くち》利《きき》」の者として位置づけられていたからにほかならない。『内史略』に収録されたこの部分の命助の弁明の末尾には、「五両の利足(息)には、手前重宝の鉾《ほこ》一本相渡し申し候事。菊次郎に渡」(『集成』6、六四四頁)という一文があって、なんらかの手当をかれが白浜村に対して済ませたようでもある。

命助は、「大福徳集帳」に仙台参りのさいの金銭の貸借について記していることにもあらわれているように、また白浜村との五両の授受にもあらわれているように、一揆のなかで周囲の人間との間に金銭をやりとりする関係をつくっていた。そのことが、のちに悪評を生じる種にもなったのだろう。悪評の一つに、仙台藩へ抜けて行く頃、命助が藩境の甲《かっ》子《し》村もまきこむようなかたちで一〇両の金を預かった一件がある。その金は、栗林村の者に分配すべきものであったらしいが、このことをめぐって、のちに「大金集収」(三浦家文書)という風評を生んでいる。

逆にこのことは栗林村の「東」の分家命助が、大槌通を代表するような位置にあって、力を尽くしたという事実をはっきりさせてもいる。悪評は命助だけがこうむったのではない。『内史略』の書き集めた風説では、四十五人の全惣代でさえ、一揆のあとで次のように噂されたという。

酒屋へ入て酒を呑ては銭も払わず。諸借財は一円返済せず。才足《(催促)》すれば当年春よりの一件にて身上を仕果し、銭なしとて払わず。強て才足すれば各《おのおの》いかが心得るや、斯目《かくめ》出《で》度《たき》世と成しも、皆我々共の命を捨て働し故なるべし。我々共些細の借銭有し迚《とて》、手強《ごわ》き才足とは存《ぞんじ》も寄らず。三拝九拝して引取べし抔《など》とて才足人を追出し、或は以来は神仏を拝《おがま》んより我々芳《(方)》を拝め抔と申し触す。御慈悲にて頭人等御咎もなく安穏に差置かる御恩を顧ず深く勘弁も有べきに下郎の浅ましさ、足ることを知らず、目出度身を終らんこと、千万覚束《おぼつか》なしと風説す。（『集成』6、六四〇頁）

かれらは、酒屋で銭も払わずに酒を呑むという有様で、酒屋がその借金を催促すると「このような目出度い世になったのも我々が命を捨てて働いたお蔭、神仏よりは我々を拝め」と言い触らしたとされている。『内史略』の筆者はかれらを「下郎の浅ましさ」と嘲っているが、この悪評もまた、一揆のなかで呑み潰され食い荒された層から言われはじめて棒大になったものだろう。

南部藩領から仙台藩領へ逃散した百姓らは、唐丹《とうに》村の川原で願書の内容について相談しあったらしいが、このとき、命助は次のように主張して納得されたという。「脱走日記裏書」のなかに、「口上書」が一通収められている。

> 頼(願)之筋、段々相続(談)仕《つかまつり》候所、くり(栗)林命助申《もうす》には、御国御取直之御吟味、何程願上げ奉り候て願之通り仰せ出され候共、南部給《たまわ》り御改法を遊ばせられ誕生候□存候。各々如何と申し候所、数万之人々、其儀尤《もっとも》然るべしと申し候故、甲斐守様御入国願上げ奉り候事。
>
> （『森史料』一九七頁）

数万の人々を相手に、というのは大げさであるにしても、命助が弁明書で「大太守様御入国」と「石原汀と小川三人之御役相除」と主張しただけで、「御国の迷惑筋」(四九か条に整理された)には口を出さなかったと強調していたことと合わせると、命助の意図が浮かんでくる。かれは要するに、具体的な改善項目をどれほどあげて願いでてみても、そしてそれが認められたとしても、藩権力の中枢が変わらなければ結果は覚束ないという意見を述べた。そして石原・小川の罷免は別の形になり、藩主交替だけがそのまま皆の共通の要求になったということであろう。

もとより田野畑村の太助らも政事向取直しの意見において弱腰というのではなかった。四九か条に盛り込まれた、役人数減少をはじめとする多くの新役・過役反対の願向きのほとんどは、野田通の押出しのときから一揆集団のものだった。それらの願向きは、弘化の一揆で求められた願向きの延長に位置づけられるものであるから。それに、第四十七条の百姓直納願い、第四十八条の金上侍の百姓身分引戻し、第四十九条の流罪者放免の三か条は、いずれも藩の支配方式の根幹にかかわるものであるが、これらは野田通百姓の持ちだした事項であることをうかがわせる記録が『内史略』にある。

命助はそれらの箇条を否定したのではなかったが、より上層の権力者の交替を強調した。一揆の百姓らは、その考えに同意し、しかも最高権力者の交替のみを共通のものとすることにして、四九か条のほかに、甲斐守再入国を中心とする別枠三か条を求めることになった、と考えられないだろうか。農民・漁民の現実生活に根ざして集約された四九か条よりも、藩主交替を求める要求のほうが次元の高いものだというのでは決してないし、四九か条と三か条がセットにされて三閉伊惣御百姓の願向きとなった以上、結局これらのすべては一揆集団、皆のものであり、またそれを共有しうる雰囲気は元来から醸成されていたのにちがいない。そうでなければ、南部家国替の噂やその期待が広まったはずはない。自分たちの住む地域を仙台領に、という希望は、すでに天保八年(一八三七)に越訴した黒沢尻通惣百姓から出された願書にあらわれている(森嘉兵衛『南部藩百姓一揆の研究』三二四頁)。南部領民の武士不信にはじつに根深いものがあって、ほとんど伝統化していたとさえ言うことができる。ただ、藩主交替の条項がはっきり形をとってゆく直接のいきさつにまで立ちいると、命助が、種々の願向きのなかで、とくにこの条項が持つ側面を強調する一人、端的にいえば旧主復帰要求の主唱者として登場した、といえる。そのように考えたほうがその後に起こってくる事態を理解しやすいのだ。

さらに言えば、漁村の願向きの代弁を頼まれるほどの百姓ではあっても、栗林村のなかでさえ第一人者とはいえなかった命助が、大槌通の第一人者となり三閉伊一揆の重立《おもだつ》頭人の一人にいっきょに浮上したのは、越境直後の唐丹村川原における集会の場、それも甲斐守再入国訴願が承認された時からだったと思われる。それ以前にも、それぞれの村や通での集会はあっただろうし、一揆集団はしだいにふくれあがり、「本陣組」の談合は日夜深まっていたのだろうが、ほとんどのエネルギーは一揆を誘い立て、拡張しながら維持することに払われたはずで、すべての参加者が一場に集合してなにを要求箇条にするかを相談したのは、多分、仙台藩領唐丹村川原でだった。

八千人以上の百姓らに印象強く登場したのは、もとより命助だけではなかった。かれは露顕状に、「夫而已《それのみ》ならず。唐に(丹)へ打越《うちこし》、数千人集会仕《つかまつ》り、相談の節は、喜蔵申候には、喜蔵・与市・多助三人は、先旗にて御他領へ打越申し候間、後々は、我々三人之首、御上様差出し申すべし。少茂《すこしも》心配致さず、相談になされよと度々大勢へ言向けられ候」(三浦家文書)と書いて、自分が最高の責任者でないことをあきらかにしている。つづけて命助は露顕状で喜蔵、与市、多助(太助)の三人のうちの喜蔵と与市を非難しようとしているのだが、この引用部分に表現されたものは、多助(太助)を代表とする野田通の百姓らの見事な勇気にほかならない。あるいはその唐丹村川原で、論説における命助、胆力における太助ら、という印象が一揆衆の間に深められたかもしれない。

六月十七日に、唐丹村から三閉伊一揆集団が引きあげてしまい、そこに、いわば四十五人態勢が形成されてから、十月二十九日に仙台城下を去るまでは、一貫して命助は重立頭人の一人だった。かれが弁舌の能力に恵まれていたということで、訴状を作成したとか役人との交渉に当たったというように想像する必要はないが――四十五人はいずれも願書をもっていたし、そのほか筆・墨・薬・備金などを所持していた(「三閉伊野田宮古大槌通愁訴一件」『森史料』三四二頁)――、すくなくとも命助は、十日余り毎にほかの誰かと交替する村惣代ではなかった。かれは第一人者太助の周辺にいて、大槌通をも代表する位置にあったとしてよいだろう。

遠野の菅沼藤左衛門の見聞記録(「三閉伊野田宮古大槌通愁訴一件」)によると、南部藩役人が高声に迫って百姓らが帰国を肯じない理由を聞きだそうとしたとき、四十五人は、弘化四年の押出しのさい、いったん「新役過《か》役御免」の沙汰をだしながら、のちにそれを反古にした盛岡役人には返答できないと反発したが、そのあとで「野田通多助、同喜蔵幷橋野村命助三人」がその南部役人に面会を求め、相談のうえ答えると述べた。喜蔵がいることと命助の出身を橋野村としているのは不正確であるが、命助が四十五人のなかで「口利」の者であったことを反映する記事である。四十五人のなかに後退の気持が広がったときも、命助は太助の発言を援《たす》けて結束をたてなおしている。命助の主張した「甲斐守再入国訴願」は南部・仙台両藩にとって所詮うけいれがたい要求であった。が、それだけに、この別枠の三か条は、三閉伊百姓が仙台での困難なやりとりのなかで、四十五人態勢を維持するうえで大きな歯止めとなった。

嘉永六年の三閉伊一揆を、頭人グループの推移という角度からみると、それは三段階からなっていたということができるだろう。第一段階は甖綿《ほろわた》村忠兵衛を惣頭人にしたグループが活躍した三、四月まで(未発)、第二段階が田野畑村太助らを中心とする本陣組で六月中旬まで、第三段階が仙台藩との押問答の末、二村一人の四十五人態勢がつくられ太助を第一人者として交渉をつづけた十月下旬までである。命助が、この三つの段階をつうじて栗林村の頭人の一人であったことは疑いない。が、かれが三閉伊全体の頭人として浮上したのは第二段階の終わり頃であり、さらに重立頭人として働いたのは第三段階においてだった。

十一月のうちに帰村を終えた四十五人は、嘉永七年(一八五四)に仙台藩領の海辺に鎮座する塩竈神社へ大額を奉納した。この奉納行を命助が中心になっておこなった印象を与える記録がある。先にも見た遠野町菅沼藤左衛門の見聞がそれで、勝手次第に帰村してもよいと沙汰された四十五人が、内願成就を謝して塩竈神社へ額を奉納することを申し合わせ、命助ほか一一人が塩竈へ廻ったとある。この記録は、別のところに四十五人のうち三人が塩竈へ廻ったと書いてもおり、また、事実としては「勝手次第帰村」ではなく遠野弥六郎引き連れのかたちで遠野へ向かったことはほぼ確実であると思われるので、いったん帰村してのち奉納に出立したとするのがよいだろう。

その奉納の仕事を、命助がまかされたとみてよい。かれが、弁明書のなかで、

御城下(仙台)にて四十五人より預り申候塩釜様への上納金、別当様へ慥《たしか》に相渡し申し候。　(三浦家文書)

と書いているからである。奉納金を一人占めしたのではないかという風評を恐れて、まちがいなく塩竈神社別当に手渡したと述べたわけだが、その金は仙台ですでに命助に預けられていた。栗林村が一揆に加わった村々のうちでは仙台領に近い、ということもあるだろうが、かれがその使者に選ばれたのは、重立頭人の一人であったことによるだろう。

その塩竈行の前か後かわからないが、命助は、太助らと再び出会って、遠野へでかけた。

翌七甲寅年(嘉永七年)三月八日、四十五人の内、野田通田(野)畑村太助・大槌通栗林村命助先達《せんだつ》として十五人、馬三匹鞶来《ひききたり》、遠野町へ止宿す。　(『集成』6、六三九頁)

遠野の住民らはまたなにかの訴えかと噂しあったが、かれらは遠野・南部氏への謝礼の

ために訪れたのだった。一五人の名前はわからないが、一行の儀礼的な性格からすれば、野田・宮古・大槌の三通からそれぞれ重立者が選ばれたものと思われる。馬三匹の献上は断わられ、謝辞だけ述べて一五人は帰路についた。命助が太助と顔をあわせたのは多分この往復が最後であった。

命助の「大福徳集帳」をみると、「丑(嘉永六年)ノ十二月晦日改」という事項があり、「寅」(嘉永七年)の正月十九日、二十九日、二月八日、四月十九日、二十二日の事項がある。十一月の初旬に栗林村に戻った命助は、当然のことではあるが「東」の家族の中心になって元の商いの仕事などを開始した。しかしなお当分は、かれの生活に一揆の事後処理にかんする事柄が煩瑣《はんさ》に入りこんだはずであって、塩竈行き、遠野行きもちょうどこの頃のことだった。大槌・宮古通の村々は、四十五人に対して謝礼の進物を送ったというから命助もそれを受領したであろう。

やがて、一揆の余燼も消えて、日常の生活に戻る。しかしその日常の生活は、新役・過役や専売(一手請負い)の特権や監視の役人増加などが一揆によって廃止された以上、たんなる元通りというものではない。百姓身分としての負担は勿論なくなったわけではないが、その負担の量は眼に見えるかたちで減った。それにこの一揆の事後は、さきにみたように、咎なしの安堵状が発行されて、頭人召捕りがおこなわれなかった。咎なしの安堵が、「内分」の沙汰によって保障されているものであるにせよ、これは住民の気分を大いにやわらげたことであろう。

だが、三閉伊の住民らがこのような平常の生活を築きなおしていったのに、命助だけは、その平穏な生活にごく短い時間しか戻れなかった。かれがその後どのようにして思いもよらない方向に生涯をたどっていったか。それを、これも弁明の書としてかれが書き残した「大吉祥覚帳」(三浦家文書)によってうかがってみよう。

この「覚帳」のなかに「私並びに老名《おとな》共残らず相談之上老名役たい(退)役致すべしとて」とあるから、命助は、帰村してのち、栗林村老名(組頭)の一人に選ばれたらしい。その時期は、一揆の翌年嘉永七年正月から、とする以外にないだろう。栗林村の肝煎は、嘉永六年に「東」の本家の六右衛門が死んで平右衛門に変わっていた。嘉永七年の老名は、命助の「覚帳」の前後から判断すると、孫兵衛・久左衛門・伝四郎・六右衛門(命助)の四人であった。命助が老名に選ばれたのはこれがはじめてだったが、「東」の家はもともと村役人の家筋であり、分家であった父親定助も肝煎を勤めていた。命助は事実上「東」の本分家をあわせた当主であり、それに百姓負担を軽減する結果になった一揆の頭人でもあり、三十五歳という成熟した年齢でもあり、誰も異議を唱えるはずのない人選だった。命助は「東」の家を代表する六右衛門の名で老名になったのである。かれは、こうして老名役を勤めながら、日頃の農商の生業にたずさわり、塩竈神社への奉納、遠野への挨拶へと出向いたのであった。

五月、六月と平穏に農繁期を過していた、と表面上みえていたのだが、七月五日、栗林村百姓らがいきなり大槌代官所へ押しかける事件が起きた。その「徒頭《ととう》」(頭人)は、六左衛門・松次郎・金蔵・庄助・伝助・円之助の六人で、総勢は三〇人ばかりだったという。栗林村の家数は明治五年(一八七二)で一〇〇戸であったから、ほぼ三分の一の百姓らがこの押しかけに加わったとみてよい。かれらは「ごう《(強)》訴之願筋」があると、村を出立したのだった。

この動きにいち早く気づいた命助は、すぐその後を追って、「を病坂」(御廟坂)という所で追いついている。かれらの行動は、村役人へ訴え、村役人から上訴するという順序を無視した訴願、つまり直訴であった。衆をなして直訴をおこなえばこれはもう強訴にほかならない。そのことを十分知ったうえでの押し出しだったのである。この行動は、村肝煎をもふくめて惣百姓が強訴した三閉伊一揆と、強訴の面では似ていたが、村役人を無視している点で異質なものだった。

命助が、百姓らを押しとどめながら、訳を問いただすと、かれらは次のように答えた。

我々、是迄参り候所別儀にあらじ。今度肝煎平右衛門御役《おやく》御免成下され、伝四郎に仰せ付けられ下し置かれたき願之筋と、又、善左衛門老名役成し下されたき所と二ケ条

之願の筋これあり、是迄参り候。　（三浦家文書）

肝煎平右衛門を罷免し老名伝四郎をかわりに肝煎にする。また平百姓善左衛門を老名役に補充する。これは小前《こまえ》百姓の立場から、村役人交替をせまる村方騒動である。命助自身を排斥するというのではないこの騒動にかかわることで、命助のそれから以後はとめどない暗転の連続になっていった。

罷免の対象となった肝煎平右衛門は、命助が「手前別家」（「覚帳」）と述べていて、「東」の親類であった。この平右衛門がなぜ村方の者から反発されたのかその辺の事情は一切わからない。が、反感をもたれていたということについては、それを示唆する記事がある。命助が自分を陥れた者を告発した「人間善悪帳」のなかに、栗林村の小笠原嘉兵衛、小笠原新兵衛、平右衛門、六松、大槌町の小川澄、小川市左衛門、小川直右衛門他の「十一人（の）家残らずらくさくに致すべしとの頼合《(寄)》」（『集成』6、六四二頁）がおこなわれたことを、「甚助」が語った、とある。「らくさく」とは打ちこわしのことで、「甚助」はさきにみたように栗林村が嘉永六年の一揆に参加してゆく集会の発頭人である。命助を外しておこなわれたこの寄合で、打ちこわしの対象にあがったのは大槌町・栗林村で一一家。小川姓の三人は、命助もまたその罷免をつよく訴えた、針金や鮪網の一手請負いの利権を握っていた「小川一族」である。肝煎の平右衛門がその利権につながっていたのかどうか、わからないが、すくなくとも「小川一族」と同列にあげられてしまう側面はもっていたのである。その打ちこわしは実際にはおこなわれなかった。三閉伊一揆では個人を対象にした打ちこわしは稀であったし、平右衛門と対立するものがなお過半というわけではなかったことにもよるだろう。

強訴の百姓らが新肝煎に推そうとした伝四郎についてはわからない。老名に推そうとする善左衛門についても知る手だてが残されていない。この二人を押し立てて現肝煎を追おうとした六人については、それぞれわずかなことを知りうる。

六左衛門は栗林村新屋敷の住人で、「甚助」と嘉永六年の騒立について心をかよわせていた(「人間善悪帳」)。

金蔵については同じ記録のなかで、自分と栗林村の一部の者らが犯した悪事の数々を命助に白状した人物として現われる。「栗林村孫兵衛、同村勘之丞と申者を打殺申と金蔵白状致し候事」(『集成』6、六四二頁)。このように以下、贋金を使った。盗んだ升で穀物を売った。返済の済んだ手形を返さなかった。他人の土地から木草石薪などを採取した。川の魚を勝手次第に突き取った。自分の犬に他人の犬をかみ殺させた。一揆のときも先頭にたって喜び働いたが、御上様への忠孝立てと外面は見せた等々、読む者が辟易させられるほどの暴露に命助は終始している。「人間善悪帳」を『内史略』に収録した横川良助は、「一切用向《ようむき》相分からず。虚字のみ多く読めず。身勝手のみを記すと雖《いえども》、後世の笑草に爰《ここ》に記《きし》置《おく》」(同前、六四二頁)とあきれているけれども、取り方次第では、この悪感情の噴出のような記事は、栗林村を追われることになった命助の無念さの表現であると考えられ、かえって理解しやすい。

山の下の松次郎も「人間善悪帳」に、「甚助」に騒立を頼んだと書かれ、また喜蔵・多助(太助)・与市が一揆のとき三閉伊通から大金を集め取ったことを知っていた人間として書かれている。『南部義民伝』では、松次郎は命助の乾分の一人として描かれているのだが、「大福徳集帳」をみると、先にもふれたように命助としばしば商いや融通で関係をもち、命助の荷物を釜石へ運ぶ仕事などもやっていた。かれは、あきらかに命助と深く交わっていた百姓なのだが、その松次郎が、命助と対立する方向に動いた理由はつきとめられない。

伝助は栗林村大下の者で、かれも「甚助」へ騒立を頼んだ、と命助は述べ、さらに廻国中の金持の六部《ろくぶ》(巡礼)を打ち殺したということを金蔵から聞いている、とも告発している。庄助・円之助については触れていない。

強訴の百姓らに対して、命助は、自分に任してくれるよう説得し、そのときはひとまずかれらを帰宅させることができた。命助の説明によると、帰宅後、強訴の百姓「徒頭」の一両人を「東」の自宅に招いて、それより自分が大槌へ出向いて村役人入れ替えの件を願いでる。ついては自分一人だけでは無理だから雑用をやってくれる「小遣人(使)」両三人を仲間うちからだしてもらいたいと申し入れた。ところが、かれらはこの申し入れを無視し、いっこうに動かない。

命助の心積りを汲みとれば、かれは強訴の行動には驚いたけれども、百姓らの言い分にはむしろ理解を示し、言い分が生かされるように解決しようとしたのだと思われる。かれらの押出しに追いついた御廟坂でも、肝煎平右衛門は手前別家だから、自分が願い上げて各々《おのおの》が安心するように取りはからうので、まずまず手前に任せてほしいと命助が説得しているのは、うやむやにするというより、「口利《くちきき》」の者の態度にほかならないし、「小遣人(使)」両三人を連れて代官所へ出頭するというのも、かれらの主張を自分が代弁するつもりだったにちがいない。だが、強訴の百姓らは、老名命助のむしろ好意ある対応を拒んだ。かれがのちに「人間善悪帳」で、このときの「徒頭」を悪しざまに書いたのには、裏切られたような口惜しさも交じってのことと察せられる。

やむをえず七月六日晩、命助は肝煎平右衛門宅を訪れ、老名ぜんぶ、五人組頭ぜんぶ、各組合中ぜんぶ、つまり村中の百姓――強訴百姓は除いてだろうが――を呼んで協議をはじめた。その相談の場へ、大槌代官所から二人の役人が「御内密御用」としてのりこんできたのは、命助の代表訴願を承諾しなかった強訴百姓らが、なんらかのかたちで通報したためであったろう。老名らの意思は、「今度の儀は村一統という名目ではあるが、御廟坂迄は二、三十人ばかりなのだから、一人ずつ呼出して問いただしてみてはどうか。御上様より命じられた通り、肝煎平右衛門、老名孫兵衛・久左衛門・六右衛門・伝四郎というメンバーでよろしいか、あるいはどうしても命助に主張したようなメンバーにしてほしいと強訴するつもりかと聞くのがよい」というものだった。

その夜、強訴の百姓らは、奥の間に役人が潜むなか、一人ずつ呼びだされて、命助ら老名から質問されたが、ここではかれらは、御上様の仰せだされた通りでよいと答えるばかりで、御廟坂での主張を言いだす者はいなかった。七月七日、五人組頭が三人、代官所へ出向いて指示を聞いたところ、「百姓共願之通り」という申渡しであった。つまり、肝煎平右衛門以下そのまま、ということになったのである。命助の前途もそのままであるかに見えた。

ところが七月二十日、半月前の六人のうちの六左衛門・松次郎・金蔵の三人が「徒頭」となって、ふたたび大槌へ直訴した。今度は、命助に見つかることなく訴願を実行したのである。味方した人数ははっきりしない。（のちに命助は「露顕状」のなかで、そのときの相手について「第一の徒党人(頭)三人、謀計人親子弐人、似(贋)せ金遣壱人、仙台より打越申候小屋頭一人、〆《しめて》七人の徒人《いたずら》」と告発しているが、それ以上はつきとめられない。）

それを知った老名らは、いよいよ退役を申し合わせたうえ、大槌へ出かけていった。当番の役人から呼びだされて、御用間での問答がはじまった。命助が代表して、「迚茂《とても》我々共、ふきれう(不器量)にて及び難く御座候間、何卒恐れながら老名役御免成下し置かれ度段、願上げ奉り候」(三浦家文書)と述べたのを、当番の役人が、すぐに取り次ぎ、代官が直接に尋問することになった。命助らの申し出に対して代官は、「むりやりに大勢で出訴する者は、かまわず代官所へ差しだせ。老名役は私の役にあらず、御上の役であるから、今後もそのまま勤めよ」と命じ、「徒頭」百姓の意見は採らなかった。

ここまでのいきさつは、燃え上りそうになった村方騒動が意外にかんたんに沈静してしまったということなのだが、それからの展開が命助をゆさぶってゆく。代官の質問は別件へ移った。

当春、四百三拾壱文繫(集)レ之所、何の懸りに致し候や。一々申上ぐべし。
又、当春、御代官廻村之時、何程宛相繫(集)候や。是茂《これも》一々書上申すべし。
(三浦家文書)

この二問は、四人の老名に対するものだったが、さらに命助に対してだけ、「其方儀、命助と申は、先祖代々の名か、又四十五人へ加り候時之名か」と代官は尋問した。大槌代官所全体が、栗林村命助の存在について十分に承知していたのである。「東」の家の者として、命助は、「先祖代々の名は六右衛門と申候」と当主名を説明し、「四十五人へ加り候時の名は、命助に御座候」と答えた。これ以上の問いはなく、春徴集の二種の金銭について、家別負担額の帳面の提出を命じられ、その日のうちに命助らは栗林村へ戻っている。一揆頭人であった者が老名役を勤めていることを、代官の面前で確認することになってから、命助はふたたび平常の生活とは別の方向、村の日常生活の外側へ押しだされてゆく。

命助が帰ったその晩、大槌から「大急御用」の使いが栗林村に到着した。これは命助だけの呼び出しではなかった。肝煎・老名らが代官所に着いたのは四ツ時分(朝十時前)であったが、かれらはいきなり直訴の叱責を受けた。代官所のほうでは、すでに合意がつくられているらしかった。中村新左衛門という役人が、前日かれが留守のあいだに直接代官へ訴えたことを直訴ときめつけ、「悪鬼の如くいかり」、栗林村役人らに一言も言わせないという雰囲気になった。前日のほんとうの直訴人、六左衛門・松次郎・金蔵の三人へは咎めがなかった。

このようにして、無体きわまりない仕方で、命助他村役人たちはいきなり「宿預り」を申し渡されてしまった。大槌町のどこかの宿へ預けられ、出張してくる役人の吟味を受けるか、代官所へその都度出頭を命じられて吟味されるという、拘置の状態におかれたのである。やむをえず宿で謹慎の態度をとった村役人らは、翌二十二日に代官所へ呼びだされ、こまかな吟味は受けずに宿替えだけを命じられた。宿元は大槌町八日町で、屋号を「天下」と言った。かれらは、そこへ同心(監視の下役人)付き添いで送られた。事態の進み具合から、宿預りとはいっても、おそらく筆紙に尽しがたい厳しい状態におかれることはまちがいないと命助には予感され、「誠に無利非道《むりひどう》の御扱《あつかい》」とは思うものの従わざるをえなかった。ほかの村役人も同じ状況にあったはずだが、命助はひとり、次のように考え行動に移した。

　これハ偖置《〔さてをキ〕》、命助ニハ大事の場所《(ばそ)》なりと思案致《しあんいたし》、ねい《(佞)》人得《(じんえ)》レ利《リ》、聖人得《〔せイじんゑるつミを〕》レ罪よの中《(世)》と、今こそ思《おもい》やられたりと、夫《それ》より世をあきらめ、三十五歳一せ《(世)》として、寅(七年)ノ七月廿三日ニ四ツ時分、大槌罷立《まかりたち》、出本《(奔)》致、夫《それ》よりていはつ《(剃髪)》致、何国《〔いつく〕》共なく廻国《〔クワイこく〕》致申候。
(三浦家文書。仮名づかいは原文通り)

命助だけを罪にみちびくということは誰も口にしたわけではなかったが、かれは、ほかの者以上に自分が危うい瀬戸際に立たされていると受けとった。「これハ偖置」という一句は、宿預りとはいえ苛酷な取調べになろうという文言につづくもので、村役人すべてがそのような状態に置かれるのは同じだが、その先に命助のみに想定される不吉があるというのが、「命助ニハ大事の場所」の意味だった。

　栗林村役人は、直訴の容疑で宿預りにされたのだが、これはあまりにも無理難題であって、その一件でかれらに罪刑を課すことはできないはずである。そこに焦点をあわせれば、かならず村役人交替(罷免)を求める百姓らが浮かびあがってくる。そして、この種の騒動は、結論がどうなっても、内済《ないさい》(示談)のかたちで処理して終わらせるのがふつうである。代官所に特別の意図があるとすれば、嘉永七年春の二種類の徴金を、たとえば騒立の資金に用立てるものではないかというように展開していって、その頭人を捕える方法がある。代官を接待する費用はともかく、四三一文ずつの徴集は、どこか公表しがたい性質のものだったらしく、のちに命助は「四百三十壱文繋(集)の所は、万一御上様に相知れ申し候ては、大切之小川(へ)相(捨)して申すべく候間、これは態《わざ》と相記《あいしるし》申さず候」(「大吉祥覚帳」)と注記している——これは前年四月の栗林村集会を察知され、知らぬことにしてもらうための工作資金だったという(前出、鯨井論文)——。前年の一揆の頭人については罪に問わないという安堵状が発行されているが、それ以後のことは別であるし、そのさい栗林村では四十五人のなかでも重立頭人であった命助がまず疑われるのはまちがいない。命助がこのような順序で物を考えていったかどうかはわからない。が、現に、二十日、代官から四十五人に加わったことにかんして特別の尋問を受けている。命助がひときわ鋭く身の危険を直感したことは確かだろう。

代官所がほんとうのところはなにを考えていたのか、これを知る手がかりはない。が、命助出奔ののち、この事件が深刻な様相をみせたとは思えない。この年の十二月、久助という者が文平を身代にして「本家東ノまつよ殿」から四〇貫を借りている。形式はそうだが、内実は、命助に去られて働き手に不足する「東」の家が、人手を探して前金で給金を支払ったのであろう。その手形の「請合」(保証人)に、平右衛門が名前をのせている。肝煎の交替があったのかどうかはわからないが、罪を蒙ったのではないことがわかる。騒動を仕掛けた側の六左衛門と松次郎も同じ手形の請人になっている。つまり栗林村は、冬までには騒ぎがおさまっていたのである。

だから命助もしばらく我慢していれば元の平常へ戻れたはずだと考えるよりは、かれの危惧に相応の根拠があったとみるほうがよいように思われるのだが、かれが内心で組み立てた恐れが図星であったと証明する手だてはない。

命助は、ともあれ自分に迫る危険の予感とそれを打開しうる状況ではないという諦めの気持に促されて、身柄を預けられた宿元「天下」から脱走した。嘉永七年(一八五四)七月二十三日、「四ツ時分」は、朝四つのはずはないからいっさいの明かりが消えている夜四つ、午後十時頃のことであったろう。そして、この脱走によって、命助は、ほかの村役人らとまったく異なる位置におかれることになった。「直訴人」の罪に問われている未決囚が逃走したのであり、もし代官所が命助に向けてなにかの特別の狙いをもっていたとすればもはやかれがどのようにしても言い抜けることのできない状態をみずからつくってしまったのだった。

一人の百姓が他領へ逃げる、あるいは一人の未決囚が逃走する、ということと、命助の脱走とはちがっていた。命助も自分に向けられた罠の危険を実際より大きくみたかもしれないが、南部藩の側も命助がもたらすかもしれない危険を実際以上に予測して身構えたらしかった。命助は前年の一揆で、三閉伊百姓の重立頭人として働き、四十五人の一人として、仙台藩へ向かって南部藩の政事向の非なることを訴えつづけ、藩政取直しの約束がなされるまで逃散状態を続けた百姓である。しかも、旧主復帰要求の主唱者であった。脱走した命助が、ただあてもなく逃げるのであれば事は小さいが、仙台藩へ単独越訴するということも十分予想される。そうなれば、ふたたび両藩の掛け合いがはじまり、大槌代官所の失政が問われることさえありうる。

命助の仙台藩直訴について、それを恐れる噂もあったことは、

風唱《ふうしょう》承り申候所、仙台赤羽根御番所へ罷出《まかりい(で)》キ直訴仕《つかまつり》候様之咄合《はなしあい》御座候趣相聞へ申候。譬《たとえ》ば私儀如何《いか》様の愚人にも致せ、度々仙台へ罷出、御国の悪事を御訴申上ぐべからず。右之段一円心得申さず候。(中略)手前、此世の罪を恨み壱人忍び出、御他領へ打越申候得共御当所へは右之段御訴申上げず候間、此段左様思召なさるべく候事。

(三浦家文書)

と、まったく自分一己の考えによるもので、御国を訴えるつもりはないと弁明していることからもうかがうことができる。このように命助が南部藩を悪しざまに他国へ告げると思われてくればくるほど、南部藩の側の命助をみる眼は容赦のないものになっていったにちがいない。

命助を追いこんでいくものはもう一つあった。出奔して、剃髪《ていはつ》して、あてもなく廻国したと命助はかんたんにまとめているのだが、じつはかれがのちに三閉伊通の村々から悪評をこうむるようになったのは、大槌を逃げだして出奔するに際しての身辺の処置の仕方にもよっていた。かれは、南部領からすぐに出奔したのではなく、栗林村へ立ち寄ったと思われる。そして、いつ終わるとも言いきれない廻国のための資金を準備した。そのさい、命助は、一揆頭人として預かったと思われる金を逃走資金として用立ててしまったのである。のちの命助の弁明によると、栗林村から受けとった金、田野畑村の太助と喜蔵から受けとった金、白浜村から受けとった金などが合わせて三二両、それらから白浜村へ返した分、塩竈神社へ奉納した分、「内神」の葺替《ふきかえ》に使った分、沢田の八幡神社へ奉納した分、栗林村の重立衆にみやげ金として使った分などを差しひいて、残り二二両一分と一貫二〇〇文を預かっていた。そのほかにも甲子村から一〇両を受けとっていたが、その使途についても明細を書きだしている。そのなかで「手前盛《てまえもり》」(「大吉祥覚帳」三浦家文書)というような表現をしているところをみると、たしかに命助の一存で左右できる部分もあった。かれは、そのような性格の二二両一分と一貫二〇〇文を出奔にあたって携行したらしい。それでものちには路用にいきづまった。

右之金子《きんす》、大金には御座《ござ》候得共《そうらえども》、はる(春)ゆき(雪)のとけるがごとく、せつなの内に相遣《あいつか》い、誠に迷惑なる廻国致申候。（「大吉祥覚帳」）

当然のことだが、命助は、一年半ばかり前に後家になった姉、これから事実上の後家になる妻、長く後家できた母などとも深夜の対面をし、身の振り方について了解を求めただろう。「東」の家族は実質上の当主を失い、いわば男手を欠いた後家一家になってしまうわけだが、逃げる以外に命助に方法はなく、家族もまた了解する以外なかったことと思われる。剃髪というのは俄かづくりで僧体になるということだが、これは「東」の家のなかで準備されたとも考えられる。

一揆の頭取が僧体になって逃走する例として、天保七年(一八三六)に起こった甲州騒動の重立人犬目宿兵助《ひょうすけ》をあげることができる。かれは逃げるとき「今道心《いまどうしん》待て」と追われ、その後巡礼姿で廻国したさいの日記(「兵助之日記」)を残している(深谷克己『八右衛門・兵助・伴助』一九七八年、朝日新聞社)。命助も剃髪・僧体になって南部藩領を離れたのだが、それを、捕手の眼を逃れる手だてという説明に止めてはならないだろう。

僧体とは、積極的にいえば寺入り《てらいり》に通じる行為であった。森嘉兵衛氏は、寛政四年（一七九二）に南部領紫波郡赤沢村で下田兵武左衛門の知行地百姓一五人が起こした一揆について、それが寺入りの方法をとるものだったことを紹介している（『岩手県の歴史』一九七二年、山川出版社）。この場合は僧体になったというのではないが、重税に抵抗した一五人は、それぞれの檀那寺に逃れることを計画し、正音寺に五人、桂林寺に六人、宗通寺に一人、鳳仙寺に二人、盛岡・大泉寺に一人という具合に寺入りしてしまった。知行主の下田は百姓を説得しきれず、最後には、新税を取消し以後重税は課さないという趣旨の誓約書を与えて解決した。

森氏は、このことについて、「この地方には、まだ中世以来の寺入りの慣行がのこっていて、あやまって人を殺したり、火事をだしたりしたときにかけこみ、仏の衣にすがれば、刑の執行を猶予する風があった」（同前、一七一—一七二頁）と指摘している。同時に、寺が寺社奉行の管轄にあって刑事を所管する町奉行の手から逃れられるという支配機構のあり方が、寺入りの慣行を存続させる一因であったともつけくわえている。

命助は、百姓姿のまま檀那寺・常楽寺に駈入ったのではないし、三閉伊一揆は寺入りよりもはるかに政治的に計算された行動形態をとった。しかし、命助の剃髪・僧体をこの地方の寺入り慣行と結んでみれば、変装によって追跡の手を逃れるという以上に、僧体になることによって追跡の外の位置に立とうという考え方を読みとるべきであろう。

　命助がそのような選択を容易になしえた根拠の一つに、「東」の家の者であったことも数えられるだろう。先にも述べたとおり「東」の家は観音堂の別当の位置にあった。「東」の家の家族は、日頃からふつう以上に敬虔なものと関係を取り結ぶ環境にあった。本家当主の死亡、まもなくの一揆と、急変した嘉永六、七年ではあったが、事実上の当主となった命助が別当の役を勤めなければならない機会はあったろう。観音祭礼は四月十七日である。嘉永六年のその時期は栗林村でも一揆へ向けられた村集会がはじまっていたが、春の祭礼をとりやめる理由はない。嘉永七年のその時期は、一揆後の平常に戻り、かれは老名の職務をはじめていた。塩竈・遠野行きはあったが、四月の祭礼を取りやめる理由はない。その二回の大きな行事、それに四季の節目や日々おこなう観音堂の守り役は、かれが信心の世界と交流しやすい条件になったはずである。

　こののち命助は寺院に入り修験者になってゆくが、その選択のなかにも、当面、捕手の眼をそらせるという以上に、そのような避難の仕方が容認されるという考えを前提として、俗世の権力の外へ出てしまうという、寺入りの論理を見てとることができるだろう。ただ隠れ潜んで時間を稼げばよいという術策以上の意味をもったと理解したほうがよい。命助が、「夫《それ》より世をあきらめ、三十五歳一せ《（世）》として、……ていはつ《（剃髪）》致」と述べているなかの「あきらめ」とか「一せ《（世）》として」という言葉は、もとより現実の権力に追いつめられることを契機にして発せられたものではあるけれども、三十五歳までを現世として、それからのちは異なる世に生きる、という意味なのである。命助の遁世は、実際には断ちがたく現世とかかわりをもつものであったし、ほどなく、再び異なる世界へ身を移して、俗人として南部へ立ち帰ってくるのではあるが。

六　修験者明英

南部藩にしてみれば、命助は、もはや、咎《とが》なしの安堵状を反古《ほご》にしてもいい百姓、罪状持ちの百姓にすぎなかった。捕手《とりて》をさし向けるのに遠慮はいらない。

そして左馬之助以来、村の草分けの伝統をもつ「東」の家も、経済的に傾き、頼りになる男手を失い、さらにはつねに捕手に監視され、ときには踏み込まれて家中を捜索されるという不名誉な状態におかれるようになった。このような事態を避けるためにこそ、命助は出家による「東」の家との縁切りを宣言したのであったのに、それも無効となった。

何月何日であったとはいえない。いずこへともなく出奔した命助が時折栗林村に姿をあらわすという噂があって、代官所はいつでも捕縛に向かう手はずをととのえていた。このことについては『内史略』にも、「折々間道を廻りて在所へ忍来《しのびきた》り之事注進有て、捕手向ふと雖《いえども》、忍隠れ早く欠落《かけおち》」(『集成』6、六四二頁)とある。ある時、命助在宅の報を受け、目明し・手先ら一〇人余りが、十手・早縄をもって栗林村へ走った。しかし、大槌には命助と契りの深い目明しもいて、このようなときには大槌のなかに何軒かある、「東」の親戚に通報するのだった。その親戚から栗林の「東」の家へ伝達が走る。
命助を捕えるための網目も張られていたが、かれを逃がすための網目も張られていた。捕手らはやにわに家宅を取り囲み、「御用」の声をかけながら土足で床上に走りあがって探索する。恩賞も目当ての家探しに失敗すると、今は「東」の家の事実上の当主となった本家後家のまつよにつめよる。命助の甥、『南部義民伝』の著者で、当時七〜八歳の半蔵の眼に焼きついたのは、次のような光景であった。

当家女主人、即ち盟《(命)》助姉マツ《(まつよ)》と云ひ《(へ)》るに向ひ、盟《(命)》助を是に出せ。さもなくば在所を申せ。確答致さぬ其の時は、御代官所に引立て詮議に及ばんと、威猛《いたけだ》けになって罵《ののし》れば、たとへ縄をかけ籐《とう》をうちたればとて居らぬ知らぬ者の出て来る道理なし、然し罪なき人に縄を打つ法ならば縛《ばく》すべし。但《ただ》しは盟《(命)》助の代りに此の白髪《しらが》姿《(婆)》にても役立つものならば捕《と》り上げよ。厳として言ひ放てば、遂に大論に及べども、口勢《こうせい》当り難く悄然として引上げる。女ながらも彼程《かほど》の強情《ごうじょう》、弟盟《(命)》助如何なる人ならんと手先共、驚き且《か》つは憤り語り合ひつゝ門を出づ。

（三浦家文書）

命助の家宅捜索に来襲するたびに、まつよの口論に悩まされ、捕手は空しく帰った、とあるのだが、この滑稽さは、いかにも一つの時代の末期にふさわしい。追いつめられた状態にある「東」の家を代表して、四十代の後半に達したまつよが、猫を嚙む勢いで反撃にでたのは一家の事情としてはいつの時代にもありうることだが、それだけではない理由も考えなくてはならない。支配される側の人々のなかに現われてくる新しい人間の質、幕藩制の秩序に従順でない、そのような意味で三閉伊一帯の百姓らをおおうような強《したた》かな人間的特徴が、女のあり方にも現われてきたように思われる。御上に対してさえ「強情」な女の登場である。

嘉永七年(一八五四)七月下旬(この年十一月に安政と改元)に南部藩から脱出して、命助はどこにどうしていたのか。

確実なことは、これまでもたびたび引用してきた「露顕状」の日付が安政二年(一八五五)すなわち命助出奔の翌年三月になっていることだ。「栗林村御親類中様」(裏書には「南部大槌通栗林村え」ともある)へ宛てたこの「露顕状」の署名は出家名の「義乗」となっている。「義乗」が命助のことであるのは、文中で「私」「命助」という主語を用いていることや、のちに命助が牢内で写した高王経にも「義乗」の署名を用いていることであきらかである。

もう一つ命助が出奔中に書いた「大吉祥覚帳」には日付はないが、裏表紙に「三浦明英扣《ひかえ》」とある。「明英」も出家名で、のちにかれは自分の一人称で使っている。「露顕状」

「覚帳」の二冊とも、金銭の使途についてこまかにふれているが、同時に書かれたかどうかははっきりしない。「義乗」という署名は、「覚帳」以後はほとんど使っていない。

命助が南部藩領を去ってから、仙台藩領気仙郡にいたと推測するのは森嘉兵衛氏である(前出『三浦命助伝』)。そこから時々栗林村へ潜行したり連絡をとっていたが、悪評が強くなってくるので安政二年(一八五五)三月に「公開声明書」(「露顕状」)をだした。それでも様子が好転しないので帰郷を断念して、安政二年十月に仙台藩の寺に入った、というのが森氏の説明である(同前、九九頁)。「露顕状」をしたためた安政二年三月といえば、出奔後八か月めくらいだ。その間、命助が自分の郷里での評判を知りうるとすれば潜んでいたのは栗林村からそう遠隔の地ではないはずだ。仙台藩の気仙郡であれば、命助にとっては周知の場所であって隠れやすい。森氏の推測は妥当と思われる。

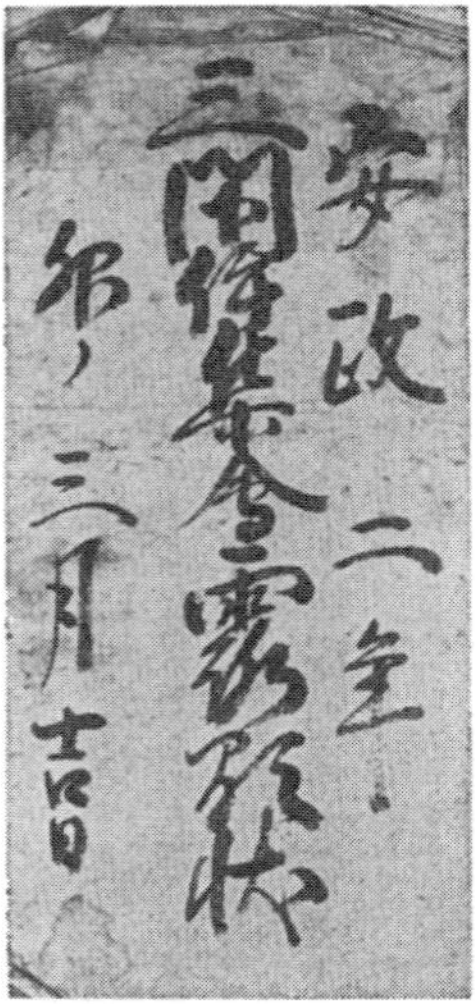
三閉伊集会露顕状 表紙

「露顕状」で、かれは、「一統の相談事で一揆を起こしたのではあるが、天道を恐れ、殿様への不忠不孝を恐れ、また父母に歎きをかけるのを慮《おもん》ばかって出家になった」とし、「然《しか》るに段々承り申候所、命助一人斗《ばかり》深く御《お》悪し《にくみ》身成下し置かれ、譬《たとえ》出家に罷成《まかりな》り申候とも是非〳〵召とるとの御沙汰と承り申候」と記した。「然るに」それなのに、という接続のさせ方に、出家することによって免罪を期待していたかれの気持が表われている。

自分は出家になったのに村人の憎しみが弱まらず、出家していても召捕るという「御上様(へ)一言御恨み奉り候」と「露顕状」に書いた命助が、出奔以来すぐに僧体になっていたことは確かなようだ。じっさいに寺地に入らなくても、命助は寺入りの論理によって免罪されようとしたのである。多分、そのことを相手にも知らせてもらおうとして栗林村や親類中にあてた「露顕状」に「義乗」という僧名を明示したのだ。この八か月くらいの間に命助がどこかの寺へ正式に入門した形跡はないから、命助自身がみずから出家してみずから「義乗」と名乗ったと解するほかはない。

「三浦命助脱走日記裏書」の末尾にも、「安政二年三月吉日」の日付があり、その下方には、

義乗	三十六
をまさ	三十七
定助	十七
千代松	十四

善太郎　十
をさと　七
をちき　四
をまん　一

（『森史料』二〇二頁）

と、「東」分家の一覧をのせている。末子まんが一揆のあとで生まれていること、ここでも命助は「義乗」と称していることが知られる。そして、脱俗者義乗のこの間の足跡をわずかにうかがわせる記事が、この分家一覧の少し前のところに見いだされる。すなわち「嘉永七年寅十月十日に内野より横ゼ(瀬)ニ移申候」(同前、二〇一頁)。この月日は、出奔後三か月めのことである。その前後にあるかんたんな覚書の日付もこの年のものとしてよいだろう。その覚書には玄米、白米、大豆、味噌、塩、薪、なつけ(菜漬)、あかし(灯火)、糖、粟、粉ぬか、ひえ、そのほか藁《わら》、摺りうす、まさかりなどを「かり(借)」とか「預り」とか書いている。これは、命助がそれらのものを調達して日々をしのいでいることを示している。また、「宿より」と、見出しのように書き、「一、糖一叺《ひとかます》巳三郎様よりかり(借)、代廿文」(同前)というように記している。これをみると、煮焚も自分でする木賃宿に泊まりこんでいたように思われる。なかに、「四日和助働　アワ一日分受取」(同前)とあるのは、「和助」という者の家で働き、その手間賃に粟を入手したということであろう。「借り」たり「働い」たりしているのは納得できるが、時に「かし」とも記し、「五十集《いさば》一貫横ぜ迄附」というような記事もあり、さらに「馬一疋　相頼申候」ともある。このことから命助は逃亡中といえども生計の資に馬を借りて海産物の付荷《つけに》をして稼ぎ、稼いで得た金を人に貸すということもあったとさえ想像されるのである。

命助がこのように俄か坊主の苦心をつづけているとき、「東」の家は、監視されながらまつよを中心に苦労を重ねていた。「本家東ノまつよ殿」と宛名書きされた嘉永七年十二月付の、先にもみた「借用　仕《つかまつる》　手形之事」はその苦心の表現であって、身代銭を払って男奉公人を入れたのである。

それからどうしたのか。以後の命助について、森毅氏の稿「修験山伏の世界と三浦命助」(『法制史研究』第二十四号、一九七五年四月)にもみちびかれながら、足跡をたどってみよう。安政二年のうちに、命助の置かれた状態はまた大きく変わってゆく。「三浦命助脱走日記」は、じつは「覚」と題されたメモ帳のようなものであるが、そのなかに幾通かの証文が収められていて、前後のいきさつが浮かびあがるのである。

宗教者としての生活をしているのではないが、剃髪・僧体を示すことで遁世免罪のつもりであった命助は、「露顕状」によって、いわば身に疚《やま》しいところはないという趣旨の弁明をくりひろげたが、その効果をいつか断念したらしく、ほんとうの寺入りを心に決めた。

命助は、安政三年(一八五六)に、仙台藩領遠田郡南小牛田村《こごた》(現、美里町)にあった修験当山派の東寿院に落ち着いた。当山派は修験二派の一つで、京都にある醍醐三宝院を本山とする。命助はこの東寿院に身を寄せるまでに二つの寺と関係をもった。そのいきさつは分明でない点もあるが、安政二年中のことにはちがいない。二つの寺とは、仙台藩領の加美郡四日市場村(現、加美町)にあった積雲寺と、遠田郡篦岳《ののだけ》にあった天台宗篦峯寺《こんぽうじ》西之坊である。積雲寺は、現在の東北本線小牛田から西の方に約十五、六キロ隔たった場所で、命助が潜んでいた気仙郡からは遠い。篦峯寺は遠田郡涌谷《わくや》町から少し北へ向かった所にあり、こちらのほうが気仙郡からは近い。この二つの寺のどちらに先に入寺したのか、断定しきれぬ所も残るが、「覚」(逃亡日記)に載せた一連の文書からみて命助は、積雲寺へ入り、次に篦峯寺へ入り、最後に東寿院へ入った。

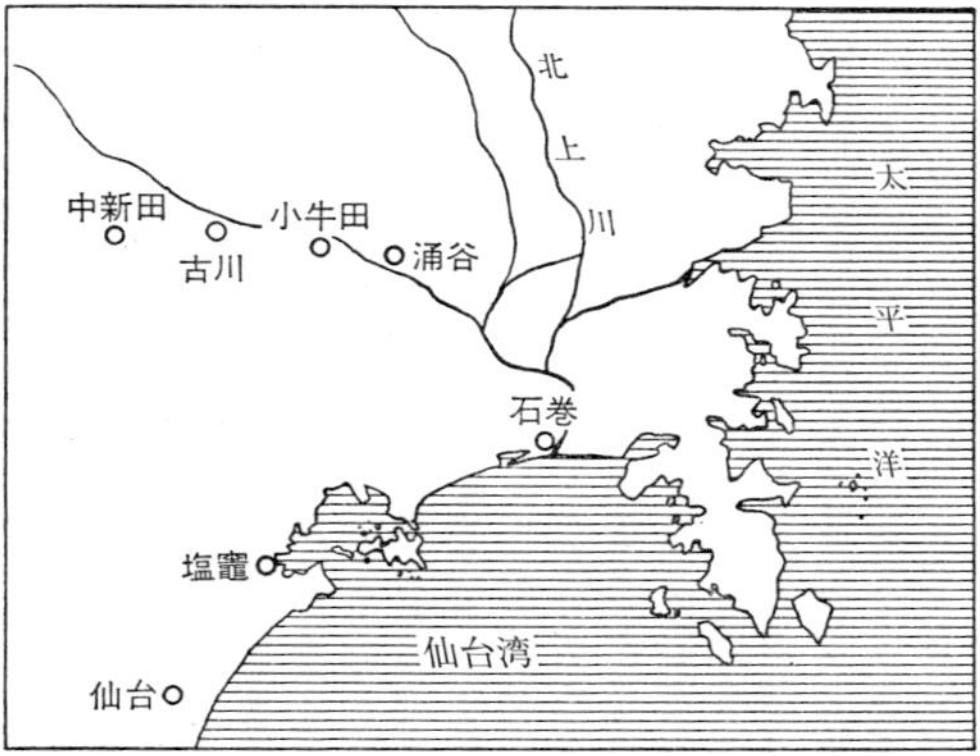

A　拙院儀《ぎ》、当三拾四才に罷成《まかりなり》候得共、後住《こうじゅう》こ

れなく、兼《かね》て多病に罷有候所、此比《このごろ》に至り、弥増《いやまし》病気相募《あいつのり》、折節諸檀用間欠《だんようかんけつ》に相成り、よんどころなき仕合に存じ奉り候。年令前には御座候得共、隠居成下され度願上奉り候。後住之儀は、箟岳西之坊弟子明英、当拾七歳に罷成候を内縁仕候間、継目《つぎめ》住職仰付けられ下置かれ度、願上げ奉り候。右之趣宜敷《よろしく》仰上げられ成下され度、願上奉り候。以上。　明影　判

安政二年(一八五五)十一月

延命寺

(三浦家文書)

B

□(明英)当三十六歳に罷成り、兼て修験道相好候由に付、拙寺法弟に相頼み、追々執立《とりたて》呉《くれ》候様申来候。寺内病弟幼少婦女子之類斗《ばかり》に御座候。同人儀、素姓宜敷者に相見え申候間、御差支御座なく候はば、相囲候様に仕度、願奉り候。右之趣、宜敷仰上られ下置かれ度《たく》願奉り候。以上。

安政二年十二月

延命寺

亘理(ワタリ)善左衛門殿

涌沢七郎左衛門殿

坂本半左衛門殿

村田貞之丞殿

(同前)

C　拙寺約(厄)介之徒弟明英、当三十六歳に罷成り候処、今度其表《そこおもて》御家中修験御支配、南小牛田村東寿院後住に継目《つぎめ》相済候に付、此方人別相除き候間、其表宗門帳へ相加えられ候様《よう》成下さるべく候。

□并□

延命寺

（同前）

D　南小牛田村山王別当《さんのうべっとう》東寿院、過《す》ぐる廿三日夜、品《しな》なく出走《しゅっそう》仕《つかまつり》候所、什宝《じゅうほう》並びに家財少々相残し置候間、一日も無住《むじゅう》に差置申すべき様《よう》これなく候間、当座《とうざ》、留主居《るすい》御吟味成下され度《たく》、右出走届申上候。以上。

安政三年（一八五六）二月　右衛門治《えもんじ》　判

（同前）

E　東寿院出走に付、御弟子明英坊、留守居に差置かれ候所、御村方吟味之上、同僧直々後住に相附申度趣、白戸直吉を以て申聞《もうしきけ》候間、右之段願之上、後住に直り候様、御吟味成下され度存じ奉り候。以上。

安政三年三月

御村横目　山口長治　判

一乗院　丁(町)役　木村右衛門治　判

（同前）

F　拙院親類、南小牛田村東寿院、無住に罷成り候所、賀美郡四日市場村積雲寺実弟《(ママ)》明英、当三拾七歳に罷成り、拙院方へ当山一派之法道一流伝受仕度由にて、正月中より入門相成り居候所、去月中右同院を出走に罷成り候節□留□に遣、次□此前の丸印□に通差上げ奉り候。

安政三年二月

延命寺　□

（同前）

明英が命助のことであるのは、かれがのちにもその名前を一人称として用いており、これらの文書を載せた「覚」(三浦命助脱走日記)の性格からいってもまちがいない。したがって、Aの文書の「拾七歳」は三十六歳の三が欠落し、そのうえ一歳書きまちがえたとしておけば足りる。

Fの文書に、「積雲寺実弟《(ママ)》明英」と書かれているのが積雲寺との関係を示す文言で、「覚」の安政三年二月二十四日の項に、積雲寺へ礼銭を渡した記事がみえる。積雲寺住職が命助の実兄のように読めるけれども、命助に兄がいたとは考えられないので、これは法弟の関係にあったと解すべきだとする森毅氏の意見(前出論文)が適切だと思われる。その積雲寺へどのようなつてを頼って入寺したのかはわからないが、そこには長くとどまらなかった。積雲寺をでた理由もその後の手引きをした者も不明であるが、ともかくそこをで て、Aの文書の箆岳《ののだけ》西之坊に移った、とするほうがそのまま内縁関係によって修験に移行するというAの文書の趣旨が生きる。ただ、積雲寺ともなんらかのつながりをもっていたことは、三年二月のFの文書に、「積雲寺実弟《（ママ）》」という呼称が用いられていること、「覚」の同じ頃に礼銭らしきものを渡した記事があることからわかる。

その礼銭らしきものの記事は、安政二年十月七日から三年二月二十四日までに一二貫九二一文を使った細目の一項で、継目銭、冥加銭、菓子料、酒代、延命寺への礼銭、小牛田の組合中への見舞銭、明影殿への渡し銭などにつづいて、

一、二〆四百文　　三ケ所へ
　一乗院
　　　明影□
　積雲寺
（三浦家文書）

と書かれている箇所である。この一連の使途は「継目《つぎめ》」（跡継ぎ）にかかわるものと考えられるから、命助が遠田郡へ移るにあたっての、積雲寺住職の仲介を推測する森毅氏の指摘（前出論文）は、なりたつようにも思われる。

遠田郡へ移って最初に入ったのは篦峯寺で、Fの文書と合わせるなら積雲寺弟子でもありながら西之坊弟子になった。そこは、伊達氏の一門である伊達安芸守(亘理氏)が、涌谷に拠点をおいて領知する範囲内にあった。伊達安芸領は小禄の家中によって分給支配されており、寺院も家中の身分をもつことが多かった。

A、B、C、D、E、Fの文書にあらわれる延命寺、一乗院、東寿院は、本寺―末寺の本末制度からいえば山城国醍醐三宝院管下にある真言系修験道当山派に属する修験寺であったが、知行制度からいうと伊達安芸御家中の身分をもっていた。この三寺の関係は、延命寺が涌谷日向丁(町)に寺領四三二文を所有する、遠田郡一四か院の袈裟頭《けさがしら》。一乗院は涌谷下丁(町)にある、中小姓通格の家中寺。東寿院は、延命寺・一乗院の配下になり、南小牛田村に居住する無寺領の修験寺だったが、それでも家中寺の位置にあった。

命助が、南小牛田村東寿院の後住になることができたのは、偶然の機会に恵まれたという要素もあった。Aの文書がそれを物語る。すなわち、東寿院明影が病気がちの人間で檀家への役務も勤めきれず、後住を探していたという条件である。明影は、三十四歳という若さだったが引退を考え、自分の後住に命助を推したのである。そのとき命助は、篦岳西之坊の弟子であり、すでに明英という法名をもっていた。明影と読みが似ているから東寿院後住としての名乗りだとするほうが説明しやすいが、継目住職の推薦願書で明英と書いているのは、それ以前、積雲寺か西之坊に入ったときに与えられた得度《とくど》名であろう。嘉永七年(一八五四)に命助は義乗となり、翌年、義乗から明英になったのである。

三十六歳の西之坊弟子明英は、三十四歳の東寿院明影と安政二年(一八五五)十一月までにはすでに知り合っており、しかも後住に推挙され、内縁を結ぶほどの間柄になっていた。ないしは、後住を探していた明影に、積雲寺か筧峯寺が明英を紹介した。東寿院は、Aの文書では、自院の袈裟頭である延命寺に継目住職の許可を願いでたのである。延命寺にそれを裁許する権能はなく、小牛田の西方、志田郡古川村にある当山派の御国大先達《おくにだいせんだつ》鹿島山古川寺がその願いを審理する立場にあった。東寿院の後住願いは十一月二十九日に承認された。その許可証は、次のような文言である。

遠田郡下小牛田村
東寿院住　明英

其方義、今般依願に(付)継目住職申渡候条、一宗之法式相守《あいまもり》、簾《(廉)》直之沙汰を以て勤仕《きんじ》せしむべき者也。

安政二年(一八五五)十一月廿九日
御国大先達　古川寺法印 ㊞

(三浦家文書)

こうして命助は当山派の末端山伏になった。だがこのあり方は、まだ二つの課題を残していた。一つは家中寺として領主の権力体系のなかで承認されること、もう一つは本山醍醐寺三宝院から官位の体系のなかで承認されること、である。Bの文書は、第一の課題にかかわるもので、遠田郡袈裟頭から領主亘理《わたり》家に対して命助後住を願いでたものである。これによると、命助はかねてから修験道を好み、東寿院(「拙寺法弟」)を通し、修験者として承認してもらいたいと願いでてきた、とあるから、むしろ命助のほうが後住になることを希望していたことになる。「寺内《じない》病弟幼少婦女子」というのは東寿院明影一家のことであり、「素姓宜敷者《すじょうよろしきもの》」と推されているのが命助である。南部藩では捕手に追跡されている者が、仙台藩では、軽輩とはいえ「家中」身分を得ようとしているのだった。

Cの文書は、判読困難な箇所があるが、命助は「覚」のなかで、BとDの間に収録している。宛名はほんとうは一乗院、日付は二年十二月というのは森毅氏の推測であるが、「此方《こなた》人別相除き」という文言にこだわれば、「拙寺」は積雲寺か箟峯寺、やはり宛名は延命寺とも考えられる。領主支配の体系のもとでは無宿人状態にあったはずの命助は、仙台藩領のどこかで、宗門人別に数えあげられる存在になっていたのである。あるいは延命寺で宗門帳に組みこみ、「其表」=南小牛田村へ人別移動の手続きを申しでた、という解釈もCの文書ではなりたつ。

「継目相済候」とCの文書には書かれたが、それは仙台藩領内の修験寺の体系のもとでのことであって、領主のほうからは容易に許可がおりなかった。Dの文書は、翌年二月、

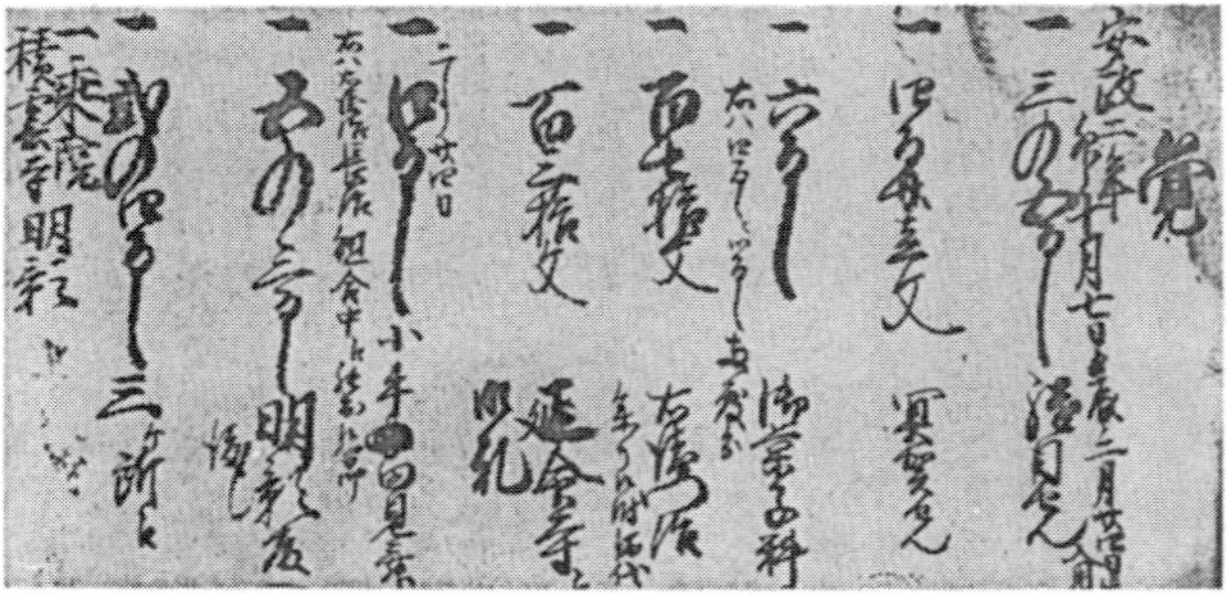

「覚」(脱走日記)冒頭

南小牛田村丁役の右衛門治《えもんじ》が、別当明影の「出走」によって東寿院が無住になったとして「当座留守居」の手配を願いでたものである。それによると、明影の出走は二月二十三日夜のことで、「品なく」というから、村方に断わりもなく不意に姿を消したのである。

命助の「覚」には、この事情をうかがわせる記事がある。

一、廿三日、諸道具、明影より受取。其上、明影親子三人にて、六つに相立申候。右の日、誠に雪ふ（降）りにて寒中のごとくに御座候。（三浦家文書）

病弱の明影は後住を命助にしたいと願いでて、修験寺の支配関係のなかでは、檀家への用向き――種々雑多な祈禱の依頼がもちこまれる――が一日も欠かせぬからか、すぐに許可されたが、亘理氏からは許されない状態が三か月もつづいていた。その間、「内縁」の関係をつくっていた命助は、東寿院に住みこみ明影の仕事を助けたり代行したりした。「覚」の冒頭の、「安政二年卯の十月七日より辰の二月廿四日迄入用」という記載は、かれが東寿院へ移り住んでから明影がいなくなってしまうまでを意味するように思われる。

明影一家の「出走」も、命助にとっては「相立申候」と表現するのが適当な、互いに承知したうえでの出来事だったらしい。明影が住職を続けることの耐えがたさ。命助が後住に直れぬことの焦《い》らだたしさ。二人はほとんど同じ立場にあったわけで、その結論が、明影一家の立退《たちの》きだったのであろう。

「出走」の前日の二月二十二日から、「覚」の記述は具体的になるが、そこには「先祖仏事」で参上し、卒塔婆《そとば》を立てたことが書かれている。命助が檀家のあいだで、宗教者としての活動をなしえていることがうかがわれるのであり、後住としてやってゆけるという判断が二人にあってこその、明影出走のはずだった。

二十四日、これも打ちあわせてあったにちがいない「明影よりの書置」(同前)を、命助は南小牛田村の横目《よこめ》と丁役に渡した。「書置の通り諸道具受取」(同前)という部分は、Dの文書に「什宝並びに家財少々相残し」と記されている部分へ反映している。書置には、それだけでなく、後住への命助推薦のことも書かれていたにちがいない。「当座、留守居」を吟味してほしい、という表現は、命助の存在を念頭においてのものと考えられるのである。明影の書置は、明影一家が取り逃げの疑惑で追跡されるのを避けるためにも、命助が継目住職になれるためにも、大事な仕掛けだった。二十四日の日に、命助が一乗院と積雲寺に礼銭らしきものを渡しているのも、後住決定への有利な条件をもとめてのことであろう。

この日、「師匠八つ時分にて参り」(同前)と命助は書いているのだが、これは一乗院を指すと判断できる(文書E・F)。Eで命助は、一乗院の「御弟子明英坊」と言われているのだが、その関係は、安政三年正月に生じたことがFに示されている。Fの文書は師匠に書いてもらったのであるが、ここでは積雲寺の弟子明英という立場で、東寿院を「親類」とも呼ぶ間柄にある一乗院へ、当山派の法道一流を伝受するために入門したことが判明する。安政二年末まで順調に、東寿院を継げそうな空気であったから、病弱の明影のかわりに一乗院から修験当山派の訓練を受けることになったものと思われる。

Dの文書は、Eとあわせ考えると、南小牛田村から、東寿院の上位になる一乗院へ「当座、留主居」をあらためて頼む――確かめるという性格のものだったにちがいないが、早くも二月二十五日には、村方の寄合が開かれて、

一、廿五日、村中一統相談にて、東寿院に罷成り申候。(三浦家文書)

と、命助をいよいよ東寿院住職にすることを申しあわせた。それをよろこんでか、夕暮れどきから命助は、師匠一乗院といっしょに八幡宮へ参詣し、翌日昼どきに東寿院へ戻って

いる。帰るとすぐに、かれは「イロリシヤウジ」(囲炉裏掃除)をはじめ、翌る日、「山王様御宮シヤウジ《(掃除)》」をおこなった。丁役の家へ御礼を言いにでかけてもいる。

Eの文書は、あらためて南小牛田村から涌谷の一乗院に対し、命助を当座の留守居ではなく、継目住職に頼みたいので検討してもらいたいというもので、三月にだされた。村方では、一乗院に願いでる前に、白戸直吉をとおして命助にその旨を伝えたように読める。一乗院に不服はなく、延命寺にも古川寺にも異存はなかった。

こうして命助は南小牛田村のなかでは東寿院後住を保証されたが、それでも亘理氏の、かれを「家中」にするという裁許は下りなかったようである。しかし明影のいない東寿院で、命助はいまでは誰も疑うことのない新しい住職として、公然と修験者の仕事に力を尽くすことになった。不動明王を本尊とする一乗院は、かれにとってなにかと頼らねばならぬ師匠であり、その関係はいよいよ緊密であった。

東寿院の外観は、弘化三年(一八四六)に延命寺へ届けでたものをみると、居住境内の広さが縦一三間一分、横三一間、約四〇〇坪余りあった。境内は南小牛田村地内にあり、「松平陸奥守一門伊達安芸除地《じょち》」(三浦家文書)という扱いを受けていた。そのほかに、縦一八間、横一二間の社地があり、「鳥居行《ゆき》」が二八間ある山王権現が祀られていた。山号を牛王山《ぶにん》と称したが、弘化の頃は山号補任状をもたず、寺号もなかったようである。

修験道の僧といえば、村里の寺などには常住せず、峻険なる山岳の峰々を歩きまわっているというイメージで考えがちだが、命助が書いた「覚」(脱走日記)によれば、修験明英(命助)の日常は、ごく普通の村里の僧よりもはるかに村人と密着する生活だった。すなわち修験明英は里山伏だったのである。

里山伏・明英の毎日は、山伏としての特別の行《ぎょう》がなければ三閉伊での百姓命助の生活と通じるところも多かった。明英が東寿院住職として認められた安政三年三月の日記の一部を抜きだしてみよう。

二十二日　石橋庄吉の妻で三十二歳になる女に「病気のキトウ《(祈禱)》」。

二十四日　磯田栄吉の所で「愛宕《あたご》日《ひ》待《まち》」。帰宅後、「畑キ《(け)》ほ《(掘)》り」。

二十九日　雨天ゆえ「手習」(「手本」は前日師匠に書いてもらっている。「手習」は他にもみられる)。そのあと渡辺忠治の所へ行き「門柱立の祈禱」。

祈禱、修行、農耕、家作、家事、交際、これらが独り身の命助の日々のなかで、渾然と組みあわされていた。また、四月の記事を例示すると、

三日　延命寺で「手伝」。師匠と「八幡ニ泊り」。

四日「畑キ《(け)》ほり」。「クワ《(桑)》木カリ《(刈)》払」。

七日「守《(御守)》コシライ《(拵え)》」。

八・九日「廻村」(銭六七五文、米四斗一升五合を集める)。

十三日　病気平癒の「祈禱」。「畑ほり」。「酒のミ《(呑)》に参り申候」。

十五日　隣へ「五十三文用立」。「畑ほり」。

二十一日　畑仕事で「両足の大《(親)》ゆび《(指)》、少々宛《ずつ》鍬にて切り申候得共《えども》、少茂《すこしも》不レ憶(臆せず)働申候」。

二十六日「竹の根そゝぎ」。「いも《(芋)》に手《(支え)》」をつける。酒を呑みに行き漬物をたくさんもらう。


三月に師匠に用立てたように、隣家へも金を用立てているのは、いかにも三閉伊通百姓であった命助の才覚の活用らしい。祈禱師としての働きも活発になり、農耕や家宅廻りの仕事もいよいよせわしい。酒もけっこう飲んでいる。たとえば五月の日々をとりだしてみると、四日が大豆植え、髪剃り、庚申待ち。七日は涌谷で小物買い、一乗院の師匠へ御礼に行く。酒を飲む。竹の根集め、御守札拵え、延命寺来訪。十五日は右守の妻に頼まれた「のこぎりの占《うらない》」のほかに「怨敵消滅之祈禱」をおこなった。この祈禱について森毅氏が、命助を追いやったさまざまな力に対するもの、と解釈しているのは、私事にかかわる祈禱記事が他に見当たらぬゆえ躊躇するが、示唆的な意見だと思われる。翌十六日には、千松に借金を返し、松枝運びの仕事をする。そして、弁良から「占方《うらないかた》」の指導を受けている。かれの毎日をみると、ますます生活的で土俗的な修験活動の幅が広がってゆく。

六月は、嘉永六年以来の疲労に、まだ領主によって安堵されない状態がつづいている心労が加わってか、命助は身体に変調をきたして苦しんだ。

十一日　涌谷で「酒のみ」(小遣《こづかい》一〇一文)。「仏神ノ御とがめにてクワクラン《(霍乱)》相成り誠に難儀致申候」。師匠の所で「手伝」。そのまま泊って翌日も「手伝」。

二十四日　祈禱に出る。七ツ時に帰宅。「此日、誠に大病に御座候得共、南無阿弥陀仏(の)功徳を以て命助《(いのつたしかり)》申候」。

二十五日　大豆草取り。嘉七、大豆三盃ほど持って祈禱に来る。右衛門治宅に泊る。「病気にて迷惑に御座候」。

二十六日　縄をもらう。水くみ。大豆草取り。「水あたりにて誠に難儀也」。源右衛門が「八け《(卦)》」を頼みにくる。

二十七日　涌谷で買物。夕暮れに帰って甘酒作り。「まいばん、よる〳〵をもに大病に御座候得共、南無阿弥陀仏(の)功徳を以て命助り申候。誠に難儀致申候」。

時折、休息はしているが、毎日祈禱もあり農耕もあり、出かければ泊りになることもあって、六月中旬以来の不調は回復しなかった。それも、夜になるとうなされるような病症が襲ってくるという状態だったらしい。修験者明英も、これには祈り呪いでなく、ひたすら南無阿弥陀仏の唱名で向かうほかなかったが、一方では、その病症自体が仏神の咎と思えてしまうような、どことなく後ろめたい感情がついてまわった。かれの内部の、出奔とそれ以後の自分になお釈然としないなにか、すなわち栗林村の家族への心配、百姓であることと山伏であることの違いからくるぎくしゃくしたもの、その他もろもろの矛盾が夜な夜な大病の形であらわれてくるという体《てい》の病気だった。

七月に入ってもまだ病気はつづいた。一日は仁王経読誦もすませたが、「をこり《（瘧）》病」で難渋し、「誠に身もよわり申候」という状態であり、初旬のうちは、最低限の用事をすませて「休足《（息）》」する日が多かった。四日には、卯三郎から「鶴のしやうやき《（生薬?）》」をもらって飲んでもみた。そんななかで、この月、命助を取りまく状況は大きく変化した。

十日　休足。「六月十一日よりをこりわづらい、七月五日迄大病にわづらい候得共、
　南無阿弥陀仏の功徳を以て命 助《［イノツタシカ］》り申候」。

十二―十六日　涌谷の町々を廻る。十六日宿に帰り休足している時、「廿一歳のあま《（尼）》上《かみ》より下《くだ》り、南無阿弥陀仏の功徳を以て、其風てい《（体）》、ユギウ《（遊行）》聖人の如し。出入の

供人、日々に千人斗り宛の供人也」。

十七日　師匠に対面。「兼《かね》ての一けん頼み、それより帰宅」。

二十六日「此日、手前ワクヤ(涌谷)へ参り候所、師匠仰せられ候様は、御用便を以て、今度東寿院後主に仰渡され候趣申遣候と申候。夫《それ》より手前、三拝《さんぱい》仕、御家老三人へ手拭壱本宛、村田貞之丞様へは手拭壱本に上、長命草百文分□五百三十文□御礼致」。

二十七日　大地震。右衛門治・長治へ礼銭。

二十八日　師匠の所へ行く。「師匠へ御礼申上、夫より直々帰宅致申候て休足」。

二十九日　千松を頼み、一軒に三〇文ずつ集めて諸礼をきめる。

十日の日に、瘧の始終をあらためてまとめているのは、峠を越したという自覚がもてたからであろう。「命助リ《イノツタシカ》」と書いたのは多分意識的にしたことで、仏の功徳を自分の名とかかわらせて受けとめたのである。二十四日には、「手前病気、誠に宜敷」と注記している。しかし、十六日の、遊行聖人の一行についての記述は、命助の幻覚にちがいなく、二十三日に「大地震にて誠に地茂《も》崩れる斗《ばか》り」、二十四日に「大雷にて天地茂《も》崩る斗り」などと形容しているのも、地震・雷は事実であったとしても、かれ自身の内部が「地茂《も》崩れる」ような苦しさを蔵していることの反映であったろう。

十七日の師匠に頼んだかねての一件とは、そののちの結果からすれば、東寿院の継目住職であることを亘理氏によって承認されることである。一乗院も命助も、そのための工夫をおこたらず続けてきていたのだった。七月二十六日が、事実上の東寿院後住になってなお残されていた一つの課題が最終的に解決された日である。「三拝」の喜びも当然だった。三人の家老とはBの文書の宛名、亘理善左衛門、涌沢七郎左衛門、坂本半左衛門のことであり、村田貞之丞は同文書の四人目の宛名になっている。家老らへは手拭一本ずつ、村田へはそれに、上質の煙草（「長命草」＝煙草を遣い物にする記事はほかにもあらわれる）をつけて礼とした。二十七、二十八日には、町役・横目・師匠へも礼をした。二十九日の村中の集金は、南小牛田村として、東寿院後住が領主によっても承認されたことに対する返礼、諸方への挨拶および祝いのためであろう。無寺領の軽輩ではあるが、「家中寺」の東寿院住職になることで、脱走人命助の位置は質的に変化したのである。

　自分の寺東寿院が、伊達一門の亘理氏の「家中寺」になったことを転機として、明英は何事かを思い決めつつあったらしい。まずかれは、七月のうちに、南部領へ出かけることを出願した。それは、八月一日の項に、「手前頼み合之筋、八月十日比《ころ》に成就の趣申渡され候」とあって、十一日から南部領へ出立していることから知られる。この八月一日から馳走・酒のみの記事が多くなるのは、かれの旅立ちの前祝いにちがいない。

一日　右衛門治・和吉・長治に馳走。
二日　卯三郎に馳走。白戸直吉に酒五合持参。
三日　「地まつり《(祭)》」で祈禱。米と銭を得る。
四日　おはるの祈禱。
七日　人を頼んで金の才覚《(ご)》。薬で虫下し。
九日　一一人に「いとまこい」。「地まつり」で米・銭をもらい酒を多くのむ。
十日　占いを教えてくれた弁良夫婦と師匠に「いとまこい」。南小牛田村横目の山岸長治から「手形」を六枚と銭四〇〇文受取る。

地鎮・平癒の祈禱など、東寿院としての仕事もつづけているが、そのなかで南部行きの準備が進んでいった。周囲の納得も得られ、暇乞いもすみ、通行手形も入手できた。以後の「覚」は当然ながら、記述がおおまかになる。

「八月十一日ニ出立。十二、十三、十四日ニ遠《(野)》の宿ニ泊リ」。

南小牛田村を出立した明英・命助は、いうまでもなく修験者の装束をしていたろう。五尺七寸三分、三〇貫、三十七歳の修験者は、一の関(現、岩手県一関市)を通り、駄賃馬を使って、少年のとき習学し、二十歳の頃から穀物を仕入れ、一揆のあとでは御礼伺いをしたことのある遠野町に入った。小牛田から遠野までの距離を考えれば、記述の意味は十一、

十二、十三と旅をして十四日に一泊したということか。遠野で明英・命助がなにをしたのかはわからない。「覚」は、次の項が破損されたところがあるため、かれの足跡を追いかねるが、「十五日、十六日、十七日休足致」とあるのは、遠野から南小牛田村へ十五、十六日を使って戻り、十七日に体を休めたということか。そのすぐ後がまた破損している。ふたたび判読できる所はすでに九月の記事である。

遠野への遣い物三百文、びん付三百文。「かちい」二百文。引綿四百文。竹二百文。御祝儀銭三百文足らず。八月九月で金四両ばかり使った、とある。いったい遣い物を持って会いにゆく遠野の相手は誰だったのか。この項のなかに、前後、意味不明ながら「定助分」と記された文字がある。「定助」とはいうまでもなく、命助の長男である。この記述からすると、あるいは栗林村の家族と接触したかとも思われる。――「東」の家の貸金を整理した前出「大福徳集帳」の表紙日付は、一冊が安政三年正月三日、もう一冊が安政三年正月吉日、いずれもたんなる記憶で整理できる内容ではなく、変転の安政二年後半にもなお「東」の家族と連絡しあったのではないかと思わざるをえない。――ともあれ、嘉永七年七月に脱走して以来、満二年余り経て、今度は忍んでゆくのではなく、伊達安芸守(亘理氏)の末輩に位置する当山派東寿院修験者として、命助は南部藩領三閉伊通に立ち戻ったのである。

その目的は、今や晴れて仙台領の修験寺の住職になったということを出身地へ告げにゆくことだったのだろうか。遠野から戻った明英・命助は、その後、八月中旬より九月中旬までの他行をおこなっている。しかしすでにその頃、かれの胸中にはもう一つの企図が生まれていた。明英は、その企図を実現するため東寿院で飼養していた馬を、手放す相談を二十日におこない、その内金を得ている。じっさいに馬を渡したのは十月一日。馬代として五両一分二朱を得た。祈禱に応じて謝礼を受け、家事と畑仕事をする、修験の生活に見たところ変わりなかったが、十月三日の朝、かれは一乗院の師匠に対し、「涌谷と古川寺へいとま願の段頼み」、帰宅している。御国大先達と袈裟頭へ、東寿院住職の「いとま《（暇）》」を一乗院から願いでてほしいと頼んだのである。八月の「いとまこい」は自分からおこなう挨拶だったけれども、今度の「いとま願」は、当山派の機構のなかで承認をうる必要があった。

十月四日　長助夫婦、丑松、六助の手伝いで六日に小麦蒔きをする相談。五十九歳の
　おかんが「こうねつまぢない《（高熱呪）》」を頼みにくる。米一斗二升五合を清看に貸す。
五日　御守こしらえ。
六日　雨天で麦蒔きはかどらず。麦種は和吉から二升、三蔵から五升預る。
九日　札ごしらえ。文覚院で「年徳神」の版木を借りる。
十一日　金三分を清看に十三日迄用立てる。金一朱を木村右衛門治に用立て。

麦蒔きも村の者らの手助けによっておこない、大豆も二日間の手伝いで一石一斗穫れた。米や金を用立て、御札を村中へ配布する。同業の修験者から版木を借り御札を刷り増しする。命助の日常はますます深く南小牛田村の住民、当山派の山伏と交わりあうものになっていた。そんななかでかれは、この土地を離れる準備を着々とすすめていた。

十六日　是日《この》、かり《(借)》物、皆相帰《(返)》し、夫《それ》より年徳神相廻し申候。

もうこの頃には、命助の離村はひそかな支度ではなく、周囲にうちあけられており、そして同意されていた。十四日、ある女から三三文を受けとったのをはじめとして、二十一日まで、幾人かの者から銭を受けとっているが、これは、十五日にやってきた卯三郎について「鳥目《(銭)》百文とワラズ《(草鞋)》一足、御祝儀として持参致申候」と記しているように、あきらかに命助への餞《はなむけ》だった。それだけではない。十六日の項に、「五人より伝言頼れ申候。深川のせきのと宅にて初塩《(八地)》力蔵、国にてはなるせ川と申也」とか「金毘羅様への御初いせん《(穂銭)》、弐百文久左衛門、ヤツ中庄八、十二文、女より預り」という記述は、命助に遠隔地への言伝や代参をこの地の者が依頼したのではないかと思われるのである。

十月十七日、明英は、一乗院の師匠の所へ行き、「御添書《ごてんしょ》」を受け取る。これは次のようなものである。

奥州仙台遠田郡下小牛田村
東寿院住
明英

右之者、私支配に御座候所、上京参殿《さんでん》、御目見《おめみえ》仕度《つかまつりたく》、多年志願仕候共、難渋之義御座候得ば、是迄無官《むかん》にて罷在候所、貧院に候得ば、端金《はきん》にて罷登候間、院号《いんごう》・錦地《にしきじ》御免許御目見仰付けられ候様成下され度願上奉り候。委曲《いきょく》之義は、右同人より言上奉るべく候。恐惶謹言

安政三年十月
仙台古川宿
国《くに》先達　古川寺
九拝

醍醐御殿
飯田河内介様
甲村阿波介様
左右田加賀介様

（三浦家文書）

明英・命助は京都に上り、当山派東寿院の本山醍醐寺に参り、院号・錦地の免許を得たいというのだ。すでに三か月前、東寿院が、知行制のもとでの「家中寺」——無寺領というかたちでだが——として認められたけれども、もう一つの課題である当山派本末制のもとでの官位の任叙を解決しようと企図したのである。院号と錦地は、特定の人格に与えら

れるものであって、東寿院を事実上継いでいるからといって、明英・命助が「東寿院」を公許されるというわけではなかったのである。

森毅氏の指摘によれば(前出論文)、近世では、末端(末寺)の修験が院号・寺号・官位昇進・袈裟等について本寺へ願いでようとするときは、同じ宗派の惣録《そうろく》(先達《せんだつ》・触頭《ふれがしら》ともいう)の添書が必要であった。一乗院をつうじて命助が入手した御国先達の添書の趣旨は、上京参殿を希望しながら果たせず、無位無官のままで今日に至ったこと、貧院でもあり御礼献上品は些少であるが、院号・錦地を免許され御目見《おめみえ》を許されたいこと、の二点である。その添書に添えて、古川寺からは往来手形も発給された。

奥州仙台遠田郡下小牛田村
東寿院住　明英

京都　醍醐御殿御用に付、右之者指登《さし》らせ候間《あいだ》、御関所・御境目舟川相違なく御通下され度候。以上。

安政三辰十月十五日

奥州仙台古川宿
三宝院御門《ごもんす》主御直末《じきまつ》
国先達　古川寺　㊞

所々関所
御役人衆中

(三浦家文書)

南小牛田村の住民は、明英・命助を東寿院住職として疑問の余地ないものにし、今後もいよいよ深く自分らの祈禱を期待するからこそ、明英の京出発に同意し、餞を送った。

十月十九日　大豆代金受けとる。小物を買う。和吉が「御祝儀帳」をもってくる。

二十日　師匠の所へ玄米五升を持参して「いとまこい」。半てんを直吉の妻にこしらえてもらう。

二十一日　おまつに貸してあった諸道具を要之助殿の蔵に預ける。大豆殻を人に与える。「留守に直治親子三人頼み、諸道具渡し置申候」。

この三日間は、最後の身辺整理と旅支度で忙しい。

栗林村命助として南部領から逃亡してから二年三か月たった安政三年（一八五六）十月二十三日、「寅ノ刻」というからまだ暗い時刻に、東寿院明英は南小牛田村横目の家から京へと出立した。

ところが明英は、その日そのまま京都へは向かわなかった。朝飯を馬喰の家で振る舞われたのち、陸前海岸のほうへと北上して行ったのだ。最初の日はまだ海辺に達せず、本吉郡横山で泊り、「はたこ（旅籠）百六十文也」。二十四日、海岸をたどって同郡小泉で一泊（一五〇

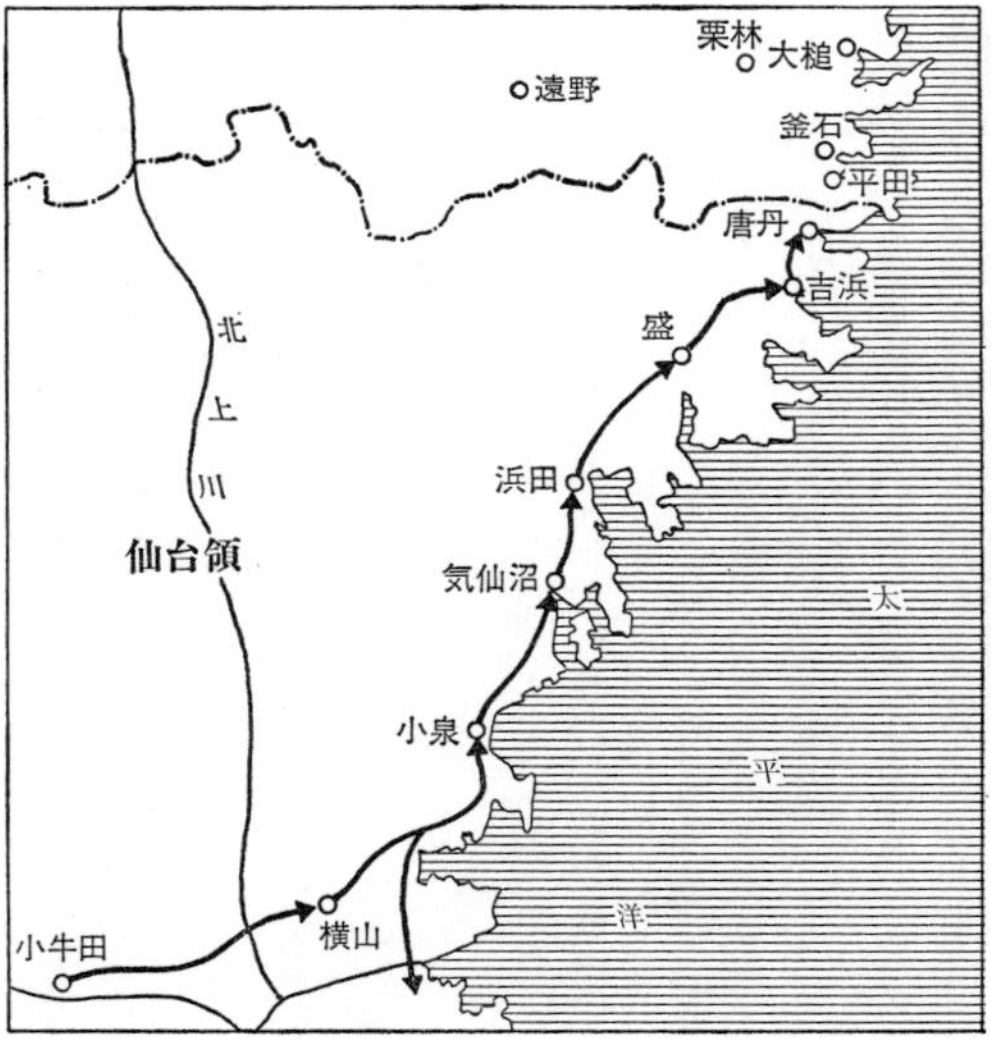

文）。気仙沼を通って、二十六日の夜は浜田村の肝煎の家に泊めてもらっている。明英・命助の足は、確実に南部領三閉伊へ向かっていた。二十七日は盛《さかり》の在に泊った。盛町は三年前の一揆のさい、四十五人の一人として、唐丹村から移され、仙台城下へ移されるまでの一か月近い毎日を過ごした所である。

二十八日に肝煎の家に泊めてもらった荒川は唐丹湾に面していて、南部藩領へ抜ける平田番所へはもう一息の所である。荒川へは、その後も十一月四日と二十一日に泊っている。

命助の足跡は、気仙郡の海岸線を往ったり来たりという具合で、十一月三日には、「炭焼きこや《(小屋)》に泊り、誠に寒中の如し」と野宿に近い夜も経験した。いきなり宿を求めた家で、十月二十九日から十一月二日まで「休足」し、同じようにして十五日から二十日まで「休足」している。この気仙郡は、命助が三閉伊一揆で越藩してくる以前から商いにたずさわってきた土地で、地理にもつうじ、知り合いも多くできていたはずである。その気仙郡に、十月二十五日から十一月二十一日まで一か月近くも滞在していたことになる。明英・命助は、この地でなにをしていたのか。

金策ではなかったかという森毅氏の見方は一理ある。十四日に吉浜、二十一日に荒川泊り、その間の十九日に、栗林村の本家後家まつよは、弥惣という者から二両を借りている(三浦家文書「借用申手形之事」)。この二両は、吉浜と荒川の間、唐丹村近くに逗留していた明英・命助に姉が用立てるためのものではないかというのである。その証拠はない。「東」の家にしてもそのころ、暮らしむきのための金策をする理由は十分にあったのだ。しかし明英・命助の気仙郡滞在は、南部藩領へ越えて「東」の家族と連絡しあうためだったとするほか、説明がつかない。十九日に姉まつよが金策をし、弟明英・命助が仙台藩領ではあるが遠くない所で待つ、というのは符合しあう。剃髪して栗林村を逃げた命助は、この年八月中旬に仙台藩東寿院明英の名と姿で南部藩領遠野に入り、十月の末から十一月にかけて、また明英として栗林村付近へ出没したのである。

十一月二十二日から、命助は京都の方向へ進みだした。「清七に泊り。右は悪人に御座候」と記さざるをえないような手痛い目にあう日もあって、鹿折《ししおり》―伊《い》里前《さとまえ》と歩いて、二十六日には松島の扇屋に泊った(「二百文也。上はたこ《(旅籠)》也」)。

「覚」の記述はしだいに簡略になってゆくが、途中では「御通判」(通行手形)を見せた所もあり、「至てふとり扱に御座候」と大男なので人並以上の宿賃(二〇〇文)をとられることもあった。

十二月三日泊った「きちれ川」は下野国喜連川《きつれがわ》のことであろうし、四日の泊り、石橋は宇都宮を通り抜けた所である。そこではまる屋善右衛門方に宿をとったのだが、何に使ったのか六一六文もだしている。六日には武蔵国に入って幸手《さって》宿遠州屋泊り。いよいよ江戸に足を入れる。「かりまめや茂右衛門泊り」と命助は記すのみで、江戸の印象をまったく書いていない。翌日、七日は雨が降ったため、そのまま江戸にとどまり、八日の朝かなり遅くなってから出発した。(のちに牢内で、命助は江戸への移住を家族にすすめようとするのであり、二日間の滞在になんらかの感懐をいだいたにちがいないのだが、それをうかがうことはできない。)

江戸から京都へは東海道をたどるだけである。

九日　平塚　いとう屋まさ右衛門泊り
十一日　蒲原　ゑびす屋惣兵衛泊り
十三日　掛川　池田屋長右衛門泊り
十五日　御油《ごゆ》　一文字屋十郎左衛門泊り

十七日　四日市　ゑびすや泊り
十八日　関　島田屋清次郎泊り
十九日　石部《いしべ》　みます屋八郎治泊り
二十日　大津　ふね屋藤六泊り

一路、京都をめざして泊りを重ねるというような進み方であるが、大津のふね屋では三泊した。京都へ入るにあたっての下調べと支度に要した時間だったろうが、「をとよ、をはな、をさの、をひさ、藤吉になやまされ大金相遣申候。大悪人に御座候」と書いているところをみると、大津では失敗もした。「大津にて遊申候。十五歳のをはな」と、この日より以前の項に書きこんでいるから、おとよ、おさの、おひさも宿場女郎(飯盛女《めしもり》)だったはずで、夜の「遊」のことで藤吉という男に金をおどしとられたのにちがいない。その金もふくめて、大津では一両三分を使ってしまった。

大津を発てば、その足で京都に入る。

七　二条殿家来三浦命助

東海道の宿場道中をかさねながら、京都へ近づいてゆくなかで、明英・命助は、南小牛田村に定住する修験としての院号・錦地の免許を得るという企図以外に、もう一つの目途を胸にふくらませていた。かれは、思いも寄らぬようなある方法で南部領に登場することを構想しはじめていたのだった。

明英・命助は、安政三年(一八五六)十二月二十三日から二十六日までの四日間、京都に滞在した。そのうち二十六日は、なすべきことをしおえたあとの「京見物」の一日だった。したがって、その前の三日間のうちに、第一の目的である仙台領先達から預かった添状をもって修験当山派の本山である醍醐三宝院を訪れ、宛名の役人を介して院号・錦地の免許を願いでた。そして、かれの希望、というか古川寺―延命寺―(一乗院)―東寿院という仙台領内の当山派の希望でもあり、東寿院をつね日ごろ、〝魂の世話〟のために必要とする南小牛田村の希望でもある、官位制による東寿院明英承認の申請は成就された。

百姓命助は、ここに晴れて修験当山派の東寿院明英となったのである。もはや南部藩の

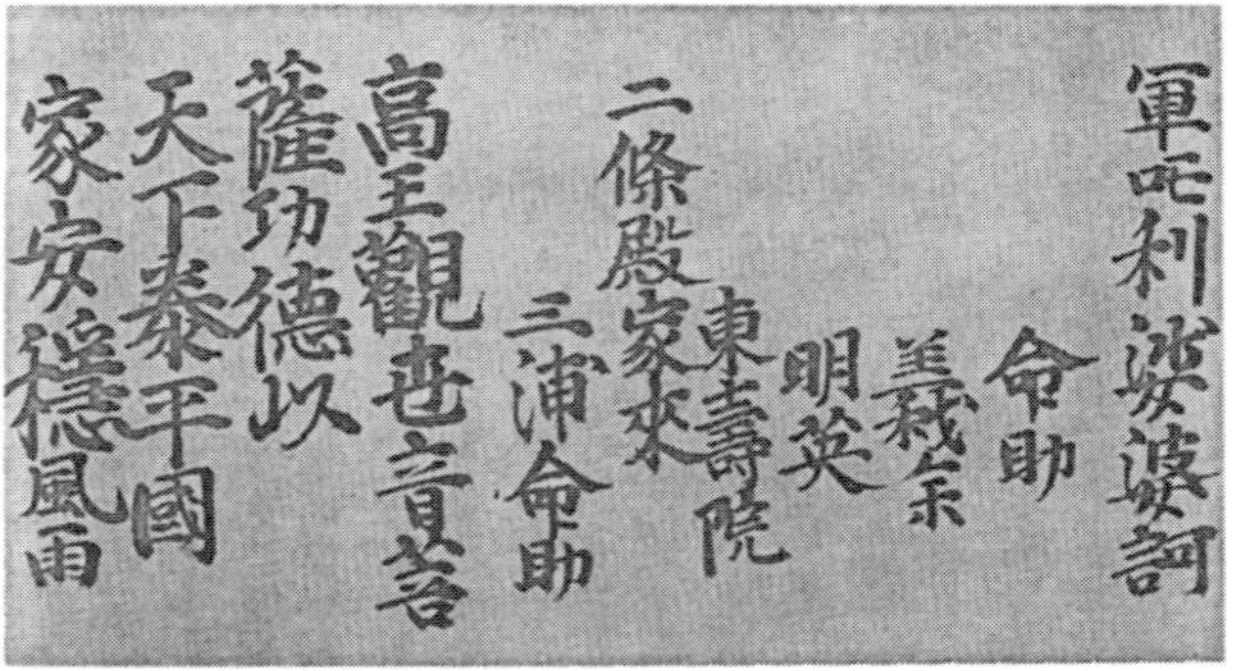

「高王経」から

領主権力も、権威ある本寺の下にある明英・命助に対しては、かんたんには処断の手を下せないはずであった。

のちに捕えられた命助が牢内で写した「高王経」に、「命助　義乗　明英　東寿院」という横並びの署名がある。これは正式に東寿院の住職となったという証左でもある。ところがこの署名に、さらに並んでもう一つ、

二条殿家来

三浦命助

（三浦家文書）

という署名が加えられている。

さきに述べた京都行にさいしての明英・命助のもう一つの目途とは、この「二条殿家来三浦命助」の名前を得ることであったのだ。必ずしも「二条殿」でなければならない、というわけではなかっただろうが、「……殿家来」と、公家《くげ》上層の公卿家の臣に

なるという計画がかれにはあったのである。命助は、「覚」(脱走日記)安政三年(一八五六)十二月二十七・二十八日の項のなかに、

四親王様
アリシカワサマ(有栖川〈宮〉)
フシミサマ(伏見〈宮〉)
カンニンサマ(閑院〈宮〉)
ケウゴクサマ(京極)
五せツケ様(摂家)
クジヤウサマ(九条)
タカツカササマ(鷹司)
ニジヤウサマ(二条)
一ジヤウサマ(一条)
コノエサマ(近衛)

(三浦家文書)

と書きつらねている。この列記は、京極家を桂宮に変えれば、当時の四親王、五摂家の正確なメモである。命助の仕官目標がほぼこのあたりにあったことを示すものとみてよいだ

ろう。命助の仕官目標が、親王の称号を許された四皇族家と摂政・関白に任じられる五公卿家のなかで、二条家にきまっていったのは、紹介者の都合による。醍醐三宝院の家来が証人になってくれた願書は、こんな文面だった。

恐れながら願上げ奉る口上書

私儀《わたくしぎ》

一　御殿様へ御奉公仕度《つかまつりたく》、年来《ねんらい》之願望に付、此度《このたび》恐れを顧みず願上奉り候。何卒《なにとぞ》格別
御憐愍を以って、御家来列に召加えられ下置かれ候様、偏《ひとえに》願上奉り候。御聞済《ききずみ》成
下置かれ候はば冥加《みょうが》至極有り難き仕合《しあわせ》と存じ奉るべく候。此段宜敷《よろしく》御取成《とりなし》之程願上
奉り候。以上。

年号月日　　願人　何某
三宝院宮御内家来
証人　高田吉左衛門

二条様
御役人中様

（『釜石市誌』史料編、二三三―二三四頁）

この願書の中で命助は、「御殿様へ御奉公」は「年来之願望」としている。しかし、そ

の願望の芽生えは、京都醍醐寺へ行くということについて確かな感触を得たからだったはずである。かれが二条家仕官の願望を国元(仙台藩領)ですでに披瀝して、その後押しをも頼んでいたというようには考えないほうがよいだろう。南小牛田村にも、仙台藩領当山派の修験寺にも、末端山伏でしかない明英を二条家へ推挙する必然性はない。国元はあくまでも醍醐三宝院からの院号・錦地免許を得るために協力したのであって、独り命助が、上層公卿家に召し抱えられることを望んだものと思われる。命助はこの企図を実現するために当然ある程度は準備金・献上金を調達していた。そうして、高田吉左衛門に運よく証人になってもらうことができた、というのが事の次第であろう。命助の願書は周到である。「御家来」にしてほしいとはせず「御家来列」、つまり家来並にしてほしいと願いでたのである。商人などが献金によって士分格の身分を得ていたことは、南部藩の「金上侍」などの実例から、命助は三閉伊通でよく見ていた。また、現に、栗林村脱走以後、かれ自身が百姓から伊達安芸守「家中」末端の修験寺住職になっている。命助の体験にそくして想像すれば、かれはわれわれが「幕藩体制下の身分制度」という枠組をとおして思う以上に身分の変更についてとらわれない考え方をしていたのであろう。

ところで、証人となった高田吉左衛門という人物は、醍醐「三宝院宮御内家来」という以上には、わからない。しかしかれの細かな手引きがあったことは確かである。「覚」の記載に、

二十五日　手前と吉左衛門とあふみや《近江屋》に泊り。

とあり、翌日二人で「京見物」にでかけている。この「吉左衛門」は、高田吉左衛門だったとも考えられる。これは二十五日までに二条殿への願書の提出が一段落して、命助がその礼に吉左衛門を近江屋に招き、翌二十六日、京に遊んだと解することもゆるされよう。吉左衛門の世話は、手応えあるものだったのである。

命助が二条家とかかわりをもったいきさつから国元へ帰るまでのことについては、『南部義民伝』の著者が奔放な想像力を発揮した描写をしており、興味をそそられる「物語」となっている。が、ここではふれない。

江戸時代、百姓が在所を離れて京都へ上る、これを三閉伊百姓の行動としてみると、いま一人の人間のことが思い浮かぶ。

弘化四年(一八四七)一揆の頭人の一人、野田通安家村の俊作は、一揆に先立つこと五年前の天保十三年(一八四二)、三十三歳のときに西国《さいごく》へ順礼の旅をした(前出、茶谷十六『安家村俊作』)。かれは「西国順礼道中記」という記録を残しているが、それによると、二月一日に居村を出発して三月二十日に伊勢山田に泊っている。参宮をすませて各地の社寺をまわり、三井寺へ寄って大津に泊ったのが四月十三日、翌日から京都のぬい物屋嘉兵衛方に二泊して、比叡山、鞍馬、六角堂、革堂、清水寺、観音寺などをめぐり、嵯峨・池田と宿を移してゆく。さらに四国の金毘羅宮、信濃の善光寺をめぐり、帰路出羽の羽黒山などをまわって安家村に帰りついたのが五月二十七日である。一一六日間の旅であった。

興味深いことに、俊作は、命助が天保七年(一八三六)十七歳のときに三年間稼ぎに出向いた秋田藩の院内にも立寄り、番所前で一泊している。一揆の頭人としては、俊作のほうが六年早く働くことになったが、院内銀山を訪れたのは命助のほうが六年早かった。ともあれ、南部に住む者らにとって、京都へ行くのは西国順礼の一環だった。

十二月二十六日に京見物の一日を過ごした命助は、また近江屋に泊って翌二十七日には滞在わずか四日間ではやばやと京を出立した。それについて、命助は「覚」に「才覚に下り申候」と書いている。「才覚」が、金の工面のことだとすると、二条家への献上金を調えるために、南部か仙台へ帰るというように読みとれる。命助は離京のさい、二条家と関係ある者か、中村儀三郎という者と同行している。二十八日は、二人で北陸道へ向かい、米原へ泊った。この日、かれは、これまで毎日の記録に使っていた矢立《やたて》を失ってしまう。中村儀三郎とはずっと同行するつもりだったらしいが、大晦日の日、しばらく離れて待ちあわせた場所にかれが戻ってこず、命助は一人で奥州へ向かうことになった。安政三年の最後の夜を、命助は「しんかの南の入口の茶屋」に泊って安政四年(一八五七)の元旦をむかえた。「誠に此日難儀致、宿とり申候」(「覚」)と訴えている。あちらこちらと宿を乞うては断わられつづけたあげくの茶屋泊りだったようだ。

命助の「覚」は、この安政四年正月「八日玉村宿」という記載の次から欠損になって、それ以後のかれの足取りがつかめない。先に述べたように安家村の俊作が四月中旬に京都をでて、柏崎、新潟、鶴岡、院内、横手、盛岡とたどり、居村に帰りついたのが五月下旬である。同じ道筋ではなかったにせよ、十二月下旬に京都をでた命助は、一月末か二月初旬のうちには南小牛田へでも大槌通へでも到着できたろう。

命助の消息がはっきりしてくるのは、京都から戻った年の安政四年四月二十五日からである。この日の日付で、「子銭地申手形之事」という文書がある。この文書の末尾は次のようになっている。

渡人　命助 ㊞
受（請）人　まつよ ㊞
受人　半蔵 ㊞
受人　定助 ㊞
長持ノ
留之助殿
（三浦家文書）

文書の趣旨は、命助が、自分の持地である四人役（約四反歩）、反当り五斗収穫の田地を留之助に子《し》銭《せん》地（抵当地）として渡し、安堵《あんど》銭《せん》（借金）一〇両をたしかに受け取る。年季は安政六年までの三年三作《さんさく》とする、というものである。姉のまつよとその倅で、この年十一歳の半蔵（『南部義民伝』の著者）、それに命助の倅で十九歳の定助を請人にして命助は一〇両を調達した。この金は、旅費にせよ献上金にせよ、まだ実現していない二条家の家来になるために準備されたものと思われる。五月一日付の借金もそうであったろう。「借用申手形之事」（『森史料』一七五―一七六頁）は、借主が六右衛門、請人が銀蔵とまつよ、一〇貫文を貸したのが栗林村板橋のおはな、利息は二割半ときめ、書入れには、「喜六取立之頼母子定助名代一丁前」をあてにしている。この証文の末尾に、「右之時米代五両、手代五両〆《しめて》拾両もつ（持ち）参り候　命助」と命助が登場する。借主の六右衛門は「東」の家と同義であって、定助名代の頼母子を引き当てに借金をし、ともかく命助が一〇両を入手したと読むことがゆるされよう。

ここまでの命助の動きをたぐってみると、安政四年の一月中か二月にはいって、かれは奥州に戻ってきた。戻った地は、かれの帰住を待つ仙台藩南小牛田村であってもよいし、南部藩に近い気仙郡のどこかに潜んでいたと推測してもよい。しかし、潜むというのは一泊につき一五〇文、二〇〇文と使うことであるし、東寿院住職となって差し障りのある事情はないのだから、とりあえずは南小牛田村へ戻り、修験の生活をつづけたと想像してよいのではないか。院号・錦地を免許された明英の地位は、いっそう堅固なものになっている。そこへ、京都の高田吉左衛門あたりから、昨年末に願いでていた「御殿様へ御奉公」

の首尾についての便りと指示が届く。それは、再上京を必要とするものであった。命助は、周囲に対してどのように説明したかはわからないが、前年の八月、十月と同じように東寿院を離れて、いずれかの道筋を通って栗林村の「東」の家族と接触し、上京の費用を工面したのだ。

命助はその金をもって五月には京都へ向かい、閏五月には京都へ着いて、あれこれの手を尽す。そして閏五月十六日、二条家から呼びだしがあった。

手紙を以て御意《ぎょい》を得候。然《しかれ》ば、明十七日巳の刻、御用の義有らせられ候間、麻上下《あさがみしも》着用御参殿成られ候様達せられ候。右御意を得度《たく》、斯《か》くのごとく御座候。已上

閏五月十六日　　　　　　　　　　　　岡　右兵衛

土田正親

三浦命助御用向

其許《そこもと》義、今般願の通、御家来列《れつ》に召し加えさせられ寄合席《よりあいせき》仰付けられ、多賀主税次座《じざ》たるべく、此段御沙汰御申渡候事。

閏五月十七日

（共に『集成』6、六四二頁）

この文書は、命助がこれより一と月半ほどのちに捕えられたとき、所持していた品々のなかにあったものを『内史略』が書き留めたらしく、書式にわかりにくい点もあるが、牢内で書いた命助の三番の帳面に、「京(都)との御家来にしかと罷成《まかりな》り、相下り申候得共、仰付けられ候御重物《もつ》みなをとりあげ(御取上)に罷成り候間、此段左ように思召《おぼしめし》成下さるべく候」(三浦家文書)と主張しており、その「御重物」のなかにあった文書であることはまちがいない。

命助は、当山派の山伏の装束をしていたのだが、呼びだし状は、麻上下《がみしも》を着用して参殿することを命じている。十七日午前に命助は二条家へ出向き、そこで「御家来列」に加えられた。席次は多賀主税という者の次座。「寄合席《よりあいせき》」とあるから、非職、つまり地位だけで職務がない立場であったように思われる。

要するに命助は二条家の家来であるという「社会的地位」を、献金をともなう訴願によって入手したのだ。いずれにせよ、この日、安政四年閏五月十七日、かれは、伊達安芸守家中・当山派修験東寿院住職明英から、摂関家二条殿家来三浦命助になった。修験者から公家《くげ》侍へと身分を変えたのである。

そしてじつは、このとき「三浦命助」という名も誕生したと言ってよい。のちに牢内で命助が書いた四冊の帳面のなかで、「三浦六右衛門様」という宛名を用いているところもあり、「三浦左馬之助の家」とも言っているのだが、これは、すでに命助が、「三浦命助」という自己認識を確信するほどに深めて以降のことである。「東」の家は、文化期の六郎兵衛の代にも「栗沢」姓を用いたことがあった(観音堂堂宇棟札)。小国村から三浦姓と持参金つきの嫁入りがあったという伝承も、三浦姓がそう古いものではないことを物語る。もちろん、のちに命助が、四冊の帳面に「三浦左馬之助の家」と書いて家族の者らが不審に思わない、その程度の「三浦」の意識は「東」の家の人びとに前々からあったのだろう。だがそれが、他に換えがたく「三浦家」となるのは、命助が二条家とのかかわりで「三浦命助」を明示するようになってからのことと推測される。

もともとこのころの姓は族団を示す呼称であって、ある個別小家族の区別基準の意味として名乗ることは少なかった。ふだんは屋号で呼びあったのである。「東」の家は、左馬之助の後裔であって栗沢一族の総本家とみられてきたのであった。それが、富豪の娘を嫁にむかえて持参金を得るかわりに嫁の実家の姓・三浦に変わる、というのは、むしろその地位・実力の低下と、そんな仕方で個別小家族としての存在をはっきりさせてくる、というかきさつを反映する伝承のように思われる。「東」の家は、事実没落の過程をたどっていたのであり、本分家をつうじた唯一の当主といってよい命助が逃走してからは、後家家族となってしまい、また代官所からつねに監視され捜索されるという存在になっていたのだった。命助が、二条家に「三浦命助」として召し抱えられ、「三浦」姓を明示することによって、「東」の家はむしろ「三浦家」として、再生するように登場したとも言える。(これまで、「三浦家」という表現を避けて「東」の家という表現でとおしてきたのはそのためである。）

一、人足　弐人

右者、京都より奥州南部迄

道中上下取扱及ぶべく候事

巳（安政四年）の閏五月

二条殿御役所

（附箋）

二条殿

先触御役所

（三浦家文書）

ひととおりの挨拶・儀礼を済ませてからであろうが、人足二人を使える往来手形を「二条殿御役所」から入手し、ほとんど引き返すようにして、命助は帰路についた。そのことを「借用申手形之事」という一通の借金証文がうかがわせる。この証文の末尾は、次のとおりである。

安政四年巳ノ六月廿八日　立合人金作 ㊞

二条御殿御内

借主　三浦命助 ㊞

受人　甚　助 ㊞

受人　勘之助 ㊞

（三浦家文書）

せ《(世)》田米村竹ほら

千太郎殿

請(受)人「甚助」は、多分、嘉永一揆のさい栗林村の第一の頭人だった百姓である。命助はかつての頭人仲間にも証人となってもらい、二条家の家来であることを明示して、南部領ではなく仙台領の百姓千太郎(気仙郡世田米村)から、証文によれば「三両三分」を借りた。八月までの三か月間の融通で、無利息と定め、抵当には「古田三人役、御高三斗代之所」をあてている。もし返済が遅れれば、請人の二人が抵当を処分し、千太郎へは正金でかならず支払うという約束である。

命助は、もうあきらかにいっさいの気持を南部のほうへ向けていた。その後の行動から逆推すれば、もうこの六月二十八日ごろには、命助は、一乗院の師匠や南小牛田村の住民らのつながりから抜け出してしまっていた。安政四年七月、命助は東寿院後住のことをどのようにか解決して、いよいよ藩境、平田《へいだ》番所へ進んでいった。

それは、たんに栗林村の家族のもとに忍ぶとか、三閉伊通へ入りこむというのではなかった。単なる潜入であれば、これまでもたびたびおこなってきたことである。修験の姿で遠野に泊るという冒険も前におこなった。かれは、当山派の修験として、師匠や住民と深く交わりながらその後の一生を送ることもできたはずだ。かりに定着に耐えぬ人間であったとしても、修験として「放浪」の一生を送ることも不可能ではなかっただろう。

命助は、進むべき方向のなにかを選択したのである。その選択は、かれが頭人として加わった三閉伊一揆のことを除外しては説明できない。そして村々からも悪評をうけ排除されていると思いこんでいる命助がとりえた選択は、いわばたった一人だけの一揆行動だった。そうとしか考えられないのだ。それは冷静に構想された行動というより、手だてはこみいっているけれども、首尾の全体が命助の憑依《ひょうい》状態を示しているというしかないものだった。

『内史略』によると、こんなふうに命助は、南部藩領へ入ってきた。安政四年(一八五七)七月十四日、栗林村を逃亡してからまる三年、しかもその栗林村に一番近い番所、平田からである。

七月十四日、二条殿内三浦命助と名乗《なのり》、二条殿御用衛府《えふ》を立《たて》、大小を帯し、家来を召《めし》連《つれ》、横平《おうへい》に平田村御番所へ差懸り《さしかかり》(候)処、……

(『集成』6、六四二頁)

命助は平田番所で「二条殿内三浦命助」と名乗った。もとより栗林村命助であることを知らせるためではなかった。かれは二条家の御用として南部藩領へ、「正式」に入国しようとしたのであり、その形態でなければ果たせない目的をもっていたからにちがいなかった。間道を忍んで潜入するのではだめだったのである。家来は二人。二条家からもらった手形では人足二人を許されているから、この人数を雇い入れたのであろう。二人の家来は「二条殿御用」の「衛府」(会符、目印の札)を立て、鑓《やり》一筋を立て、挟箱《はさみばこ》一つ――それには大紐がついていた――を持っていた。命助は武士の身なりをして大小一腰を帯びていた。取り上げられた物に扇子一本があったが、暑夏のことでもあり、これをかれは手に持っていたはずである。

このような行装の命助らは、そのほかに荷物として、御用と書かれ下がり藤の紋所のある提灯《ちょうちん》、継上下《つぎかみしも》(士分の者が城中で着る平服)、真田木綿三尺、脚半一足、甲掛一足、袋一つ、巻紙一本、「二条殿御役所」と表紙に書いて仙台から記入しはじめた「道中人馬駄賃帳」一冊、日記帳一冊、「人間善悪書取帳」一冊、半紙二枚、それから命助が二条家の家来になるさいの文書、また、「晴《はれ》の歩行の節、四つ供、但《ただし》騎馬苦しからざる事」「寄合身柄官服、布衣《ほい》以上長上下《かみしも》以上の事」などと記された文書をもっていた。命助の所持金は、一分と銭二二文だけだった。

東寿院での日々と上京の行程を書いた日記帳(「覚」)や、すさまじいほどの他人批判を書きつらねた「人間善悪帳」を携行していることは、命助が、四年前の一揆になお心身を強くつなげていることを証明する。

騎馬は用いていなかったが、命助は、南部藩領へいわば「晴《はれ》の歩行」(『内史略』)の形で現われたのだ。ところがかれはその場で正体を見破られた。番人の一人が大槌通の者で、一揆のさいに攻撃されて百姓らを恨んでおり、命助の顔を見覚えていたのだという。命助は、そのときは何事もなく番所を通過できたが、甲子村の宿に泊った夜、数人の捕手によって取り押えられた。かれは、黙って捕えられたのではなかった。

命助、着用(の)着物の襟の内に仕込置候毒を取出し、食ひしを附人《つきびと》見付《みつけ》、直様《すぐさま》下糞を口を押割、押込、其《もっ》を以流し入し故、嘔吐して命無事也と。極悪不敵の曲物(者)也。

(『集成』6、六四二頁)

この描写が事実なら、命助は憑かれたような行動を開始しながらも、それが失敗した場合の対処も用意していたということになる。その対処の方法もふくめて憑かれた状態と言うべきかもしれない。命助は、毒物で自殺する準備をしていた。このとき人糞を口にねじ込まれなかったら、命助は三閉伊一揆の重立頭人太助と同じく、「自殺」で生涯を終えることになったろう。

南部藩は、このようにして嘉永七年(一八五四)七月に直訴人として預り宿から脱走した栗林村老名命助の変装――命助自身は変装だとは考えていなかったかもしれない――を見破って捕えた。さきに述べたように脱走以来まる三年めのことだった。南部藩に入ってゆく命助の行動を「憑かれたような」としたのは、かれの計画が途方もないものだったということであるが、かれはいったい、どんなことを思いめぐらしていたのか。

命助が没収された品物の一つに、大紐の附けられた挟箱があった。その箱は封印されていた。表には、

二条殿御内
入江伊織
大村弾正
奥州盛岡御城内
御役人御中
(同前、六四二頁)

と書かれていた。「此箱の中、何なるや聞かず」と『内史略』の著者横川良助は朱書している。あらゆる細部に通じたような情報収集力をもつ横川良助が、これだけは知ることができなかった「此箱の中」のもの、それが文書であったことは、当時の慣行からみてまちがいない。箱の表書によれば、それは公家の二条家から武家の南部家へ宛てたものであった。

とすれば、この箱を携えてきた命助は、二条家から遣わされた使者でなくてはならない。（二条家のほうは預り知らぬことであっても。）「二条殿御用」と書いた衛府を立てていたのもそのことを証している。平田番所から南部領へ入りこんだときの命助の奇矯な行装は、かれが、栗林村へ行こうとしていたのではなく、あきらかに盛岡の城中をめざしていたことを示す。命助は、二条家の使者として威儀を正そうとしていたのである。

しくじればただちに毒をあおって自殺。それほどまでに思いつめていた命助の目標は、一点、封印された箱のなかの文書を、なんとかして南部氏の居城に送り届ける。そしてそれが披露されたのちの結果を期待する。つまり文書の意向に従わせる。そのために命助はこれまであらゆる工夫をしてきた。そういうふうにしか考えることができない。

二条家から南部家に対する申し入れ、あるいは申し渡し。そのようなことが現実に公家と武家の間によくあったというのではないが、命助は、その、ふだんはないけれどもありうるかもしれないことを画策したのである。

申し入れ、あるいは申し渡しの内容は、二つの場合が想定される。一つは命助個人に対する特別の配慮の指示であり、もう一つは、三閉伊通百姓の願向きの一つである藩主交替、具体的には前藩主である甲斐守（南部利義）の復帰、ないしは三閉伊通の公儀領化、である。

かりにこの申し入れの中に自分一個の安全を確保し、栗林村の「東」の家族の中心になって生きる、さらには御上への積もる恨みを晴らしたい、というような私情私怨の部分があったとしても、それのみのために、栗林村百姓命助一個の救済を目的に二条家臣三浦命助が藩主のもとへ口上書を運ぶということは想像しにくい。封印された箱の中には、やはり、甲斐守再入国を中心とした申し渡し、ないしは三閉伊通公儀領化の申し渡しが入れられていた、と想像される。

旧主復帰というかたちで藩主を交替させるという目標は、嘉永一揆のなかで命助がもっとも熱心に唱えた点である。というより、かれの弁明によれば、「大太守様御入国」(「露顕状」)と石原汀と小川三人の罷免の二点だけしか命助は主張しなかった。一揆によって悪臣はほぼ排除された。三閉伊通の百姓らは、政治向きの立直しを実感していたのだが、一揆のさい最後まで残った四十五人の一人であったことを理由に――と命助は感じていた――罰されようとしていた命助にとっては、政事向きの根本は少しも変わっていなかったのである。かれが、藩主交替の申し渡しを届けようとしたのだとする推測は根拠があるのだ。また、公儀領化の申し渡しではないかと推測するのは、以後の永牢状態のなかで、命助が「公儀の御百姓」になることをつよくすすめる記述をしているからである。

たった一人だけの、無援の、一味＝一揆衆なき一揆。それも藩権力の中枢に迫って乾坤《けんこん》一擲《いってき》の成否に賭ける直訴行為。これこそが今度の帰国の意味であり、そして当然のことだが、かれは敗れたのである。

藩主の交替というのではないにしても、公家などの朝廷勢力の権威を借りようとした一揆は、ほかにもいくつかある。

田中正造は用水関係の歴史について日記に書くことがあったが、明治四十二年(一九〇九)一月の項に、茨城県古河町で聞いた、ある信じがたい出来事を記録している。

古河町字悪戸新田、今入船丁《(町)》土信田氏、四代前、代々名主東左衛門(天保二年、七十八年前、四十二年)なるものあり。(『田中正造全集』第十一巻、日記、一七七頁)

悪戸新田には西南を囲む堤があったが、あるときその堤が切られ、内側の家屋が浮き流れる状態になった。領主の代官が二本松という所を切ったからだった。そこを切らなければ城に水の危険が迫るからであった。名主東左衛門はそれに抗議した。そこを切れば新田の農家が渡良瀬川に流れだす。藩の役人は、損害がでれば領主側で償うと約束した。東左衛門は承諾したが、領主側は約束を守らず、堤を塞がず、流失した家屋も償わなかった。

東左衛門、領主を相手として公義に訴う。(同前)

かれは順をとびこして幕府に直訴したのであったが、ときの勘定奉行山口勘平は、領主と争うのは不利であると説諭し、訴えを受けつけなかった。東左衛門はこのときには罰されなかったが、幕府もまた頼みにできないことを知った。かれは懸命ではあるが奇矯とみるほかない行動にでた。

　玆《ここ》に於《おい》て、東左衛門死し、葬式を為し、京都に走る。白河殿にすみ《(住)》こみ内願す。当時白河殿権柄《けんぺい》多く、大名の国替を東左衛門に命ずるに、東左衛門、古河領主土煩《(井)》大居《(炊)》守に国替を奥州棚倉《たなぐら》に命ず。東左衛門古河町本陣に出張す（名を天野《あまの》井《い》正玄義種と名乗り）。　（同前）

　葬式をだして自分が死んだことにする。そして脱走して京都へ行く。東左衛門は京都で、命助とはちがって白川（河）家に住みこんだ。かれが事の次第を訴えると、白川家は大名土井家の国替を東左衛門に命じたという。

　白川家は、神祇《じんぎ》伯《はく》ではあったが、神祇大副である吉田家に押されていたというのが江戸時代の実情であった。在地にたいする神祇伯としての影響力は持続していたが、「権柄多く」というような力は持っていなかった。おそらく東左衛門は、自分自身かあるいは地元の信仰環境に示唆されて京都白川家を頼り、白川家もまた、関東の一百姓を慰撫《いぶ》するためになんらかの指示をしたのであろう。

　大名土井大炊頭を奥州棚倉（現、福島県東白川郡棚倉町）に国替してしまう。かれはこのような奇想天外な着想をいだいて、天野井正玄義種と名乗り、古河藩の本陣にのりこんでいった。かれもおそらく、命助と似て、白川家の家来分にはなっていたのであろう。

古河町陣屋の家老を呼びだし、その指図をめぐって二、三度面会するうち、東左衛門の正体は見破られた。土井家はこの不埒な百姓を公儀に訴え、かれは公儀によって召し捕えられた。幕府の吟味に対して東左衛門は、領主の偽言・無責任を弾劾してやまなかった。

此時亦《このときまた》、奉行山口勘平出席諭〔サト〕して曰《いわ》く、領主との争は到底希望達するに至らざれば、其方の偽名の罪を許し遣《つかわ》し、国許《くにもと》に於て已前《いぜん》(の通り)名主役をつとめよとの諭しありしに、東左衛門聴《きき》入れず。(同前、一七八頁)

幕府はかれが領主の責任を問うことをやめるならばその罪を許し元どおり名主役をつづけさせると諭した。しかしかれはそれをきき入れなかった。こうして幕府は東左衛門を永《えい》牢《ろう》の刑に処したが、まもなく東左衛門は天保三年五月に牢死して果てた。死がせまったとき、土信田家の大助という松前生まれの家僕が、願いによって看病することを許され牢に入ったという。

田中正造は、四十二歳で牢死した東左衛門の事跡として、このほかに、年次ははっきりしないが土井家との争いより前に、彦根・井伊掃部頭《かもんのかみ》の御用船と争ったことを記している。

井伊家の御用船は、渡良瀬川の通行にさいし、東左衛門らの住む近辺で、船棹の届く広さに両岸の竹木を伐採した。東左衛門はこれをめぐって船頭と争い、とうとう河の中に杭を打って通行を禁じてしまった。二十五日間の頑張りののち示談となって、みだりな竹木伐採はおこなわぬということになった。「東左衛門の勢は正義にして気骨あり」と正造は評価している。

田中正造はこれにつづいて土信田家の家族のことを記述しているから、二つの話は東左衛門の子孫かその周辺で聞き取られたものであろう。両方とも、東左衛門の行動は独りだけでおこなわれたものであり、土井家に対する挑戦の仕方はきわめて突飛《とっぴ》なものであって、百姓一揆のイメージにはなじまない。だが村全体の命運に直結する水あるいは堤防にかかわる問題であり、領主の恣意に対する百姓の執拗な抵抗というようにみれば、事の性質は一揆年表にも加えられてよいほどである。

天野井正玄義種という名の使者となって京都白川家の意向を伝え、大名土井家に国替を命じる。これを、三浦命助という名の使者となって京都二条家の意向を伝え、大名南部家に藩主交替か国替(三閉伊通だけの上知《じょうち》、つまり公儀領化ということもありうる)を命じる、という内容にかえて天保期から安政期へ時間を引きおろしてくる。結局は二人とも牢死という結末さえ似ていて、イメージがいやおうなく重なってくる。

一揆の頭取のなかには、命助のほかにも二条家の家来になった者がいた。命助のときから九十年ほど以前の十八世紀後半、明和八年(一七七一)、飛驒国(岐阜県)大野郡の幕領で検地反対の一揆(大原騒動)が起こった。その一揆に加わった百姓の一人山口村の新十郎は、飛驒代官所から次のような判決書を下された。

同人(大原彦四郎)御代官所
同郡(大野郡)山口村伊東一学事
百姓　新十郎

右之もの儀、地《じ》改《あらため》赦免《しゃめん》之儀を企、京都へ参り、二条殿え相願、取拵《とりこしらえ》を以て家来分に成、伊東一学と名乗、帯刀いたし、丸屋三郎兵衛へも相願わせ、苗字帯刀致させ、江戸表へ罷出《まかりいで》、徘徊いたし候始末不届至極に付、存命に候はば其所において獄門《ごくもん》

(『徳川禁令考』後集十三、三三六頁)

一揆に加わった百姓新十郎は、二条家の家来となり、伊東一学と名乗るところなど、命助と同じである。新十郎は、見つけ次第斬罪に処しその所でさらし首にするという獄門の申し渡しを受けている。かれは、ただ二条家の家来になって姿をくらまそうとしていただけだろうか。新十郎について、飛驒代官からの申し渡しの後注のところには、「此者存付《このものぞんじつき》

にて京都へ参《まいり》、地改赦免之願調《ととのえ》候様重立《おもだち》取計候者に相聞、頭取に相当候」(同前)とあり、別の者に対する判決文のなかにも「山口村百姓新十郎、京都へ参り、筋違《すじちがい》之願いたし候を虚実糺《ただ》すべきと存」(同前)とあるから、新十郎は、京都へ行って検地免除の願書を作成して提出することを計画し、その中心になったことがわかる。かれの狙いはもとより、願書の効果を京都の公卿家の力と結びつけて発揮させようということにちがいなかった。この動きを申し渡しの文面と合わせみるならば、新十郎は、二条家の家来分伊東一学となり、その願書か、あるいは願書の趣旨をくむ文書を携えて江戸へ行き、しかるべき所へそれを提出しようとしていた。この場合の二条家の役割は斡旋者としてみてよく、伊東一学はその使者である。江戸での「徘徊」が遊山や物乞いでないかぎり、出訴の手だてを探して廻ったと読む以外にない。

このように、命助以外にも二条家の家来分になって百姓の願向きを実現しようとした事例もあったのである。百姓一揆というものが朝廷勢力と結びついて効果を引きだそうとした事例を求めるならば、このほかにもあげることができる。

延享二年(一七四五)に畿内で起こった一揆では、百姓らが代官所や奉行所、京都所司代、京都目付などに訴願をくりかえしたけれども、いっこうに状況は好転しなかった。たまたま百姓らの領主の御用商人であった者から、朝廷へ願いでるとよいと助言され、朝廷の内大臣や武家伝奏(武家の奏請を朝廷にとりつぐ役)や大納言らに幕府への訴えの斡旋を願い出ている。

明和八年(一七七一)、山口村新十郎が加わった一揆と同年のことだが、同じ飛驒の幕領で一揆が起こり、百姓の一人が死罪にされようとした。このときその兄が、大納言園家をつうじて幕府に対する助命嘆願をこころみた。

天保二年(一八三一)の長州藩の一揆では、「畔頭代役」という村役人の下級の者である忠三郎が周囲の百姓らに向かって、御百姓というものは藩主がどうすることもできぬ存在であって、事がむつかしくなったときは「京都」へでれば解決できると励ましたことが知られている。

天保八年(一八三七)、摂津で起こった能勢《のせ》一揆は、一国(摂津)中の米を惣人数に平均割することと、この年の貸借関係をこれきりにする——「徳政」という表現を用いている——ことを求めたが、その願書は「関白殿下《かんぱく》」へ宛てられている。関白が取りついで、「帝様《みかど》」から各領主へ命じてほしいというのである。

天保十一年(一八四〇)、幕府は羽州庄内藩に対して転封を命じた。三方領知替と呼ばれる大名入れ替えの一環であった。これに対して領内の百姓らはつよく反対し、他の大名、御三家、幕閣の要人などに訴えでたが、効果がない。そんななかで、「京都」へ行って「関白様」へ訴え、それでも聞かれなければ「禁裏様」へ申し上げよう、と提案するグループが現われた。

江戸時代の百姓一揆の数多さにくらべれば、朝廷勢力となんらかのかたちで関係があったことをうかがわせる一揆の数は微々たるものである。が、これらのわずかな事例は、百姓らにとって、朝廷勢力が幕府への訴願の斡旋者として期待されたということを示している。天皇個人を名指すものははじめは少なかった。「京都」という言葉でイメージされる公卿家のどれでもよかったのである。「京都」は、領主が百姓を支配する世界とは異なる世界であり、幕府に対してさえ百姓の言い分を取りついでくれる存在だった。そして天保期頃になると、「関白」とか「禁裏様」「帝様」とか、地理上の京都の一角に存在する「京都」、すなわちミニチュア律令体制の「力」によって直接に領主の権力を動かそうという考え方が百姓の中に現われてくる。百姓の、「公儀」についての意識が変わってきたと言いかえることもできる。

くりかえしになるが、このように朝廷勢力を直接的解決者として期待する事例は絶対的に少なかった。その現われ方はいかにも偶然であり、地域上の必然性もない。上層の百姓の発想であるということも言えそうである。しかし、江戸時代の後末期にみられるこのような現象は、武士支配に対して深いところで進行してきている、百姓の不信頼・不服従の表現の一つであったことは確かであろう。

以上述べてきたような歴史の流れに乗せてみると、「二条殿内三浦命助」として南部藩領に踏みこんだ命助の意図は、理解不可能なものではない。というより、命助の振舞いと、封印された箱が暗示する意図を、そのように解くことにそれなりの根拠がある、ということである。

捕えられて二日めの安政四年(一八五七)七月十六日に、命助は大槌代官所から盛岡城下へ引き立てられた。そして「揚屋入《あがりやいり》」となったのは二十四日である。ひとまずは百姓並以上の扱いを受けているようである。しかし百姓から修験へ、さらに士分へと転じた命助は、やはり「南部藩領栗林村百姓」として裁かれようとしていた。

八　牢の中

たいごう（太閤）記ヲそろい（揃え）テをん（御）送り被二成下一度《なしくだされたく》奉二願上一候《ねがいあげたてまつり》。私一生之をん願ニ御座《ござ》候間《あいだ》、当年中ニそろいテ御送り可レ被二成下一《なしくださるべく》候。

（三番の帳面、安政六年九月二十七日付「口上」。三浦家文書。以下、帳面の番号のみで示す）

牢屋の中で『太閤記』二十余巻ぜんぶを読みとおしたい。おみの、という名の女をつうじて、この希望を栗林村の家族に書き送ったのは、安政六年（一八五九）の冬のことだった。安政四年七月に命助が入牢してからすでに二年以上の月日がたつ。金子《きんす》は送らなくてもよいから、「与吉ト定助ニたいごう記ヲ」お送り下されるよう偏《ひとえ》に願いあげる、とも命助は書いた（同右）。

命助の長男定助は、この年二十一歳になっている。与吉のことを命助は、「よ吉」とも「よ吉殿」とも呼んでいる。十月十六日付の「口上」で命助は「先ぶん請（受）取候品モノ記シ申上候」として、「よ吉殿より、あわせ一ツ、こうせん（こがし）一袋、かつ（鰹）ノふシ（節）八ほん（本）、あわび二十斗り、手かミ《(紙)》一ほん、まキかミ《(巻紙)》一ほん、布ノ小袋一ツ、慥《たしか》ニ受取申候。よ吉殿ニ送り上候品者《は》、仁王経《にんのうぎょう》二巻、八ぶ《(分)》のをんはらい《(御祓)》一ツ相送り申候。よ吉殿ニハ不動経をくれ申候」(同前)と、ていねいな言葉づかいで記している。もう一人、「利八殿」と書かれる人物も別に登場し、これは命助との関係が不詳であるが、与吉のほうは、三浦加禄氏の調べでは栗林村に住む分家(小沢姓)の者であったらしい。

　栗林村の家族のほうから盛岡の牢内の命助へ向けて用を頼む使いの者は、倅の定助のほかに、親類筋の与吉、それに利八があった。命助のさきの記事の意味は次のようなことだった。

　栗林村から与吉を使いに送り、衣類として袷《あわせ》一着、食料として、焦《こが》し麦一袋、鰹節《かつおぶし》八本、鮑《あわび》二〇個ほど、そのほか牢内で用紙につかえる巻紙一本、おそらく入れ物にするのであろう布小袋一つ、それに家族からの手紙一本、これらを牢内へ送り届けた。そして命助からは、牢内で書いた、災難を除《よ》け万民安楽・国土安穏を念ずる仁王経(仁王般若波羅蜜《にんのうはんにゃはらみつ》経)二巻と、杉原紙でつくったお祓いの幣帛《へいはく》を、与吉に頼んで家族に送った。(仁王経読誦は東寿院時代の日課だったし、お札作りも手慣れた仕事である。)そして与吉への礼としては、これも牢内で書いた、悪魔・煩悩の折伏《しゃくぶく》を念ずる不動経を与えた、というのである。

　金銭より優先させて、与吉か定助に『太閤記』を持たせてほしいという安政六年九月二十七日付の「口上」を、命助はすぐにも栗林村の留守宅に伝えたかったにちがいないが、命助の側からは、たやすく使いをたてることができなかった。半月あまりたって、ようやく自分の書きためたものや手紙を託せる使いとして「をみの様」を見いだすことのできた命助は、十月十六日にふたたび「口上」を書いた。

たいごう記持参ノ時ハ、ろう守り衆江《へ》よろしきように願上、御入レ可レ被ニ成下一《なしくださるべく》候。右ニ依而《よって》、せんじん《(先陣)》ニ御みあげ《(土産)》差出シ可レ被ニ成下一候。（三番）

『太閤記』は、「ろう守り衆」の目をぬすんで入れることができない。頼みこんで、許可か黙認かを得て差し入れる。その代償が「よろしきをみあげ《(御土産)》たくさんニ」(同前)だった。さらに命助は、使いの者が盛岡へ着いたら、「をん遣《(御使)》イ人の宿ニハ、ろう守り重之助様ヲ御頼ミ可レ被ニ成下一候」と、指示している。これは牢番重之助宅に泊めてもらうよう頼め、という意味であろう。命助は、それにつづけて、「今度宿ニ頼ミ心やし《(す)》く仕候ハヾ」とか「追而《おって》(将来)ノためニなる事(に)御座候間、追而ノためニ今度宿ニ頼ミ」と述べ、懇意になるために牢番の家で宿をとることをすすめている。

『太閤記』の差し入れをそれほどにも熱望しながら、その実現を危ぶむ気持を命助はぬぐいさることはできなかった。安政六年九月二十七日付の「口上」は、「一《ひとつ》、千万一、私ころ《(殺)》され申候ハヾ……」と始まり、短い文章であるのに、あと三箇所も、「千万一私ころ《(殺)》

され申候ハヾ」「尤ころ《(殺)》されぬ時ハ」「ころ《(殺)》されたらバ」という表現が使われる。それが、十月十六日付の「口上」では「私ハ全クしざい《(死罪)》ニハ相成り申まじク候間《あいだ》、乍《おそれながら》レ恐、御安心思召《おぼしめし》可レ被二成下一候」と助かることを強調しつつ、同時に「一生之をん願」とか、「当年中ニ」『太閤記』を送って欲しいとか述べて焦燥の強さを表している。同じ日付のもう一つの「口上」にも、「いつ《(ず)》れ私儀ハ、御上様ニテころ《(殺)》さぬ内ハ、なん年もいの《(命)》つなが《(長)》らい《(え)》居り申候間……」「万一ころ《(殺)》され申候ハヾ」と揺れながら、その手紙の末尾を、

> 私も九月十三日より、めし《(飯)》ト大根をろし斗《ばか》リ用イ、塩もノ《(物)》・さかな《(魚)》類少モくらわじ《(ず)》。誠ニ仙人ノ如ニテくらし居り申候間、めしト大ごん《(根)》をろしヲ度々をんたむけ《(御手向)》可レ被二成下一候。（三番）

と命助はしめくくっている。

この部分を、安政六年の九月十三日に新情報を得、無罪放免の不可能なことを知ったのではないかと森嘉兵衛氏は読んでいる(「獄中記」頭注、日本思想大系58『民衆運動の思想』)。鰹節《かつおぶし》、干しあわび、蕨《わらび》の粉はよいとも述べているから、まったく大根おろしばかりでもなかっただろうが、ともかく生臭いものを避けた精進性のつよい食事にきりかえたらしい。命助の場合、「ころ《(殺)》され」るというのは、斬罪のような処刑ではなく、死ぬまでの永牢の

ことだったろうが、九月十三日以前のどの日かに、自分の処遇について聞き知ることがあったという推定はなりたつ。

安政四年(一八五七)七月の下旬に入牢してのち、どれほど命助の吟味がおこなわれたか判然としない。幕法・藩法の基準に照らして具体的な「刑」の申渡しが命助に対してあったようにはみえないから、拘置されている状態がずるずるとつづいてきたのであろう。そしてこのようなあやふやな拘置が約二年にもなり、命助が放免されることも絶望的になる。未決のままの事実上の永牢刑への移行。そのようだと命助が覚悟せざるをえないなんらかの情報を入手したのが九月十三日に近い頃であって、「何年もいの《(命)》つながらい居り申候間、追而ハ目出度帰村い《(致)》だし、御尊顔ヲ奉ㇾ拝」(三番)と、逆の方向へ強調しながら、遺言にひとしいものの記述をはじめる。こうしてできあがったのが、現在、子孫筋の三浦加禄家に所蔵されている三冊の帳面だったように思われる。

そのようなときに、命助は『太閤記』を読みとおしたいと欲求した。牢内ではじめて『太閤記』のことを聞いて好奇心を起こしたというのではないだろう。家筋の古い「東」の家に、もとから『太閤記』が揃いであって、命助も一度は読んだことがあるのではないか。

命助はのちに一つの「口上」を書いている。

一《ひとつ》、ムカシノコトヲ申上候。日本一ノ大坂ノ御城モ落城《〔ラクジヤウ〕》ニ相成リ申候。ヒデヒラ《（秀衡）》ノヤガダ《（館）》モ野山《（ノザン）》ト相成リ申候。ユワンヤ我々如《ごとき》ハ、ハツル《（恥）》コトナカレ。クヤムコトナカレ。

（「大福帳」文久元年二月二十四日付「口上」）

文治五年（一一八九）というはるかな昔、源頼朝によって落とされた平泉の藤原氏居館の顚末についての知識は『太閤記』によるものではないが、慶長二十年（一六一五）大坂落城についての知識は『太閤記』によるものだろうし、それも「落城」という方向での受けとり方は、かれのおかれた位置からの読み方であったろう。

小瀬甫庵《おぜほあん》の『太閤記』（寛文期）を読むと、豊臣家が永続できなかった理由についてしばしば論及しているが、大坂落城に触れているのは二箇所である。第三巻では、秀頼敗死、豊臣家断絶を、秀吉の織田家にたいする不遜、全国検地の恣意ぶりの罪が子孫に及んだものとし、第二十一巻でも、秀頼滅亡の因を、織田家にたいしてとった態度がまちがっており、そのほかにも非道を働き、身分不相応な地位についたことへの天罰である、としている。『太閤記』をつらぬくのは、悪行には報いがあるということなのだが、命助にとっては、栄えたものも必ず滅するという真理に共感をおぼえたのであったように思われる。「野山《ノザン》ト相成リ」という表現は、そのような気分にふさわしい。

百姓が『太閤記』を読む。そのさい、主人公の秀吉が下民から身を興す、そのことに痛快を感じる心情は変わらぬとしても、兵農分離の人生観を深く身につけた江戸時代の百姓らにとっては、秀吉が体験したような「下剋上」は夢想のかなたのものである。『太閤記』自体が、たんなる天下取り物語ではない。豊臣秀吉を一代の英傑としつつも、さきにみたように、けっして賞讃の書ではなく、むしろ批判の書である。なにゆえ豊臣「家」が一代限りに終わり、子孫に継承されなかったか。そこからひるがえって、乱世統一の大事業遂行にたいする評価と、治世における私欲恣意にたいする批判が、事績にそくして述べられていく。秀吉の波瀾万丈の生涯に感興をおぼえることはいうまでもないとしても、読み手の百姓は、百姓なりに自家永続、子孫繁盛を願望する立場から、豊臣「家」滅亡にそくしたさまざまの教訓をひきだすという読み方がなされたことと思われる。

しかし長い牢内生活という異常な情況のなかで『太閤記』をもとめた命助の関心は、世間ひととおりの娯楽性や教戒性というのではないだろう。栄者必滅という原理にかかわるところ、おそらく豊臣家断絶と自分の家の衰滅との比定にあった。「栗林村三浦左馬之助の家ハ、代々四十よりまい《(前)》ハ家ヲほろぼし《(す)》事あるべし」(二番)と書いたときの不安と悔いが、それとつながっている。安政六年、牢内生活三年目の命助が、この年ちょうど四十になった自分の行跡を振りかえっての感懐だったが、かれは「子孫末孫ニ至迄、四十よりまい《(前)》ノばが《(馬鹿)》を定儀《(じゃうぎ)》(手本)にいださじ《(致さず)》」(同前)よう忠告し、そのことを「代々ゆいごん《(遺言)》可レ被レ成候」(同前)とさえ申し送ろうとした。

そのような気分での『太閤記』の所望と、他のもろもろの意見を約二か月ほどの時間で集中的に書きあげたと考えられる三冊の帳面を、命助は一人の使者に託した。

このをん《(御)》人ハ、みやご《(宮古)》のをみの様ト申人ニ御座候。今度もりをか《(盛岡)》よりノをがいり《(御帰)》ニ願上、てうめん《(帳面)》三ツ、手かミ《(紙)》一ほん《(本)》相送り申候間、この御人ヲバ太《(大)》神宮ノをん遣《(御使)》いト思《おぼし》召《めし》、大切ニをんとりなシ、御礼よろしク奉二願上一候。尤、御礼としテ、ぜに《(銭)》二貫文差上可レ被二成下一候。

(三番、安政六年十月十六日「口上」)

この文面によれば、「をみの様」なる女性は、「東」の家族と知りあいだとは思われない。しかし命助とは知りあいだったらしく、「宮古のをみのト申す人ニ相頼ミ、てうめん御送り可レ申と心かけ居り候得共、今度幸《(さいわい)》ニ、定助ニ相送リ申候」(三番、十一月十八日)と述べていて、託す機会を狙っていたことをうかがわせる。

おみのは、閉伊郡宮古通鍬ケ崎浦の米問屋小嶋屋(近藤姓)茂右衛門の娘であり、元治元年(一八六四)七月に没している(前出・森嘉兵衛「獄中記」頭注)。独身のまま父の商売を継ぎ、家産をつくったというから、一揆をつうじてではなく、命助は、商人的活動のなかで、おみのと知りあった可能性がある。おみのが切りまわす小嶋屋は、手広く松前、下北、盛岡とも取引をしたらしい。とすれば「今度もりを《(盛岡)》がよりノをがい《(御帰)》リ」というのは、小嶋屋の事実上の当主としてのおみのが、盛岡へ商用で出むき、なにかのきっかけで命助入牢の件を知って見舞ったのではなかろうか。おみのは元治元年に六十八歳で死んだことがわかっているから、このとき六十三歳、命助にとって頼りになる経験豊かな、老熟の女性だった。

　天照皇大神、八幡大菩薩、春日大明神三神の「をん《(御)》功徳」によって三冊の帳面を栗林村の三浦六右衛門家に「をんと《(御届)》ゝけ被二成下置一《なしくだしおかれ》度《たき》よう」(一番)とひたすら祈願した命助にとっては、偶然現れた「をみの様」はしんそこ「太神宮ノをん遣い」と思われたろう。無事届けてくれたときは三浦家から礼銭二貫文を渡してほしい、というのであるが、現在これらの帳面類が伝存するのをみれば、おみのは、安政六年の末か翌年の新春のうちかに、命助の言づての帳面その他を届けたのである。

　盛岡から宮古までは今の国鉄(JR)山田線でもほぼ三時間、宮古から釜石までが約一時間半ほど——宮古からやってくれば実際には釜石の手前の大槌か鵜住居《うのすまい》あたりから右手へ折れる——という遠さである。老女のおみのは使いをさしむけたと想像するのが自然であるが、それでも「東」の家の門口におみのが自身であらわれたと想像することを禁じえないのは、九月十三日から食生活も変え、「三ツノてうめん《(帳面)》斗りのご《(残)》し、このまいま《(前々)》イニかきたるもノヲバのごさじ《(ず)》、をんやき《(焼捨)》しテ可レ被レ下候」(同前)と書き送るほどだから、預り

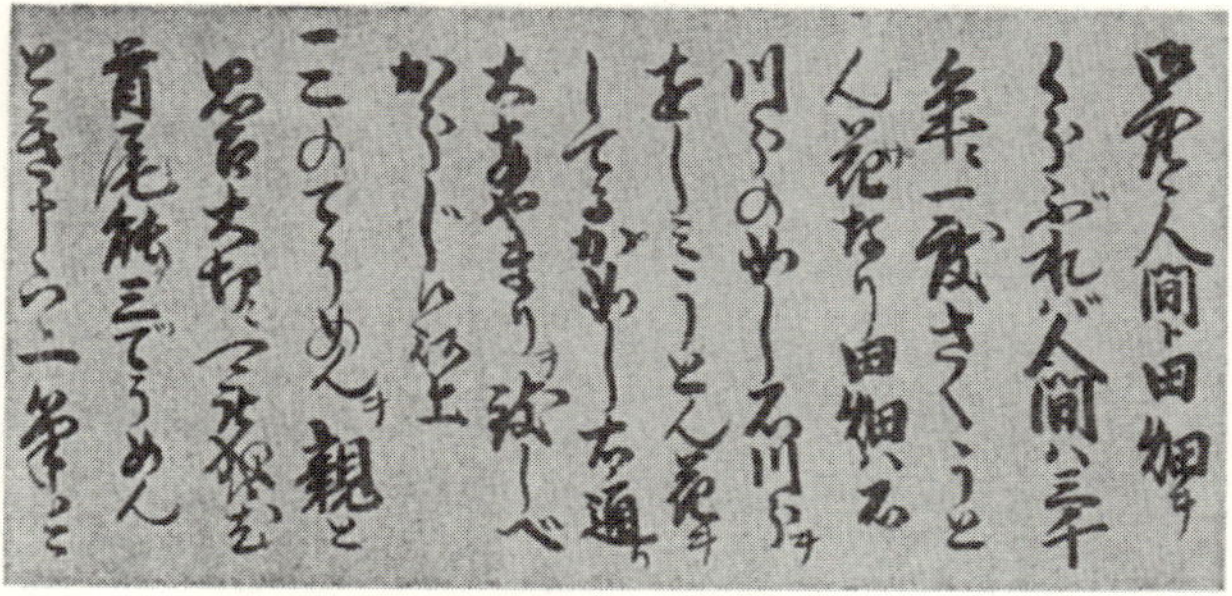

一番の帳面から

物はいわば遺書であり、命助の最後の風姿・言葉つきがこうこうだったと伝えることが、依頼された者の務めだとおみのが考えるのが自然だと思われるからである。

命助も、おみのを大神宮の使いと思い大切に取りなしてくれるよう(三番)と書いて、おみの自身が運んでくれるはずだと期待していた。「口上」(日付なし)の二条目には、飛脚銭と思って二貫文さしあげてほしい。家を治める名法を記したものだから惜しまず二貫文のお礼をしてほしい。以後は金銭を使わせないから今度だけは二貫文の礼を願いあげる、と三度もくり返している(三番)。

このてうめん(帳面)を親と思召《おぼしめし》、大切に可レ被レ成候。
尤《もっとも》首尾能《よ》く三ツ(の)てうめんとゝき(届)申候ハゞ、一筆とゝき申候と斗《ばか》りかキつけ、請取かキ(書)を(御)ん送り可レ被ニ成下一候。
(一番)

誰が届けたにせよ、遠隔の三浦家に帳面が到着したことは疑いなく、帳面のなかにこの箇条を発見した家族らが、なんとかして「請取」を盛岡へ送ろうとしたこともまちがいなかった。三冊の帳面が書かれてから二年後、万延二年(文久元年)の大福帳は、三冊の帳面を家族が受けとっており、それを命助が知っていることを前提にして書かれている。

命助は、おみのに「てうめん三ツ、手かミ一ほん《本》」を託すると書いているのだが、その手紙は現存していない。帳面のなかの口上の一つがそれに当たるということも考えられるが、確定はできない。三冊の帳面全体が、一つの長大な、家族への手紙みたいなものであるが、命助が一本の手紙に特別の注意を払っていたことは、「口上」のなかに、

いつ《ず》れ、をみの様ニ手かミ《紙》差上候事、ろうもり《牢守》衆江ハ、かだ《堅》ク御かぐ《隠》シ可レ被ニ成下一候。　（三番、十月十六日）

と書いていることからもわかる。牢番への土産を頼む他方では、なんでも目こぼしになると考えていたのではなく、隠すべきものもはっきりと知っていたのである。

しかし、ひた隠しにするものがあったにせよ、命助の牢中の生活は、牢死に至る長い時間というイメージだけでは十分に説明できない。牢死という結果からすれば、まぎれもな

牢内への差し入れ品

与吉	袷	1つ
	香　煎	1袋
	鰹　節	8本
	飽	20ほど
	手　紙	1本
	巻　紙	1本
	布小袋	1つ
利八	鮭焼きもの	1苞
	足　袋	1足
	紙	2品
	手　紙	1本

牢内からの送り物

与吉へ	不動経	1巻
家族へ	仁王経	2巻
	八部御祓	
	書き物	
	手　紙	
	高王経	

その他の出し入れ物品

搬入物	(太閤記全巻)	
	(金　銭)	
	(竹　皮)	
	(蕨　粉)	
	(米麦か雑穀)	
	(大　根)	
	(貸帳面)	
	筆・墨・紙	
搬出物	帳面	3冊
	大福帳	1冊
	御祓	

三番の帳面より

く苛酷ではあったが、牢の内と外との関係、牢の内でおこなわれていたことは、苛酷の二字だけではおおいつくせない内容があった。

命助自身の記述するところによってみても、安政六年の十月からそう隔たらない時期に、表のような品物が牢内の命助へ差し入れられ、また送りだされた。袷・足袋は衣類であり、香煎、鰹節、鮑、鮭は食料であり、布小袋は身の回りのもの、紙、巻紙は筆記に用いるものであり、手紙二本はいうまでもなく通信のためである。もしも、命助の希望がかなえられたとすれば、『太閤記』ひと揃いも牢内へ持ちこまれたことになる。金子は送らなくてもよいから『太閤記』を、という文言を、それまでは金子が送られていたと解すれば、金銭もまた、牢内の命助へ渡されていたわけである。さらに命助は、竹皮をひと背負いも持ってきて欲しいと言い、鰹節・干鮑のほかに蕨の根茎からとった澱粉である蕨粉をも求めている。さきにもふれた九月十三日以降の食生活の変更にともなって、「めしと大ごんをろし」をたびたび手向けてほしいと書き送っているから、米麦あるいは雑穀、それに大根が牢に入れられたであろう。命助は牢内で書きものをした。安政六年九月十三日以降書きはじめたと思われる三冊の帳面。これらはわずか二か月の間にしたためたものである。用紙以外に筆・墨・硯なども差し入れられた。一番の帳面には、「ぜひ〳〵かしてうめん《貸帳面》御持参可ㇾ被ㇾ成候」と書いて、途中で落とさぬようにとさえ注意している。貸銭がすべて取れるように牢の中で書きあげて送りかえすというのである。これが牢内に送りこまれたとは考えにくいのだが、命助はそのことを期待していたのであり、送りこまれなかったと言いきることもできないのである。

　牢内からは、三冊の帳面、それよりのちのことになるがほかにも大福帳一冊、何巻かの写経、御祓、手紙類などが栗林村の家族の許へ送りだされた。紙を得て牢内の一角にひろげる。水を求めて硯に入れ、墨をする。筆にふくませて書く。帳面の場合は紙こよりをつくり、なにかの道具で穴をうがち、綴る。これらの作業がまちがいなくおこなわれたのである。

　家族から命助に送られてきた物品、牢内で書きためたり作った物、これらはどのように保管されていたのか。九月十三日からは食い物をかえたというのだが、はたして命助の一存でできることだったのか。かりに大根が送られてきたとして、大根おろしをつくるのには、どこでだれが擂《す》りおろしたのか。「慥《たしか》ニ受取申候」(三番)という書き方から推測すると、本人が受け取り、それらの生活必需品を身の回りに常置している、というほうに想像が働く。身の回りに諸品をおき、和紙をひろげて手紙を書き帳面をしたためる。しかもけっして自由を得るあてのない、判決なき永牢生活。このように解される長い牢囚暮らしを、命助は、城下町盛岡の牢屋でおくっていた。

「口上」に、

　ツ、ノエ(戊)午(安政五年)ノ六月廿九日、石町《こくちょう》ニうじり(移)申候。然る所者《は》、御同居中より、思ノ外をなさけ(御情)ヲいだ《(ただ)》ゝき、長町よりあんらく(安楽)ニくらし居り候間、これまだ(又)御安心可レ被二成下一候。(三番、十月十六日)

と記しているから、安政四年(一八五七)七月に捕えられてから、安政五年(一八五八)六月二十八日までの一年間は盛岡・長町の牢舎に入れられ、それ以後、盛岡・石町の牢舎に移されたのである。南部藩からすれば、仙台藩、幕府、あるいは二条家に対しての憚り、そしてなにより四十五人の一人を処罰することで領内百姓を刺激することを避ける、などの政治的配慮によって判決こそだされないが、石町の牢舎へ移して以後のどこかの時点で命助にたいする事実上の永牢処分を決めたのであろう。

命助が、石町牢屋のほうが長町牢屋より「あんらく」だと書いたのは、家族を心配させないためだけではなく、実際にそのような変化があったものと思われる。安政六年十月十六日のもう一つの「口上」のなかに、「いろいろノをんたづね《(御尋)》ニ預リ候得共」「…と奉㆓申上㆒候」「右ノだん《(段)》、去年十月より十二月までをんたつねニ預リ申候」(三番)などと述べられているのは、安政五年の末までは、役人から手きびしい吟味をうけたことを示している。

盛岡藩にすれば、石町牢舎へ命助を移すことはもはや吟味の段階ではなく刑執行の段階にはいったことだったろうが、命助にとっては、同じ牢居とはいえ、吟味が無い分、楽になったように感じられたことであろう。ただ、それも七・八月までの半年ほどの間で、九月に入ると、もはや逃れられないという絶望的状態をはっきりと自覚する。「あんらく《(安楽)》にくらし居り候」とは、そういう諦めをしのびこませた言い様ではあるが、生身の人間が取りあつかわれる仕方としては、じっさいにいくらか楽になったと実感される根拠はあったのだろう。

命助は、長町牢舎でも、それ以後移された石町牢舎でも独り牢ではなかった。かれは石町の牢舎をこのように書いている。

同居ヲ相記シ申候なり。一ばん《(番)》、二ばん、三ばんト申て三坪あり。(三番)

つまり、牢舎が三つの区切りになっていて、命助は、そのうちの三番牢に入れられていた。ここには、「あさ《(浅?)》石市太郎様ト甚作様ト勘助様ト善八様ト善助様ト命助ト、六人慎ミ居リ申候」(三番)とあって、安政六年十月前後には、六人が三番牢にはいっていた。一番・二番にも幾人かずつはいっていただろうから、仮に同数ほどずつを想定してみると石町牢には二〇人くらいの者が入れられていたということになる。あさ《(浅)》石市太郎、甚作、勘助、善八、善助の五人がどういう人間たちであったかはわからないが、命助が参加した一揆に関係する者でないことはたしかであり、士分以上の者でなかったこともまちがいないだろう。

この当時の牢居生活をうかがわせるのは、命助が、「一・二・三江、まい月、さい《(妻)》や子どもやかわ《(が)》りかわり参り申候間、誠ニうらやましク思いくらし居り申候」(三番)と書いているところである。一番・二番・三番牢の被囚者らのもとに、かれらの妻や子供らが毎月、次々とたずねてくるというのである。去年(安政五年)六月から「御同居中ノごつしやう《(御馳走)》」

(三番、十月十六日「口上」)にあずかっているが、自分のほうではなんの返礼もせず面目を失っている、とも言っている。囚人らのそれぞれの家族が、ちょうど命助が衣類や食料などを差し入れてもらっていたように、あれこれの物品を差し入れにくる。そのさいに、幾分かは同牢の者にすそ分けするという慣行があったのかもしれない。命助の場合は、貰うことが多く分けることが少ない、それで面目ないというわけである。同牢衆の外側には牢守り衆があり、かれらにたいして「ろう守り衆ヲバ、何ニぶん奉レ敬可レ被二成下一候」(同前)と細心の注意をはらった。そのような配慮をかさねれば、「ろうノ中ニハ、思ノほかよき法斗《ばか》り有る」(三番)ということも、局面局面ではみられたのである。もとより絶対にのがれられぬ束縛の枠のなかでだが——。

江戸時代の百姓の牢居体験。これについて先年、二、三の事例を紹介したことがある(『八右衛門・兵助・伴助』朝日新聞社、一九七八年)。

その第一例。上野国那波郡東善養寺村の名主林八右衛門は、無理やりに文政四年(一八二一)の前橋領一揆の発頭人だと指名されて、文政五年(一八二二)から文政十三年(一八三〇)に牢死するまで、八年間の永牢暮らしを余儀なくされた。八年間の入牢というのではなく死ぬまで監禁するというのが八右衛門の刑であったから、あらゆる意味で悲惨ではあったけれども、その境遇のなかで、八右衛門が『勧農教訓録』三巻を書きのこしたこともまた事実である。八右衛門の場合は揚屋《あがりや》に閉じこめられ、独り牢の状態であったらしいが、ともあれ、牢内へ、首尾一貫した論述になっている『勧農教訓録』天・地・大尾の各巻をつくっていくための、下書き用の紙、清書用の紙、筆・墨などが持ちこまれたことは疑いない。『勧農教訓録』には、もしも当時の支配者であった前橋領(川越藩前橋分領)役人がその内容を読めばとうてい外部へ出すことをゆるさなかったであろう、痛烈な「上《かみ》」の「政道」にたいする批判が書きしるされている。だが、この三巻は、牢外に持ちだされて八右衛門の子孫の家筋に伝存している。

その第二例。信濃国水内郡浅野村の庄屋であり飯山藩御内用達でもあった西原九兵衛は、天保八年(一八三七)十二月の打ちこわしの対象になった。が、かえって飯山藩は、九兵衛を頭取とし、翌天保九年八月に捕えて飯山の牢につないだ。そして九兵衛は、天保十年正月二十六日に斬殺された。かれは八右衛門と異なり、はげしい拷問をうけ斬殺されてしまったが、五か月足らずの入牢中に、牢内から家族に宛ててくりかえし無実を訴えた手紙を送っている。それらの手紙類はいまも子孫の家に伝存している。九兵衛は何人もの入牢者と同居していたらしく、同牢の「仲間」から金を借り、筆・墨・紙を入手して手紙をしためている。牢内でかれが手に入れた品物の「覚」をみると、そのほかに御鬮《みくじ》、酒、キセル、火打、茶、串柿、せんべい、たん切などがある。酒は牢内の「仲間」とも分けあったようだが、手紙を運んでくれる使いの者や牢の番人にはきちんと「酒代」を振るまっている。使いの者には、牢番人の知りあいと思われる者たちや西原家の下男だと思える者、あるいは命助の場合と似て、おちせという女性などがあらわれている。自分が家族と文通しているることは他に知れてはならないことであり、もし知れれば同牢の者に迷惑が及ぶゆえ手紙を見たのちは燃やしてほしい、と九兵衛が強調しているところをみると、かれは、同牢の者や牢番の黙認のもとに、しかし藩役人には完全に秘密にして、手紙を書き、それを牢外へ送りだしていたのである。

その第三例。信濃国伊那郡米川村の百姓隠居伴助は、安政六年(一八五九)末の強訴惣代の一人として、他の三人とともに万延元年(一八六〇)三月二十八日から閏三月十八日まで牢舎に入れられ、村々からの歎願によって宥免《ゆうめん》となった。が、同年十月ふたたび小前騒動の重立人《おもだちにん》となり、今度は単独で十月末、縄・手鎖で村預け、十一月九日から永牢となった。この伴助の入牢生活を賄ったのは、かれの出身村である米川村であった。永牢人伴助の村賄いは、米川村にとっては手痛い出費であり、そのため伴助出牢の運動がすすめられた。村賄いでは、たとえば伴助が病気をすると村方から医師を頼み服薬させなければならない。村方からは、せめて村賄いではなく領主賄い(「御上扶持《おかみぶち》」)にと歎願して、文久二年(一八六二)十一月、入牢後二年経ってようやく「御上賄《おかみ》」にきりかわった。米川村は、この二年間で伴助の牢賄いに三〇両をつかったが、その半額一五両は伴助の親類にださせ、残り一五両のうち、一〇両は村の百姓四〇軒が家割りで負担し、五両は土地の多少で負担額を按配する高割《たかわり》にしている。

伴助の牢舎は米川村から約四里離れた市田番所にあったが、伴助が牢内から送った三通の手紙が今も残っている。伴助は無筆者だと言われていたが、それでも、字も文面も上手とはいえない手紙を、ともかく書くことはできた。そしてどれほど稚筆の手紙であろうと、伴助が考えるところをしたためて牢外に送りだそうとすれば、紙・墨・筆が必要だったことはいうまでもない。驚くべきことに、その文面の一部には、「ろう《牢》をぬけ《抜》る事などわい《は》とやす《易》く候間、御あんしん《安心》可レ被レ下候」とさえ書かれている。伴助の場合も、「ろうばん《牢番》」が手助けをしていたらしい。伴助は、牢抜けを予告しただけでなく、文久二年(一八六二)八月に実際に牢の板を切り抜いて脱牢しようとした。牢番もさすがにこれは手助けせず、すぐさま届けでて大騒ぎになっている。

その後伴助は、村方からのたびかさなる出牢訴願にもとづいて、文久三年十一月に市田の牢舎をだされることになった。放免になったのではなく、米川村内に仮牢をつくってそこへ身柄を移すことがゆるされたのである。仮牢は、自分の倅の伊十郎宅につくられた。伴助は仮牢＝座敷牢のなかでおとなしくしておらず、そこから抜けでては遊びにでたという話も伝わっているが、ともかく生きながらえ、明治維新に至ってようやく自由の身となり、明治十七年(一八八四)に死んだ。

この三人の例は、いずれも一揆・騒動にかかわったものである点で命助の場合と共通する。が、かれらの最後は、牢死、斬殺、放免とそれぞれである。牢死という命助の最期は八右衛門と同じだが、伴助にしても、明治維新による特赦がなければ、どれほどよいかげんな監禁ではあっても「終身牢舎」、つまり牢死以外に最終がなかったはずだという意味では、牢死を予定されていた人間である。伴助は入牢のときすでに六十五歳、放免のときには七十歳をこえており、八十九歳で死んでいる。逆にいうと、幕末の永牢刑では長生きすれば明治維新によって「解放」されるという場合がありえたのである。文久四年(一八六四)に四十五歳で牢死した命助は、明治元年(一八六八)でまだ四十九歳、生きのびれば自由の身になる可能性は十分にあった。

ともあれ、永牢と斬殺の二つの場合とも、牢番人の黙認を得つつ牢外と手紙のやりとりがおこなわれ(九兵衛・伴助)、牢内で金銭・物品の授受がおこなわれ(九兵衛)、永牢の八右衛門は分厚い『勧農教訓録』三巻を書きあげ、かれらの書状・書籍は家族の手に届き(八右衛門、九兵衛、伴助)、後世にまで伝存している。だから命助が、盛岡の牢から家族へ向けて手紙を送り、金銭・物品を受け取り、なん巻もの御経、なん冊かの帳面を牢内で書くということもけっしてありえぬことではなかったのである。

このような金銭・物品・手紙類の牢内への差し入れ。また逆に牢内からの持ち出しをどう理解すればよいのか。このことについて、牢暮らしにある程度の「自由」が認められていたと解する前に、伴助の永牢にみられた事情に注意をはらうべきだろう。米川村による村賄い、それはじつは伴助が属する親類一統である北沢家賄いを半分とし、他の半分を家割りで村中賄いとする、という方式だったが、そのようにして牢内に囚《とらわ》れた者の生命が賄われるという方式。言いかえれば、領主権力がからめて罪人とした者らの牢舎暮らしを、その罪人のもとの居村や居家に維持させるという方式こそが、牢内へ物を持ちこみ持ちだすという、一見「自由」さの根拠をなしたのである。

もっとも村・家賄いと領主賄いの関係はそれぞれの事情によって異なるものだったと思われ、命助の牢舎暮らしについて、盛岡藩の負担、栗林村の負担、「東」の家の負担の割合がどのようであったかは知ることができない。だが、「東」の家族が親戚の与吉や利八や長男の定助を運び手として牢内にさまざまな物品を送りこんだのは、おそらく、被囚者の牢暮らしを、その類縁の者——村・家——らが自賄《じまかな》いによって維持する——これは、類縁の者らにも懲罰を課するという連座の思想の延長上にあるものでもあろう——という方式にかかわる行為だったと考えられる。そしてしかも、この方式のなかで、巻紙や筆・墨等までが送りこまれたとすれば、そのとき、もはやこの行為はその方式の枠内にとどまるものではない。その逸脱ぶりに、一見「自由」さ、ではなく、具体的に手に入れられている「自由」を認めなくてはならないだろう。

またその「自由」さの実現については、牢番の存在にも注意をはらわないわけにはゆかない。被囚者の生命を最低限に維持する、それにみあった金品の差し入れ。牢番にあたえられた任務の一つに、そのことを監視する仕事があっただろう。しかし筆・墨・紙ということになれば、それらを最低必需品とすることはできぬはずであるし、ましてや、牢内から手紙や帳面や経巻を逆に送りだすということは、被囚者の生命の最低条件での維持――永牢の場合、それが牢内で尽きることもまた予定されているのであるが――という基準をはるかにこえた行為である。これらの行為は、あきらかに牢番の黙認によって、あるいは積極的にいえば、領主の意思ではなく牢番の意思によって左右された。牢番にも秘すことがあったけれども、それは手紙類の持ちだしを牢番が黙認しているもとでの、より周到な配慮であった。

一般に賤視された身分である牢番と、百姓が、すくなくとも見てきたような局面のなかでは互助的な関係にあったのである。もとより牢番のそのような黙認は、まったく他意のない思いやりから発するものではなく、九兵衛であれば「番人へ酒代」、命助であれば「ろうもり衆江ハ、何《な》ニぶんよろしきをみあげ(御土産)」(三番)とあるように、牢番の少なからぬ役得の機会であったこともたしかである。これらのことが、「不正」であったかどうかはかんたんには結論できない。事柄の根っこは、伴助の脱牢のようなケースは論外としても、牢に閉じこめておくという根本的な目的が実現されていることが大事なのであり、それ以外の諸事は「上」の手を及ぼさず牢番らの手加減にゆだねておくという、この時代の「刑」の執行方法にあった。それゆえ、良い意味でも悪い意味でも牢番の恣意が働くのが牢の生活であって、被囚者が牢番へ金品を献じて牢内で物を書いたり読んだりし、また書状や書冊を牢外に送りだすこともその範囲のなかでは可能だったのである。命助が「旧冬(安政五年)ハ、利八殿ヲ以、ろう守り衆江私ノ儀願上候趣、相聞へ申候」(三番)と記しているような、被囚者の家族から、おそらく手土産か礼銭ともども牢内での扱いについてよしなに頼みこむということは、当時ひろくみられたのであろう。もっとも命助は、この場面では、まことに有難いことだがその願い筋は控えてもらいたい、とどういうわけか丁重にことわっているのであるが。

牢守衆や同牢衆にたすけられて命助が牢内で書いたもののうち、遺書にちかい性質をもつ三冊の帳面について、安政六年九月十三日以後の短い時間で集中的に書きあげたのだろう、とさきにのべた。命助が、全体としてどれだけのものを書いたのか、またそれら一つ一つを何時書いたのかははっきりしない。しかし、捕えられ入牢させられた安政四年七月から安政五年六月二十八日までの盛岡長町牢舎においても、百姓の入牢生活のあり方からみて家族からの金品の差し入れがおこなわれ、しだいに手紙のやりとりにまですすんだということは容易に推察される。命助が「先ぶん請取申候品もノ」(三番)と記した「先ぶん」は、長町牢の時のことである可能性が大きい。かれは、三冊の帳面だけを残して以前に書いたものはすべて焼いてほしい、と申しおくったが、これら「まいまイ《(前々)》ニかきたるもノ」(同前)というのは、たんなる生活上の通信というものではなく、自分の感懐や意見を家族に書き送るという性質のものだったろう。ただ、それらは、通信記事に、その時とくに言い送りたい事を一、二書きそえるという程度の断片的なものであったようだ。

そういう書簡類のほかに、経巻類をもまえまえから書いていた。これは、三冊の帳面より前のものを焼いてほしいと述べたのにつづけて、「尤、高王《こうおう》経ヲバをんのごし《(御残)》可レ被二成下一候」(三番)と述べているところから知ることができる。観世音菩薩の功徳・妙力。それも白衣観音の霊威によって危機から救済されると説く高王観音経。その経文の一字一字を命助は、観音堂別当を勤める三浦家の者らしく諳《そら》んじていて書きとめた。今も三浦加禄家には五本の高王経が残っているから、牢内で折々に、というよりはむしろ自分自身の信心の業としても経巻を書きつづけたのではあるまいか。命助はこれら高王経に経文ばかりでなく、そのほかのことをも少しずつ書きつけた。

ある巻には、末尾に、

高王観世音菩薩ノ功徳ヲ以《もって》、
栗林村佐馬之助・御家運長久
御家内安全、御子孫繁昌、御
代代長命、諸怨敵《おんてき》退散、七難
八苦即滅、七福即生、諸願成
就、(略)

　このをんけう《(御経)》全ク失不レ可《うしなうべからざる》事

と付記している。

　またある巻の末尾には「栗林村左馬之助先祖代々」のうち男女九仏の名号を記している。この巻には「安政四年巳ノ十二月十三日ニ書ク」と書いてあるから、長町牢に入れられてから五か月目だったことになる。別の巻の末記には「安政四年巳ノ十二月十二日書レ之」とあって、捕えられた年の年末は、毎日経巻を書くという、信心暮らしにちかい牢居であったように思われる。また別の巻では、「大太守公」(利義)と「太守公」(利剛)と「二条御殿」の武運長久を祈念している。これらの高王経のほかに、与吉をとおして送った「仁王経」二巻、与吉に与えた「不動経」を命助が牢内で書いたことはたしかだから、少なくともかれは八巻以上の経巻を牢内で書いた。

　その自分自身を、かれは命助・義乗・明英・東寿院・二条殿家来三浦命助、等々と経文の末尾に書きつけており、三冊の帳面のなかでかれが用いた署名は、命助・三浦命助・三浦六右衛門・明英の四つである。「命助判・明英判」というように列記することもあった。

　なぜこのような署名の仕方をするのかという疑問が湧くが、思い至るのは、この時代の人々にとっての名前の感覚とわれわれの時代のそれとが異質なのではないかということである。われわれにとっての名前は生まれてから死ぬまで同じであるが、命助らにとってはそうではなかった。寛政八年(一七九六)に生まれて明治十七年(一八八四)に死んだ先の信州伊那郡米川村の伴助は、幼名が止吉《とめきち》あるいは留吉、十九歳で吉右衛門となり、三十六歳で伴助あるいは伴介となり、七十歳をこしてからもう一度伴作と名を変えた。このうち吉右衛門は、当主の名であり、それを倅に譲ってのち隠居名伴助となったのである。伴作は、さらに縁起直しを願った老後の改名であろう。一つ一つの名前は、社会的な枠のなかにあり、命名が「自由」だったということではないが、終生一個という名前感覚はかれらにはなかった。命助が、帳面や経文のなかでいくつかの名前を書いている理由は、このように考えてはじめて理解できる。

そのような名前を用いて、命助は、三冊の帳面と一冊の大福帳を誰に宛てたのか。

　　栗林村
　三浦六右衛門様(あるいは東の六右衛門様、東の三浦六右衛門様え)
　　御家内中様(あるいは東の三浦の御家内中様え)

　　＊

東の御家内中様(あるいは御家内中様、三浦の御家内中様え)

　　＊

御両家様(あるいは御両家、御両家の御家内中様)

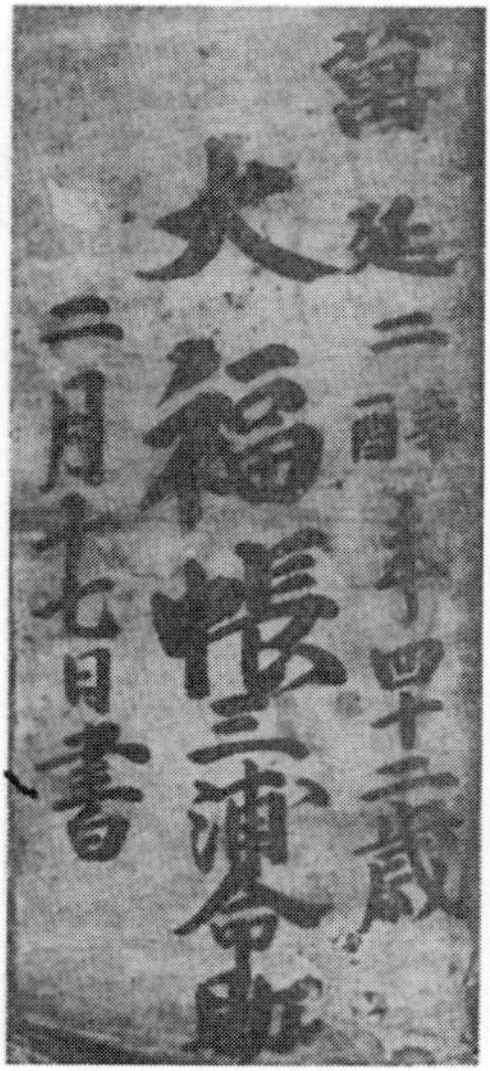

「大福帳」表紙

＊清水様

＊清水ノ親様エ
御本家様エ
御家内中様エ

広くは三浦の親戚をふくめた本・分家、狭くは妻と子供らに宛てられたが、はじめの三冊が主としてひら仮名で書かれ、あとの一冊が主としてカタ仮名で書かれたのは、あとの一冊を自分の子供らに宛てたためである。一番・二番・三番の帳面を、命助は安政六年(一八五九)の九・十・十一月のうちに書きあげ、これらは「てうめん《帳面》」とはっきり名づけた。(三番の帳面の冒頭、「しよク《食》しやう《傷》あだりの妙やクなり」から「十一月十八日命助判」までは現在、別綴になっている。十一月の記事はこれだけだが筆跡は他とちがわない。)四冊目のものはそれより二年ののち、万延二年(一八六一)二月十七日に書きあげ、さらに二十四日付のものをいくつか書き加えてつくった。十九日に改元となったから、

万延二辛酉年　四十二歳

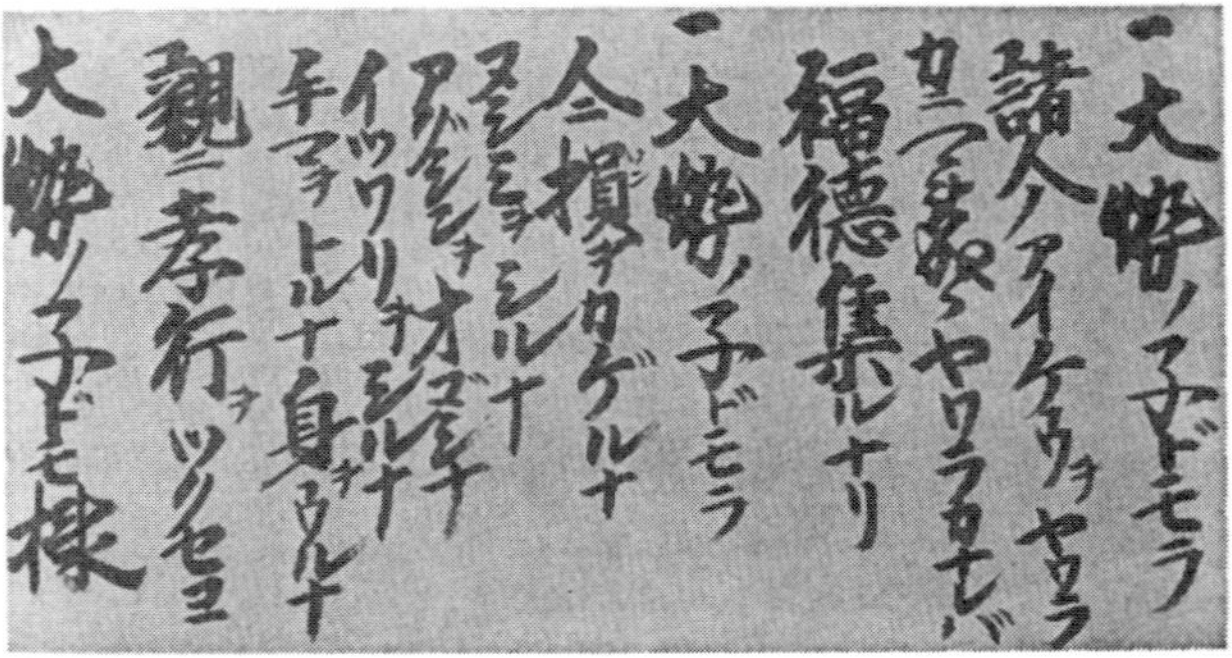

「大福帳」から

大福帳　　　三浦命助

二月十七日書

という表紙の日付はまちがっていないが、完成は文久元年である(前頁写真参照)。表紙を清書してのち書き加えたことになる。なぜ、この帳面が「大福帳」とされたのか。売買元帳でもないこの帳面を「大福帳」としたのは、おそらく福徳を願うという本来の意味をつよくかれが意識したことによるであろう。カタ仮名交じりで書いたのは、

大勢ノ子ドモラ

大勢ノ子ドモ様

と呼びかけているところからみて、自分の子供らが読めるための工夫であることはまちがいないが、この帳面の意味はそれだけでもなかった。「ヒラカナ

ニテカキ《(書)》タルテウメン《(帳面)》ハ、アシキ時カキ申候間、早クカキガイ《(書替)》可ㇾ被ㇾ成候。尤私ノ方ニ御送リ被ㇾ下候ハヾ、私カキガイテ上納可ㇾ奉候」(「大福帳」)と述べているから、三冊の帳面ではまだ練りきっていなかったことを訂正したいという希望があったのである。安政六年の帳面にしても、「このてうめんヲ親と思召、大切ニ可ㇾ被ㇾ成候」(一番)と書き送ったし、「三ツ(のてうめん)をようしやう《(幼少)》ノ子ども《(供)》ニしらせんためニわざトもんごん《(文言)》ヲ下ひんニわかるように致シ候」(二番)と、子供らにわかるようにという工夫はしていた。しかし「大福帳」ではさらに推敲をすすめて、「コノテウメン、子ドモラノワカルヨウニ、ブン《(文)》ヲツクリ申候間、全クブンヲナオシ《(ス)》ベカラザル事」と念入りに注意をあたえたのである。

文久元年(一八六一)二月二十四日、命助は、最後の別れと同義の文言を「大福帳」に書きつけた。

コノウエハ、書モノ《(物)》ヲバ送リ不ㇾ申《もうさず》候間、コノテウメン《(帳面)》ノ通リ可ㇾ被㆓成下㆒候。以上。

音信を自覚的に停止したこの日、かれはいっさいの「ヨグ《(欲)》ヲ離レ申候」とも記している。命助は、文久四年(一八六四)二月十日、ついに牢内で没したのだが、これは、これ以上書き物を送らぬと言い伝えてから三年と半月ばかりのちのことである。享年四十五歳だった。(文久元年の「大福帳」を栗林村へ届けた者についてはわからない。)

九　「極楽世界」へ

囚《とら》われの身の命助がもっとも懸念し、悩んでいたのは、「東」の家のことだった。この心配は、大槌の預り宿脱走以来、「出家義乗」になっても、「修験明英」になっても、「二条殿内三浦命助」になっても、いつもかれのなかにあった。いいかえれば命助はどんな関係に身をやつしたとしても「百姓命助」を棄てることができなかった。命助の心はいつも栗林村を向き、「東」の家族につながっていた。逃亡してからも、はっきりわかるだけで二度も南部領に戻り、危険を冒して栗林村の家族と接触している。かれの「放浪」――それは異なる「身分」へと移行してゆくことでもあった――の軌跡は、見方をかえれば栗林村への「定着」――それは、百姓身分に戻ることでもあった――の希求の軌跡であったとさえ思える。

母様・姉様・まさ、三人のごけ《（後家）》様、よき玉しい《（魂）》ヲ入がい《（替）》、み《（身）》ヲしやう〳〵《（清浄）》ニきよめ、（一番）

……

身を浄め魂を入れ替えることを勧める命助には、修験者としての再生観念が働いているが、その観念も、続く言葉で、「をん《(御)》家ヲをん《(御)》たもつ《(保)》可レ被レ成《なさるべく》候」と家存続の目標に結びつけられる。かつて上栗林一番の土地持ちで村役人などを何代もつづけた名家「左馬之助の家」は、いま存亡の瀬戸際にある。母は、「母様ノ有《ある》内ニ、このてうめん《(帳面)》、朔日《ついたち》・十五日・廿八日ニよミ、母様にをんしらせ《(御知)》可レ被二成下一候」(一番)と頼むような高齢である。「七十より以上の人ヲバ誠のいき《(生)》神ト思召《おぼしめし》、何《な》ニぶんていねいニ奉レ敬」(一番)という表現にはかれの現世中心の神観念が現われているが、これは老母を頭に浮かべながらの文言にちがいない。この帳面を母に読み聞かせる姉と妻とは、当然識字能力があったということだ。この時代に一般の成人農村女性がどれほど読み書きの力をもっていたかは証明しにくいけれども、「東」の本・分家のこの二人の場合は疑問の余地がない。

このとき「東」の家は、「女主人」(『南部義民伝』)の一家であり、家長の役を負うべき男は永牢を強いられている罪人である。領主権力からはもちろん、「露顕状」にあったように世間からも指弾を受ける家である。命助は、「それ先年ハ、ごけ《(後家)》一人ニてをん家ヲたもつ《(ち)》中候なり。びんぼうなんぎ《(難儀)》ヲくや《(悔)》まじ」(一番)と励まさないわけにはゆかなかった。

安政六年(一八五九)暮、これらの書状(帳面)が盛岡の牢の命助から栗林の「東」の家に届いたとき、「東」の家族は、七十歳以上だと思われる命助の実母。その娘で本家後家のまつよ(五十一歳)。分家「後家」(後家状態とでもいおうか)のまさ(四十一歳)。その子供らは、本家が半蔵(十三歳)とトク。分家が定助(二十一歳)、千代松(十八歳)、善太郎(十四歳)、さと(十一歳)、ちき(八歳)、まん(六歳)の一一人であった。

二十一歳の定助は、父定助を亡くしたときの命助より上だが、あのときは本家六右衛門がまだ健在だった。それに牢内の命助は、子供らを実年齢よりもさらに幼いイメージでとらえている。命助は、長男定助を中心に、弟の千代松・善太郎、それに本家の半蔵の四人、つまり男の子供らに、二月の二十日から始めて三・四月いっぱい、それから九・十・十一・十二の四か月間は毎日蕨《わらび》掘りをするようにと指示している(二番)。早春萌え出す蕨の新葉ではなく、土中をはう蕨根を掘りだす。それから蕨粉をとる。蕨粉は澱粉《でんぷん》のことで、蕨糊《のり》や蕨餅をつくる。粘着力のつよい蕨糊は、柿渋《かきしぶ》で溶いて、傘や提灯の紙貼りに使う。蕨餅は黄粉《きなこ》をつけて食うとうまい。そのような蕨粉(「はな」)「六十盃」分の蕨根を掘るようにと命助は書いた。それを「うり《(売)》はらい、小遣《こづかい》」(二番)にせよというのである。定助と半蔵には、もう一つの仕事も命じている。家中で、糀《こうじ》・酒・油・醤油・酢・味噌・もろご《(こ)》し・餅・団子・せんべい・豆腐の一一品を製造する。これを浜方の両石に毎日運んで、二人が売る。

女の子も本・分家あわせて四人いた。「女ノ子どモ、手ど・はり、ひとりまい《(一人前)》ニ相成リ不レ申候ハヾ、た《(他)》人ニくれ申間敷《もうすまじく》候」(一番)という記述は、この四人についてのことである。「手ど」は手の技術の意味で、女の子の場合は手芸と、もう少し広く女が成人した状態で体得しているさまざまな仕事の能力である。危機の「東」の家では、口減らしのためにも、この女の子らが幼くして奉公にだされたり、年少で縁付けられたりするであろう。それを、女として一人前になるまではだしてはならないと命助はおさえたのである。

下人ト馬ニハ、御なさけかけテ御遣《おつかい》可レ被レ成候。（一番）

これは一般的教戒としてではなく、家族を思い浮かべながらの注意のはずだから、この頃の「東」の家には下人と馬がいた。この下人について、命助は二番の帳面で、「五六《ごろく》ハ畑《(け)》キヲ仕《し》つけべし。七ハ紙しき・糸ひき・ひくさ《(干草)》かり《(刈)》し《(す)》べし。八月はまめ《(豆)》・小豆ヲひきとり、麦まき《(蒔)》ヲしべし。正月より二月十九日迄、くしり《(薬)》ヲ御こしらい可レ申候。たき木《(薪)》ヲバ人ヲ頼ミきらせべし。源五郎ノ役ハ、一ばんこわき(疲れる)ものニテ御座候間、源五郎ト馬へハ御なさけかけテ御遣い可レ被レ成候」ともう一度注意を与えている。（「五六《ごろく》」と「七《しち》」は、五月、六月、七月という意味である。）

別の箇所にも、「家ニ馬ヲ置、源五郎ニ五月より九月まで、こなあむき(草刈場の地名)よりまい《(毎)》日くさ《(草)》ヲからせべし。十月より十一、十二、正、二、三、四月まで、両石・釜石・大槌より源五郎ニじき(肥し)ヲはごばせ《(運)》べし。有《ある》畑《(け)》キニハ、年々《(ねんねん)》麦と大豆ト小豆斗《ばか》りまくべし」(二番)とあって、命助が伝えようとしているプランが明瞭になる。本分家の子供らは、正月から二月十九日までは薬つくり、その翌日から三・四月いっぱいは蕨根掘り、五月六月(「五六」)の二た月は畑仕事。七月(「七」)は紙漉《かみすき》・糸引き・干《ひ》草刈り。八月は大豆・小豆の収穫と麦蒔き。そして九・十・十一・十二月はまた蕨根掘り、というのである。

「東」の家は、この頃下人源五郎一人を家におかなければ田畑仕事がおいつかないという窮境にあった。薪取りにさえ人を頼まなければならない。その源五郎は熟練した屈強の農耕者として頼りにされる存在であり、馬の飼育にもあたる。五月から九月までの五か月間は、草刈場で毎日馬草を刈って運んでくる。十月より四月までの七か月間は、両石・釜石・大槌の浜方から肥《こや》し(「じき」)を栗林へ運んでくる。人糞と干鰯《ほしか》・屑魚・海藻類などであったろう。いちばんつらい仕事に従う源五郎、肥料を背につけて運ぶ馬へは情をかけよと命助は注意したのである。この源五郎は、のちに「東」の分家とされたらしい。

　何連《いずれ》御家内中様和合《わごう》ニテ、右之通リ御ゆだんなく御働キ申候ハヾ、何ニほどかり金御座候とも、だんだんニはろう《(払)》ニよろしきもノニテ御座候間、右之通リ可レ被レ成候。尤《もっとも》、小豆トわらびノはなヲバうりはらい、小遣イニ可レ被レ《なさるべく》成候。たどいびんぼうし《(す)》るとも、全ク人ヲバうるべからじ。何ニ程迷惑致《いたす》とも、てまヲバとるべからじ。びんぼうニくらしとも、御和合いだせバ、仏神よろご《(喜)》ビたもうなり。たどいバ、家やしき斗《ばか》りのごるとも、御家内中様全クはなれまじく候。先《まず》は目出度《めでたく》奉二申上一候。以上。

一　猶々《なおなお》申上候。三ツ（のてうめん）をようしやうノ子ともニしらせんためニ、わざトもんごんヲ下ひんニわかるようニ致シ候間、左様ニ思召《おぼしめし》、をんわらいぐさニ度々《たびたび》御らん被成下《なしくだされ》度《たき》よう、乍恐《おそれながら》、偏《ひとえ》ニ此段奉願上候。以上。

安政六〈ツ、ノトノ未〉年　　十月十六日記シ

四十歳　命　助　判

明　英　判

（二番）

栗林村

東ノ三浦六右衛門様江

東ノ三浦の御家内中様江

一一人の家族、一人の下人、一匹の馬。牢の内からみると不安にかられないではいられない「東」の家へ向けて、命助が「六右衛門様」と書くとき、いったい誰を想定していたのか。自分のことを「三浦六右衛門」（二番の帳面表紙）と自署している箇所もあるが、そのときはかれは「御本家様」という言葉で自他を使い分けて、本・分家を混同することはない。ただ、自分が「東」の家の現在の大黒柱であるという自覚があって、六右衛門と記名することになったのであろう。その命助が「六右衛門様」と宛てることができるのは、二十一歳の長男定助だと言えなくもないが、総じて「ごけ様」に対して、子供のこともふく

め後事を託している心境を考えれば、「六右衛門様」とは、「左馬之助の家」のこの時点でのありよう、つまり「東」の家そのものに等しい言葉であったと思われる。

こうして命助は、家から隔離された状態の「家長」の意識で、危《あぶ》なげな生家へ向けて、生活の算段、物の考えよう、先行きの見込みなどを、こまごまと提案し忠告した。この命助が書いた「獄中記」(三冊の帳面と一冊の大福帳)は、いわば長い私的な手紙だったのであるが、永牢という追いつめられた状態が、かえってかれの考えを押し進めさせ、拡げさせた。そうして帳面や大福帳のなかに、この時代の百姓の思想的到達の一つのあり方を表現することになった。そこには、鉱山労働者として働き、荷駄商い人として暮らし、修験者として身につけ、二条家家来として意識したことのさまざまな要素が投影されている。しかし、かれの人格の基幹は百姓であった。(水田稲作を中心とした共同体に生きる農耕民というイメージからは遠いものではあるが。)

命助の牢内での思案はいくつかの方向に向かったのだが、なかでも「東」の家の成り立ちをどのようにしてゆけばよいのかということがいちばん大きかった。若い定助を中心に、本家の後家まつよと分家の事実上の「後家」まさの働きで乗り切ってゆかなくてはならない。命助が、経験的知識と想像力をふりしぼって伝達し提案したものの中心もそのことであった。倅定助はこの頃、一人前の男としてさまざまな知見と能力を身につけてゆく年代である。二十一歳だから、もうおそいくらいだ。思えば命助は、定助が十五歳の嘉永六年(一八五三)春以来ほとんど家に落ち着くことがなかった。栗林村の家に帰ることが難しくなったいま、事は急を要する。命助にとって帳面で倅定助に申し送ることは山ほどあった。

　必要なことの一つは、命助が身につけている生産の技術をなるべく多く正確に伝えることである。その内容は、農耕にかんするもの、林産にかんするもの、加工製造にかんするものと広範囲にわたっている。加工製造では、薬の製法もあるが、これは命助の医術としてとりだすほうがよい。

　まず第一に農耕にかんする知識をどう教えたか。命助は、馬を使って荷物を付け送りする駄賃稼ぎの生活を中心にしてきた百姓ではあったが、農耕の知見が少ないというのではなかった。かれの商いは自分の耕地の農作業と組み合わさっていたし、さきにみた修験明英のころの日記にも農作業を日常的におこなったことがみえる。「大福帳」には、水田耕作について刈敷《かりしき》(踏みこんで草木を肥料にする)によるものと、馬の肥《こえ》をかけずに稲を多収する法を教えて、畔《くろ》塗り、代掻《しろかき》、踏ませをよくすること、苗を特定の肥料水ですすいで植えることをすすめている。また稲苗を成熟させる方法については、馬屋肥の入れ方、刈敷の使い方、寒中の肥料の施し方、また施す時期の按配などについてこまかに指示している。かれの関心は、肥料を主とした肥培法にあって、厩肥、刈敷、人糞(「ジキ」)、小便などの用い方を熱心に説いた。要するに経営の集約化である(多肥料多収量)。畑作(「オガサグ《(陸作)》」)には「サカナ《(魚)》ノアブラ《(油)》」が肥効が高いと述べているが、もっとも重視したのは、馬を飼い肥しを作って田畑を耕作すること、つまり厩肥耕作である。肥しをためるためには人間一人につき馬一匹くらいほしいと指摘している。そのためにも飼料が大量にいる。一番の帳面には夏草・干草をどこからどのように刈りだすかについてのくわしい指示があった。

命助はまた、さまざまな徳用作物、販売作物を畑に作ることをすすめた。

何ニほど大ぜいなる御家内ニ□《(御座候共)》五《(六カ)》ツ役御座候ハヾ、やをや作りうりひろめ、諸事《(じ)》のもノかいもとめ、ふつき《(富貴)》ニくらし(候)ものニテ御座候間、田《(畑)》はだのふ《(不)》足ニなりたるヲくやまじ、せつかく働き可レ被レ成候。　（一番）

「やをや《(八百屋)》作り」という言葉でその構想をのべたのだが、要するに野菜栽培のすすめである。その作付規模は六つ役、この地方の一つ役は一反歩だから、六反歩(約六〇アール)ほど。内訳は、

練馬大根一反歩　取れたら縄で編んで干す。
唐黍《とうきび》(「もろごし」)一反歩　実《み》だけ囲っておく。
牛蒡《ごぼう》一反歩

里芋(「はぶれいも」)半反くらい
山の長芋半反くらい
長芋《ながいも》(「きりいも」)一反歩
人参《にんじん》一反歩

以上で六反歩だが、これに「まじき」(人糞尿)一〇〇駄ほど用いる。「きりいも」「山のながいも」は、短く一寸(約三センチ)ほどに切って肥料土の上に横置きにすれば、各片が元の芋よりふとるから、なにはさておき作るのがよい。「きりいも」のたねは仙台領岩谷堂(現、岩手県江刺市)で買い求め、二寸(約六センチ)四方の間隔で植えること。翌年からは芋の子でふやす。

第二に林産にかんすること。これらの樹木も一応徳用作物と言える。次のような樹木を植えることをすすめた。これもやや広い意味で「やをや作り」だった。

・漆《うるし》の木　たくさん植え成木から漆をとる。実も高いものだから馬に食わすな。漆掻きの技術をよく習得し、家族だけでおこなうこと。
楮《こうぞ》の木　一反くらい植えて紙をたくさん漉《す》く。
桐・柿・くるみ・まだ・梅・桑・竹・松・茶・梨・桃・栗・杉なども植える。

次に命助は加工製造にかんする知識も教えた。漆をとる、紙を漉《す》く、茶を製する、などに加工にはちがいないが、そのほかに命助は、次のような加工技術を伝えようとした。

「むらさき染よう」は天然のむらさきの根で衣類を染める南部むらさき染の方法である。これについて、木綿・焔硝《えんしょう》・石灰・むらさき・酢などの原材料の割合、また道具・場所・複雑な手順を詳細に教えている(一番)。「かミ《(髪)》ニつけるあぶら《(油)》ノこしらい《(え)》ようの大法」も、経営プランの一つとして提案された。あぶら一升、ニガリ一升、とうき(せり科多年草)二〇匁、せんきゅう(川芎)二〇匁、さんしし(菊科多年草)の五味を合わせ煎じる。袋で漉し、三日ほど澄ます(二番)。

さきに、定助と半蔵に売らせよと伝えた一一品についても、命助は、それぞれの製法のコツを教えている。糀米・酒米は、玄米のあら(粗)のない所をよくといで使う。豆腐は、よい昆布を煮だしたニガリをつかうと柔らかにうまくできる(二番)。醬油は、小麦・大麦・大豆・塩・水をこれこれの割合と順序でつくる。またその増やし方はこう(同前)。濁酒は白米一斗・糀一升・熱湯一斗を用いてこれこれの方法でつくる。また酢は玄米一斗・糀一盃・熱湯一斗五升・白米半盃・五月の菖蒲《しょうぶ》の五分刻みにして干したもの二合五勺からこうこう作る(二番)。

純粋に技術的なことだけでなく、「東」の家の労働力と作物の配置にも命助は気を配らなくてはならなかった。

労働力についてもっとも基本的なことは、本・分家の「両家」とはいえ一個の家族生活を営む「東」の家族が、できるかぎり家族労働だけですべての作業をおこない――二、三月の薪取りだけは給金をはずんで人を頼めとすすめているが――、小経営としての個別性(独立性)を維持することである。誰がいつどの作業をするかの工夫が大事になる。

命助は二番の帳面で、その大要を示している。(一番の帳面でも、同様のことを記している。)ここでは畑作は一毛《ひとけ》にして一年に二作《ふたさく》ずつ収穫することが強調される。その対象にしているのは野菜ではなく、穀物のことであるが、麦・大豆・小豆《あずき》だけにしてよいという。

農作についての技術、労働力の配置、仕事の手順を伝えるだけでは、農家の経営指針は完結しない。この経営の仕方についてこそ、命助はもっとも熱意をこめて言い送ろうとした。経営の鍵は、広い意味での「やをや作り」によって得られたいろいろな作物の「売り広め」にあると命助は考えていた。長年荷駄商いで暮らしてきたかれは、商いの現実を知っており、そこから、現実を超えるような思いきった提案も生まれた。

一年に二作という畑でとれる麦と大豆は粉にしてふだんの飯料にする。しかし、「あつき(小豆)ヲバうり(売)払イ、小遣《こづかい》ニ可レ被レ成」(一番)と小豆を売ることをすすめる。漆の木は、一本の成木で一年に四、五百文の漆がとれるし、実も高く売れる。漆を売るのは江戸がよいと言う。江戸とは、いかにも突飛な市場論のようだが、命助が伝えたいのは、なるべく遠くへ売るとよいということだった。

一、こうじ《(楮)》の木、一ツ役ニうへ《(植)》たて、かミ《(紙)》たくさんニしき《(漉)》可レ被レ成候。うり《(売)》所ハ、もり《(盛)》をが《(岡)》・宮古・山田、何連《いずれ》遠ぽうニうりはらい可レ被レ成候。何ニぶんたくさんニしキ可レ被レ成候。これよりかミ高じき《(直)》ニ相成り可レ申候間、せつかくうりひろめ《(売広)》可レ被レ成候。　(一番)

楮《こうぞ》の木から漉《す》いた紙は、山田・宮古・盛岡、ともかく遠方に売り払う。これから紙は高くなるだろうから、たくさん漉いてせいぜい売り広める。ほかの樹木も、家族で食べるだけでなく、余分を売り広めるための栽培のすすめだった。

野菜も同じである。唐黍《とうきび》の実を囲うのは、少しずつ売るためであるし、大根・牛蒡《ごぼう》・人参も売る。里芋《さといも》も売る。ことに長芋と山の長芋は利益のあるものだから、ぜひとも作って売り広めよ。この二品は、「じき百駄遣《つかわば》百両分で《(出)》ベシ。二百駄じき遣ば二百両出るなり」(一番)。

農作物以外の加工品についても、むらさき染は、金二朱(八〇〇文?)くらいの木綿を上手に染めれば二貫文(二〇〇〇文)くらいに売れる、と販売を考えていた。原料を買い、製品を売る。ただし家内労働だけで人は雇わない。髪油も、両家ともにたずさわって売り広める。そして借金を返す。蕨根からとった澱粉も売る。糀・酒・油・醬油・酢・味噌・もろこし・餅・団子・せんべい・豆腐の一一品も、自家生産して、両石に出店をだす。そして毎日品切れにならぬように売らせる。店番は定助と半蔵である。濁酒は大槌にも出店をだす。大事なのは人より安く売ることで、安ければ浜々の人間がみな集まり、買う。そのさい薪を栗林村から運んで焚きつづける。火が絶えず燃えている所へ人は集まるものだ。

単純な農耕一点張りというのではない、余稼ぎ・余業・余作に及ぶ、しかし家族だけで営む小経営。命助がすすめたのは、そのような経営だった。労働力は家族の規模で完結させるのであるが、流通はいつも村を越える経営である。種芋は仙台藩領から仕入れよと言うし、肥料も大槌・釜石・両石などから運べと言う。両石や大槌には出店をだせと言うし、山田・宮古・盛岡、さらには江戸までが売り広める土地である。

命助はこのように生産技術と労働力配置、経営構想を伝えた。それは、かれの体験と想像力にもとづく「自由さ」を示していた。しかし、かれは、自分自身がたずさわってきた、岡方の産物と浜方の産物を荷商いすることをすすめようとしなかった。逆に戒《(お)》めた。

命助のいうように七品の野菜をつくる。そうすれば、「一ケ年ノ内ニモ、をつとり百両ノよ《(余)》モ相出キ可ㇾ申候間、駄賃相やめ、じきあげ可ㇾ被ㇾ成候」(一番)と駄賃稼ぎをとめる。

馬を飼い、毎年麦と豆を二作とれば「駄賃相やめ」てもまにあうはずだから「駄賃早々相やめ」よとほかのところでもくりかえしている(一番)。じっさいにこの頃の「東」の家では、ちょうど若い頃の命助がそうだったように、定助などが駄賃稼ぎで収入を得ていたのかもしれない。

駄賃稼ぎばかりではない。命助は、「何《な》ニ程迷惑致とも、てま《(手間)》ヲバとるべからじ」(二番)と、賃銭を求める仕事につくことをいっさい戒めている。「大勢ノ子ドモラ」と呼びかけてかれは八つほどのことを忠告したが、そのなかでも、「手マヲトルナ」(「大福帳」)と強調している。金銭の取得に疑問をもっていたのではないが、家族の離散状態を命助は懸念したのである。

ぜに《(銭》と《取)》りヲ可二心得一《こころうべき》者《もの》也。(二番)

という忠告こそ命助が重視するものだった。女と子供の家族だが、多くの子供らをそれぞれ効果のある場所で働かせ、少ない田畑で金銭をできるだけ多く得る作物の栽培、販売を工夫する。野菜や樹木や購入原料からだけでなく、五穀についてもかれは売ることを考えていた。だんだん五穀が高値になってくるだろうから馬を飼い肥しを与える。厩肥をよく施せば大豆だけでも一五両もとれると説いている(「大福帳」)。

狭い意味での農耕専一というのではないが、農作を中心に加工もあわせ、かつ売ることを考える。手間取りの地帯にあって、かれは、家族労働を最大限に燃焼させ、余稼ぎ、余作・余業への広がりをもつ小生産農家として自立することをすすめたのである。これが命助のたどりついた経営構想だった。経済史の議論で言う「小商品生産」の経営プランという点では、命助の構想は、当時の百姓らが組みこまれている経済関係と共通するものであった。その志向も基本軸は同じ方向を向いているものだったが、かれが述べた個々の計画は、周囲の常識を超え、むしろ意表をつくものであった。当の本人が置かれた脱出口のない状況、ありえないではない家の崩壊の恐怖、それらに苛まれることが命助の、いわば農民的想像力を能うかぎり押しひろげさせ、先端的な内容にたどりつくことになったと言ってもよいだろう。

命助がそのような経営基盤のうえに、どういう状態を実現しようとしていたかといえば、かれは、「富貴《ふっき》」に暮らすことを理想の状態としたのであった。富貴は、いかにも端的にこの時代の小生産者の幸福のイメージを表現したものと言えるが、命助はいっさいの努力を富貴の実現においた。

　　ふつき《（富貴）》の大法也
一、糀・酒・油・しやうゆ・す・みそ・もろごし・もつ《（ち）》・た《（だ）》んご・せんべい・とうふ。

右之通り、十一品、手まい《(前)》ニテこしらい、両石ニ出店ヲ出シ、まい日きらさぬようニつゞげ《(け)》うらせ可レ被レ成候。尤《もっとも》、人よりやし《(す)》くうり可レ申候。やしけれバ、浜浜のひと〳〵ハ、みなあつまり、かい用イ可レ申候間、何ニぶんほが《(外)》よりやしくうり可レ被レ成候。たきゞ《(薪)》ヲバ家よりはごび、をご《(おこ)》たらじ《(ず)》、たき可レ申候。火のよき所ニ人ハあつまり申なり。くし《(す)》り、たくさんニこしらい置、病人有バ、をんほどごし可レ被レ成候。尤、諸人ニものヲほどごせバ、金せんあつまる也。又金せんたくさんニとるきニなれバ、人ニふまるゝなり。人ニものをほどごしたるほど、たが《(か)》らハあつまる也。両石ニテ、右十一品を手まいニテこしらい、まい日をごたりなクはごび半蔵ト定助ニうらせ可レ被レ成候。家ノやぬしニハ金せんヲあつめるようヲならわせ可レ被レ成候。尤金せん不足の人ニハ、かしうり可レ被レ成候。人ニふまるゝ内ハはんじやう致シなり。何ニぶんあやぶまじ。右ノ通り出店ヲ相出シ、ほがよりやしクうリ、ながクあきない可レ被レ成候。左《さ》ようニ(可)レ被レ成候。しぜんトふつき家ニ相成リ可レ被レ成候間、人ニものヲほどごしき《(す気)》ニ相成り、うりひろめ可レ被レ成候。乍《しかしながら》レ然しべとめモなク麁末《(そまつ)》ニハ被レ成まじクようニをん心がけ可レ被レ成候。以上。　明英　判

東ノ御家内中様

一、猶々《なおなお》申上候。諸人ヲ大切ニをあいけう《(御愛敬)》可レ被レ成候。尤大切ニ致バ諸人あつまルなり。諸人集《あつまれ》バ、金せんもあつまり申なり。

目出度かしく　（二番）

物の売り買いが人々の暮らしのなかであたりまえになった時代、またそういう地帯に生きた命助は、その世情を、家の立て直しを切望する位置にたって、むしろ意欲的に引き込むように受けとめ、小生産者的ないわば「民富」の形成を工夫し、その状態を「富貴《ふっき》」という言葉であらわしたのである。商人のあり方でも、企業家のあり方でもない。なぜなら団子も豆腐も、どこかで仕入れてきて売るというのではなく、人を雇って製造するというのでもない。なににせよ、それらを作る腕に覚えの技術があって、それも家族労働だけで作りあげて、それを家族の誰かが番をする出店で直売する。これは「小生産者」の立場だった。その「富貴」は小生産者の立場から望まれる内容のものであり、それ以上の性質をもつ「富貴」を命助は望んだわけではなかった。

だが、ある意味では小生産者としての先端的な真実性をもつ提案だったにせよ、現実の「東」の家族の成員がそれをおこなうとなれば、いくつもの躓《つまずき》が予想された。まず第一に避けられないのは借金である。

手っとりばやく金銭を得る駄賃・手間取りを命助は戒めた。とすれば金銭を得るもう一つの方法は、子供を手放すことである。飢饉の南部で、かれはその事実をいくらも眼にする折があったろう。子供の多い窮境の「東」の家では、それは明日にも決断されかねない手だてである。命助はしかし、「全ク人ヲバうる《(売)》べからじ」(二番)ときつく警告した。「大勢ノ子ドモラ」と呼びかけて、「身ヲウルナ」とも戒めている(「大福帳」)。それは危機の「東」の家を崩壊させる。

それなら田畑を抵当に入れて金を得る以外にない。しかしその方法は、返済不能に終わって田畑を失うおそれがある。「東」の家にはそのおそれが十分にある。田畑を惜しめば、別のことが選択される。命助は、その矛盾のなかで、かれが規定された「存在」(小生産者＝小所有者)の枠外に「意識」をはみださせてしまう。

それ人間ハ、借リ金出きれバあぐ《(悪)》心んをごるなり。何《な》ニほど借リ金出《で》き候とも、あく心ヲをごし《(起す)》べからじ。譬《たとえ》バ、何程借り金御座候とも、田地、諸事の品もノ《(物)》、有合《ありあわせ》のぶん渡《(す)》し心ニ相成り申候バ、少モ恐るゝにたらじ。尤《もっとも》、田地なくとも、日びニ働バしのぐものニテ御座候間、全クびんぼう《(貧乏)》ヲ恐るべからじ。ことニ依而《よって》ハ田地ヲをしミ《(惜)》、我ミ《(身)》出ぽん《(奔)》致人多ク有也。誠ニ大あやまりニ御座候。人間ト田畑ヲくらぶれバ、人間ハ三千年ニ一度さくうとん花《(げ)》なり。田畑ハ石川ら《(原)》の如し。石川らヲをしミ《(惜)》、うとん花ヲし《(棄)》てるが如し。　(一番)

命助の「獄中記」を、小生産者の構想としての卓抜さというだけでなく、人間的な意味でひときわ格調高いものにしているのが、一番の帳面の始まりの、この箇所である。どれだけ借金があっても、所持する物品や田地を引き渡す積りでいれば恐れることはない。土地が物神視されるこの時代にあっては、田畑を棄てることができずに自分自身がその耕地＝家＝村から逃げだす、つまり人間を棄てるという選択が多い。田地がなくても毎日働いて稼げばしのげるというのは、命助自身の体験にも裏づけられた考えであり、南部領、ことに三閉伊通の百姓らの土地所持の零細さ、手間取り暮らしの広範さというこの地域の実情に根ざす考えでもあろう。

もとより命助が、本心、田畑を軽視していたのでないことは、あれほどにも熱意をこめて田畑の肥培・活用を詳細に提案していたのを想起すればあきらかなことである。そのように大事に思っている田畑と人間とを比較して、人間は三千年に一度しか花を開かないと言われる優曇華《うどんげ》——インドの想像上の植物で、咲くときは須弥山《しゅみせん》の四州を統治する金輪明王が出現するとされる——ほどに貴重な存在である、田畑は石がころがっているだけの河原ほどの値打ちの低いものだというように言いきったとき、命助は、耕地からわりあいに「自由」な三閉伊の共通の意識に根ざしながらも、はじめて人間観についても土地観についても「思想」をもったのだと言えるだろう。

命助のような経営プランにとっては、生産技術、言いかえれば労働の主体が技術的能力を幅広くもつことが重要であった。農耕と加工の技術をかれは熱心に家族に伝えようとしていたが、それら直接に生産にかかわる技術だけを命助は重視したのではなかった。

ゲイ《(芸)》ハ、身ノ助リナルモノニテ御座候間、何《な》ニカヨキゲイ《(芸)》ヲ上手ニ可レ被レ成候。

（「大福帳」）

この引用は、さまざまな技術の習得を、広く「芸」という言葉で、「大ゼイノ子宝《〔コダカラ〕》」と呼びかけてすすめた箇所である。ここではとくに、「ソロバント手シゴト」を強調しているが、「ゲイ」はそれ以上の広がりをもって考えられていた。読み書きもその一つで、一度読み書きが達者になれば幾度生まれ変わっても達者なものだから身につけるようにとすすめている（一番）。女の子供らに強調していた「手ど・はり」は「手のゲイ」のことだったが、「手ど」（手芸）は女だけに求めたのではなかった。「男女ともニ、諸万じ《(事)》手どよろしきようニ御心がけご出《(精)》せ可レ被レ成候」（一番）と言い、読み書きと同じ、「なんせ《(何世)》生るゝとも、手ど有ものニテ御座候」と、今世での習得が有効なことを指摘する。そればかりではない。

一、げいノ内ニテモ、口ハ大《(第)》一ノけ《(げ)》いト相見へ申候間、口上ヲバ全ク麁《そ》末《まつ》なく御遣可レ被レ成候。

（一番）

「口」、語ることを、磨くべき芸の一つだと述べたのは、いかにも命助らしい見解だった。これは三閉伊通の、生産し販売するというような農業者の生活、荷物を付け送る稼ぎの生活、修験者としての生活、一揆の重立頭人としての体験などが組みあわされて集約された意見であった。「口上」をみごとに述べたてる者は「口利《くちきき》」の者と当時呼ばれ、さまざまな紛争の解決能力をもつ者として土地土地で調法がられていた。そのタイプは一つではなかったが、ともかく江戸時代の後末期に「口利」の者が増えてきたことは確かであった。その意味では、太助や命助らは南部藩領に登場した「口利」の者の一つのタイプだった。その「口利」の不可欠な要件である弁論の能力を、誰もが身につけるべき第一の芸と明示した者は、ほかにはまだ知られていない。

読み書き、そろばん、手仕事、口上等々の能力は、身につければ輪廻《りんね》をこえるものとなり、眼前に金銭をもたらす。命助の金銭観は、まことに堂々たるもので、あからさまな肯定であった。

マイバン、ゼニヲトルサイク（細工）ヲミナライ、上手ニ相ナリ可レ被レ成候。ゼニヲトルテドアレバ、千万両ノコガネ（黄金）手ノ内ニアルト同ジニ御座候間、何《な》ニトゾマイバンゼニヲトルサイクヲ上手ニ相ナリ、手マイ（前）ノ手ノ内ニコガネ玉ヲ御ソナイ（備え）、諸事富貴ニ御凌《おしのぎ》可レ被レ成候。

（「大福帳」）

「コガネノ玉」を手中にして「富貴」に凌がれよという金銭観に後《うしろ》めたげな気分は感じられない。しかし、ただ金銭を取得すればよいと言っているのではない。「ゼニヲトルサイク《(細工)》」に通じ「ゼニヲトルテド」を身につける。自分で稼ぐ技芸を習得することが大事なのであり、「人のはだらき《(働)》たる金せんハ、何ノようニモ立ノ《(ぬ)》もの」(一番)なのだった。他人の労働を組織して利潤を蓄えようという発想をもたぬ、小生産者の蓄富の考えである。「手前ニテこまかニ働き、人ニをどらぬ《(劣)》ようニをん《(御)》遣可レ被レ成候。このよニテほねヲりはだらキたる金せんハなんせ生れかわるとモはなれざる事うだがいなきものなり。恐レ慎テ可レ働候」(一番)ということがいっさいの出発である。

それでは「コガネ」を得てどうするのか。「コガネ」は、「人ニをとらぬ《(劣)》ようニをん《(御)》遣可レ被レ成候」というのである。「諸事富貴に凌ぐ」とは、得た金銭を惜しまず使ってゆくということなのだった。身についた芸と同様、骨折って得た金は身から離れることがない。技芸も金銭も同じだった。

土地を喪っても家族を減少させないで生きる——技芸がこのときひときわ切実に力を発揮し、金銭をひきだす。命助は、「ゴクラク《(極楽)》のほう」として、そのような状況のもとでの暮らし方を描きあげる。

一、それ人間ハよるハまいばんをそく《(遅)》いね《(寝)》、三十文ノぜに《(銭)》ヲ働クべし。ひるハ三十五文ノぜにヲ働クべし。右のぜニ、合而六十五文也。これニテ一日限リ《[キ]》に身ヲをさめべし。先一日ノ小遣ヲ記シ申なり。一人ノぶん三十文米代、五文のみそ、五文のさかな、五文の大根、十文ノきもの代、十文ノよ《(世)》ノ中ノ役せん、右の通リ六十五文、まイ《(毎)》日かゝるなり。然ルニ依而一日一ばんニ一人まイ《(前)》六十五文宛働キあんらクニをんくらし可レ被レ成候。この法ハ田畑なくなりたる時ノほうニ御座候間、これヲ心ニ入置《いれおき》、まさかの時ハ家ニ居リ、何ニか見合、手ざいくヲいだし、一人まい《(前)》六十五文当リニはだら《(さぬ)》キ、てきニうしろをみせぬようニ可レ被レ成候。うしろをみせるなとハ、出ぽん致ノ事也。　（二番）

田畑がなくなれば「手ざいく《(細　工)》」で生きる。夜は遅くまで三〇文を稼ぐ。昼は三五文稼ぐ。あわせて六五文。これで一日を暮らす。一人分でみれば、米三〇文、味噌五文、魚五文、大根五文、着物一〇文、世間への役銭一〇文、この六五文は毎日要る。このように働いて敵にうしろを見せぬようにする。うしろを見せるとは居村を欠落《かけおち》することである。かれは自分自身の出奔もまちがいだったと思っていた。

私出ぽん《(奔)》致候所、あやまりトなり迷惑致候間、以後ハ何ニようノ事出来《しゅったい》候トモ、少

モひけう《（卑怯）》はだらクべからじ。　（一番）

出奔を決心するときには、ここまでが一世と諦め切ったはずだったが、寺入りによってもけっきょく事態はよい方向へ進まなかった。そうであれば、あの時の脱走は弱虫の行為であったか、というのが入牢後の気持である。命助は「東」の家族が栗林村に留まるよう説きつづけた。すくなくとも自分の存命に希望がもちつづけられたあいだは。

習得すべき技術の一つ、ということにもなるだろうが、「獄中記」のなかで、薬の作り方およびその用い方、一言でいえば医療についての記述はほかのことにくらべて圧倒的に多い。その知識は、あきらかに一つは命助が修験者であったことからきている。病気回復の祈禱は、たんに呪術的行為だけでなく実際的な医療技術にはいる手当や指示をふくんでなりたっていたことと思われる。呪術と技術は分離しがたい関係にあった。

ただ、農民生活のほうからはそのような能力が生まれてこないと考えるならばまちがいだろう。嘉永六年の一揆のとき、百姓らは大槌町の薬種店から薬を奪い、枇杷《びわ》湯を煎じさせて服し、医者に薬の調合をさせ、鍼《はり》打の灸《きゅう》をさせたりした。それはかれらが無知だったことを示すのではなく、療治にかんする知識がある水準に達していたことを示している。どのような百姓家族であれ、起こりうる病傷に対して応急の手当をしなければならない。

現在の医学にもとづく処置とは異質であるが、そのような知識と技術を必要とする度合いは現代以上であった。その中心的な担い手は、年長者であり家長の位置にある者だったろう。

もう一つ、命助の場合に考えておいたほうがよいのは、馬の治療である。今も三浦加禄家には、「民間療法書」と森嘉兵衛氏が仮名をつけた前後欠損の書が残されているが、その内容は馬の病傷に対する手当法である。橋引、横引、湊節、駒疼《こましとし》、下筋、股返、上実、下𤍠、𤍠瘁、毛虫、尾味噌、髪落、金瘡、火焼、秋風、毒食、刺突などなど、馬の症状の判断と治療の手順がこまかに書いてある。鍼灸《しんきゅう》・薬を用いる方法もあるし、馬の眉間に奇妙な絵字を書く呪いのような方法もある。馬の健康が人間家族の維持にとって大事な土地では、このような民間療法が広く習得されたのである。

命助は、「獄中記」では家畜の療法は書かず、もっぱら人間にかんする療法を伝えた。二番の帳面のほとんどは薬の記事である。冒頭が、皮癬《ひぜん》の妙薬の製法と用法、次が瘡《かさ》の薬、次が「仙水丸」の作り方となる。人間の生活が製薬の過程と深くかかわっていて、仙水丸は、いささか臭気をおびる。十一月中は、塩物を断ち飯は少々ずつ。菜《さい》は、人参・牛蒡・大根・かぶ・山の芋・ゆり・芋の子・にんにくなどを白湯で煮上げて食べる。湯水は飲まない。十二月に小便をとって小麦粉を湿らせ、打板で細長く延ばして切る。よく干しあげ、また小便に湿す。寒中、三〇回ほどこれを繰り返し、最後に小便で湿らせて豆粒くらいに丸める。一〇〇匁に三〇匁くらいの割で白砂糖を加えてもよし。この仙水丸は、のぼせ、目の患い、労症、婦人の血の患い、てんかん、男女の腹中の病気などに効く。用い方は、飯前に三〇粒、日に三度九〇粒。怠らず服用すれば長生きする。

　これは小麦粉を服用するのではなく、最高成分に精製された小便水である仙水を服用する薬にほかならない。小麦粉は固形にするためであり、砂糖はのみやすくするための味付である。小便を命助は重視していて、「一、男ノ小べん女ニよし。一、女ノ小べん男ニよし」(二番)とも指摘する。いかに有効成分の多い小便水を得るかはかれの苦心するところで、食い物を工夫すると同時に「両月ノ内ハ男女のまじわり致べからじ」(同前)というような努力までして、「仙人ノ如ニ心ヲ大切ニ御行イ」(同前)を致すよう戒めている。

「ざごう(麝香)丸」は一段と臭気が強まる。仙水丸と同様の食生活・性生活を過ごし、今度は大便と小便をとる。その大便と米の粉を練り合わせ、かめに入れて黒焼きにし、取りだして粉にする。それを百匁、寒烏《かんがらす》の黒焼粉百匁、寒猫《かんねこ》の黒焼粉百匁、皂莢《さいかち》の黒焼粉百匁、その四品を混ぜ、小便で湿らす。仙水丸と同じように三〇回くらい干し、「かん(寒)じやう」の粉百匁、白砂糖百匁、「唐大黄」の粉百匁の三品を加え、蜂蜜でよく練り合わせ豆粒ほどに丸めて干しあげる。この薬はなんにでも効くが、癩病にも朝飯前に五〇粒ほどを百日用いれば毒が下るという。癩病は、かれにとっては皮膚病の一つだった。

　動物も薬の大事な原料である。寒猫は寒中に殺した猫だし、寒烏は寒中に殺した烏である。そのほかに命助があげるのは、うゐ《猪》・しか・ねじみ《鼠》・うさぎ・さる・こあミ・あをしゝ・をうかめ《狼》・きつね・たぬき・犬・いだ《た》ち・山鳥・きじ・まか《が》も・あがを《赤尾》・たが《か》・白鳥・がん・つる・にハ鳥・こい・しゞ《す》き・たら・しび・まがれい・くじら・はも・とゞ・あぶらめ・さけ・まし《す》・うなぎ・くろへび・たご《こ》・あわび・まんこ・なまご《こ》　(二番)

延命丸の製法

	品　名	量
1	うるち玄米粉	100目
2	黒　豆	100
3	小　豆	100
4	むきくるみ	100
5	ご　ま	100
6	ごぼう	100
7	人　参	100
8	赤大根	100
9	山の長芋	100
10	芋の粉	100
11	ゆ　り	100
12	一番鮭	100
13	一番猪肉	—

二番の帳面より

などである。牛も殺して、胃・肉・骨・頭・角・目の玉を使う。熊・川うそをあげている箇所もある。家畜になる動物、山川海の獣鳥魚のほとんどが命助にとっては薬の材料となる。人間も、大小便だけではなく、爪や髪が利用できる。

延命丸は植物性のつよい薬で、大小便を用いない。別表の一三品を寒中に蒸し、別々に搗《つ》く。調合の液には玉子を用い、一三品をいっしょにしてよく搗く。梅の実くらいの大きさに丸めて干す。寿命丸・神命丸・助命丸・万病丸等々、これら調合法について、命助は、絶対に他人に知られぬようにと注意しているが、家族うちだけで服用せよというのではなかった。たとえ学問がなくても「いさ」(医者)の渡世はよいものであると、名医になることを期待している。難聴・溺水・下痢・皮膚病・眼病・切傷・血患い・骨折・打身等の療治法を書いているのは、近隣の関係のなかで有能な医術者とみられることが、けっきょくは絹布を着られる富貴な生活へつながるからだった。薬によっては、盛岡柳屋を介して江戸に注文することもすすめている。

方法を盗まれぬように作った薬は、売るのがよいと述べることもあったが、本意は諸人への施行《せぎょう》であった。他人に施行することが幸せにつながるというのであって、染料や調味料などを商品として考えていたのとくらべれば、同じ加工の品物ではあっても明確に区別していた。

平常の暮らしのなかでぶつかるほとんどの病傷について、命助は療治の手順を示しており、癲病についても因縁めいた説明をするのではなく療治可能なものの一つとしてとりあげているのは特記されるべきであるが、より特記されるべきなのは、かれがただ医術にくわしいというだけでなく、達者に暮らすということをめぐって、人間をみる一個の見識をもっており、それと結びついての医術でもあったということである。命助は、対症的な薬を中心に考えていたのではなかった。

人ノ大一《第》ノくしり《薬》ハ、よキみそ《味噌》ト酒・さかな・す・ごぼう・にんじん・大根・山ノいも・ゆり・にんにく・かぶ・いも子なり。塩ハあまめ《甘目》ニ斗《ばか》りくろう《食》テよし。五穀ハ過ぬ程少々宛くろうテよし。五穀過れバたん《短》命也。何ニぶん、右ノやヲや、酒・さかな・まい日をん《御》用可レ被レ成候。かならじ《ず》長命いだし《致す》也。（二番）

薄目の塩、控えめの穀食、野菜と魚肉、味噌・酢、それに酒、つまりは食事こそが第一の薬だというのである。居眠りのでる者は芯から疲れているのだから、良い魚二〇匁を焼き清酒二合五勺と練りあわせて日に二、三度、七日ほど用いる。煎った豆を毎晩少々ずつ食うと長命うたがいなし、などというのは服薬にちかい食事であるが、かれは、酒・魚をことのほか大事なものとし、そしてそれらのいっさいは、富貴に暮らすという幸福目標へ結びついてゆく。そのような考え方はたとえば「我身タツサ《達者》ニタモツ人ハ、福徳ヲエル《得》モノニテ候間、何分我身ヲタツサニ被レ成、ツウや《昼夜》御働可レ被レ成候。尤《もっとも》、ヨキサカナ三度ニ三匁宛、マイ日御用《おんもちい》可レ被レ成候。然ルトキハ、シゼント我身タツサニ相成リ、福徳ヲエルナリ。マイ日、酒・サカナヲ御用可レ被レ成候。尤、マイ日酒・サカナヲ遣御家斗《つかうおんいえばか》り福徳集ル」（「大福帳」）という記述に明瞭である。健康・酒魚・稼働・福徳というわけだった。

医術もそのような目標へ向いていたかぎり、いわば「合理」の性格を追求したものではあったけれど、もともとこの時代の技術は呪術的な要素と組み合わさっており、症状によっては、かれの治療法はかぎりなく呪術そのものへ接近した。赤土《あかつち》や古金《こきん》、金箔を煮たり煎じたりする薬も、動物や植物を材料にするものとくらべれば、しだいに怪しげになるが、

手ノヒラニ巳ト三度カキ、ソノ上ニ命ト三度カキ、唱ヨウハ、坎《カン》・昆《ゴン》・震《シン》・巽《ソン》・離《リ》・坤《コン》・兌《ダ》・乾ト三度唱テヨシ。小虫出ルコト妙ナリ。（「大福帳」）

と、七歳より下の子供の手から虫を取る方法を教えた箇所は祈禱そのものである。青蜥蜴《あおとかげ》を五匹とり雷神に心願をかけるとか、虎魚《おこぜ》(竜の落し子?)を二匹とって神々に心願をかけるとか、「きかじ」(難聴)には老ねずみの胃を取って、耳にさすとよいとか、もう病症とは言えないが、子供が蛇にでであったらどうするか。「辰巳ヲシメル天ノ神風」と三度唱え、親指を下に四本の指を締めて睨み、じっとしていると蛇がくるくる廻る。親指を起こすと逃げさる、というような「療法」もそれらの延長である。

それはもはや、命助の医術の側からきたものというより命助の信仰の側からきたものと言うほうが適切である。「獄中記」に、修験の神観念が影響していることは森毅氏も指摘しているが(前出稿)、その根幹は、徹底した現世肯定という点にあった。富貴と長命がかげりなく強調されるのは、かれの信仰の意識と深いところでつながっている。「神仏ハ、

人間ノシンメイ《身命》タツサ《達者》デ、長命致シヲヨロゴバセ玉ウナリ」（「大福帳」）というのが、そのつながりを示す。だから「シヤウジン《精進》」料理ではなく酒魚を毎日食い、寒中は猪鳥を食うのである。男女とも、七十歳以上の人間は「誠のいき《生》神」（一番）という神観念にも、命助の現世中心の信心があらわれている。不孝の人は天の御罰を蒙るというのも、孝行な人は日月の御憐みを得るというのも、命助の宗教感情の中心にあるのが、現世利益《りやく》の性格をもつものだったからである。平常の「通俗道徳」の実践は、神威あるものの感得するところとなって、やがて富貴繁盛と子孫長久に結果する。

八幡大菩薩
天照皇太神宮
春日大明神

とくりかえされる「三太神」の崇敬、日月、仏神、神、天地、天への帰依など、命助の記述する対象は神仏習合の神観念を示していて、南部領の百姓らのそれと異なるところはないように思われるが、

一、まいあさ、せん《線》香ト水ト干米トささげ奉るべし。心願ヲバ中間敷《もうすまじく》候。あまり心願

申せバ、かゑつテ神ハ心願人ヲにぐ《憎》ませたもうなり。　（一番）

という見解は、修験者としての生活と修業を経た者のものであろう。現世利益の立場で安易に、他力心願を重ねることはかえって神の怒りを招く。これを心願人の立場から言えば、心願を実現しようとすれば、厳しい倫理的な実践を求められることになる。昼の内に男女の交わりを致せばたちまち仏神の御罰を蒙る。内心に正直の心がなければ仏神の御恵はない。天は清明であり悪心を起こせばたちまち滅びる。家内睦じくすれば天の御恵がある。身を清浄にすれば仏神も喜ぶ。天を父とし、地を母として頼むというのも同じである。悪魔・外道が人の正しからざるを喜ぶというのも、同じことを逆から述べたのである。

このようにみてくれば、命助の「獄中記」のなかで、神仏の加護や冥罰と結びつけられることなく説かれている徳目の実践も、たんに「通俗道徳」を強調しているのではなく、神威あるものによって受けとめられ、その意をつうじて富貴の心願がかなえられるという筋道のなかに位置づけられていることが了解されるであろう。両者は一体なのである。

「他人ヲバていねいにうやま」う。「わつか《(ず)》のしんもつ《(進物)》」を自慢したり返礼がないのを不満に思ってはならない。「己《おのれ》のしりぶり」、つまり物知りぶってはならない。誰とも「みな同《おなじ》ニつきあい」をしなくてはならない。「ものしりぶりヲシテ人ニいげん《(意見)》・けうくん《(教訓)》」をしてはならない。「ひけう《(卑怯)》」を働いてはならない。陰口をしてはならない。「人のあぐじ《(悪事)》」を口にしたり記録してはならない。「ひんなるもノヲあわれむ」よう心がけなくてはならない。「をどけ口」をきいたり、他人のおどけ口を恥ずかしめてはならない。そのほか、短気、盗み、悪心、無礼がくりかえし戒められる(一番)。

「大福帳」は子供らにわかるように気を配ったものだが、「大勢ノ子ドモラ。諸人ノアイケウ《愛敬》ヲヤワラ《柔》カニ可レ被レ成候。ヤワラカナレバ、福徳集ルナリ」(「大福帳」)と書いているのも、愛敬と福徳の間に仏神の満足を入れて読んだほうがよい。「大勢ノ子ドモラ。人ニ損ヲカゲルナ。ヌシミ《盗み》ヲシ《す》ルナ。アグシンヲオゴシ《す》ナ。イツワリヲシ《す》ルナ。手マヲトルナ。身ヲウルナ。親ニ孝行ヲツクセヨ」(同前)という子供らへの教訓も同様である。

信心と道徳とのこのような一体性を前提においてみてはじめて、命助が、神とは生きたる人の事だと述べた意味も納得できる。現世を第一義にする考え方と組みあわさりつつ、修練を経た人間、老熟した人間はそれ自体、神性を帯び、また別義には、誰の内部にも神性を帯びている部分がある、と考えるのである。

やしミ《休》日ニハ早ク休ミ、我みのたましいヲ我心ニて可《ヘシ》レ奉レ拝。人ノ為《身》ノをんかだつ《御形》ハ、乍レ恐月日《ツキヒ》ノをんかだつの如し。同《おなじく》ハまいあさ、我玉《魂》しいヲはいし《拝》奉るべく候。

(一番)

毎年数十日はある仕事休みの日には、自分の「心」で自分の「たましい」を拝む。人間の身形は神(「月日」)に似る。できれば毎朝拝む、という神観＝人間観は、唯一神へ方向づけられた生神《いきがみ》信仰とは逆——万人に神霊が存する点で——のものだが、一種の生き神の観念にはちがいなかった。このような考え方を、東寿院以後だけのものとする必要はない。栗林村の観音堂を守る百姓別当であったことが、命助の宗教上の想念の源泉にもなったことは、牢内での写経が観音信仰にかかわる「高王経」だったことや、「観音様さい《(祭)》礼ヲバ、四月ノ十七日か又十八日カ、二日ノ内、見合《みあわせ》可レ被レ成候」(一番)と、観音堂の祭礼について指示していることからもうかがえるからである。観音堂は、「東」の家族にとっては、自分の心で自分の魂を拝する場所であったにちがいない。田畑は石川原、人間を優曇華《うどんげ》と述べた意見も、この世に生きているままの人間の内部に神性を視る意識と不可分であった。

命助の「獄中記」を興味深いものにしているいま一つは、家族に対して栗林村を出てしまうことをすすめた箇所である。命助のこれまでの心理と行動のなかでも顕著に現れていた、いわば「定着」と「放浪」の葛藤——ある意味では三閉伊通の百姓に通有の葛藤だと言えた——が、閉塞の状況のなかで鋭い思想になった。かれ、およびかれらにあって、定着と放浪は同じ比重で葛藤していたのでない。定着を阻まれることによって放浪が強いられるという矛盾なのであった。

厳密に言えば、命助は放浪することをすすめたのではなく、別の世界への定着をすすめたのだった。入牢して、はじめからそのように考えていたのではなく、そのような考えに変わっていったのである(菊池勇夫「三浦命助『松前』移住論の史的意義」『歴史評論』三三二)。

命助が、どれほど「東」の家族の栗林村での定着を切望していたかは、三冊の帳面に書かれた家を建てるにあたっての意見によくあらわれている。かれは、「今度をんしかり《(御叱)》ヲこうもり《(蒙)》候儀、せげん《(世間)》ニはつが《(恥ず)》しく思い申間《ま》敷《じく》候。私も誠ノ人ニ御座候間」(一番)と、一揆に加わったことは恥じなかったけれども、出奔したことは誤りだったと考えていた。栗林村の「左馬之助の家」を滅ぼさぬということこそ、かれの主願であり、その立場から、家作についてもいろいろと言い送った。

この数年、「東」の家を襲った、自分自身を中心にして起こった出来事、そして嫌疑を受けた状態を、かれは「今度ハけが《(穢)》れたる家」(一番)と規定したが、それでも「何ニぶん出ぽん致べからじようニをん心がけ」(同前)と定着を呼びかける気持から、ほんとうは家は古いほど吉祥があるもので自壊するまで建て替えないほうがよいとつけ加えながらも、早急に建て替えをすすめている。

伊勢参宮をし御祓いをすませてから家を建てる。普請の開始は月の末、途中で喧嘩口論をしない。敷地には良質の赤土をたくさん盛りあげるほど大吉である。「家の四方には、よきもも・つばき・ち□・きく・ぼだん・しやくやく・し《(す)》べてよき花たくさんうへ立、大切にかざるべし。地面をし《（借）》むべからじ候」（一番）。命助が植えることをすすめたのは徳用作物ばかりではない。命助のやさしさがこんなかたちでもあらわれる。掘立の柱が大吉で、柱元には赤土を入れて固める。屋根は柾《まさき》で葺き、内側から塩水をかける。家は小さいほどよく、風除けには杉を植える。勢いのある百姓の田畑の土を少しずつ集めて竈を築く。土集めが人に見られてはならず、大勢の者の土を集めるほど大吉である。

命助は、この建て替えにさいして分家を増やし、「東」の家族全体の力を盛りあげようと望んだ。大勢の子供らを一人も呉れず別家にするのがよいと提案する。

　家ハ小キほどよろしきものニテ御座候間、大ぜいの子ども一人もくれじ、べつけ《（別家）》可ㇾ被二成下一候よう奉二願上一候。（一番）

四つの家を建てるのではなく、現在の穢れた家を分家する四人に与えて別家とする。本家を水神くぼの山の根に新たに建てる。大きさは屋敷が東西九間、南北五間の四五坪、両方に石垣、木を植える。家宅は三間四方で二階建ての一八坪とし、小さくつくる。東西には庭、家の真中から南へ橋をかけて道路へ通じさせる。家の左右、後ろに花を植える。家の前の堰には魚を放し、栃の木は切らない（一番）。まつよや半蔵らの入る本家は小さく、単婚小家族の居住が想定されている。このようにすることが、子々孫々に至るまで悪魔・

外道を防ぐ建て方だと命助は説いた。井戸に手をつけず、石垣を組みなおすようすすめている箇所もある。

三冊の帳面のなかで、そのように熱心に提案した建て直しの意欲は、二年後に書かれた「大福帳」にもまだ尾はひいている。屋敷の木を切ってはならない。切れば家が滅びる。墓所の木も同じ。桃・桑・梨・樒《しきみ》などを植えよ。東のほうにまっすぐな道をつけよ。奥座敷の根板を入れ替えよ。むしろよりこまかな指示になったとさえ言えそうであるが、しかし、命助の気持はほんとうは別の方向へ大きく傾いていた。傾いてしまったから、現に住んでいる家を修繕する程度の提案になったと言ったほうがよいかもしれない。

一時は、咎人《とがにん》を七戸・三本木平《たいら》(現、青森県十和田市三本木)の新田開発の労力に使うという噂を聞いて、牢から出ることができると考えたこともあったようだが(三番)、その望みはなくなっていた。三冊の帳面を書いた安政六年(一八五九)にも、出牢の希望と絶望のあいだを往来しており、出奔を戒める他方では、自分が牢死したあとの三浦家の処し方について、次のように提案していた。

千万一私ころ《(殺)》され申候ハヾ、家内中江戸江のぼり、とうふや《(豆腐屋)》ト相成り、子孫ヲ江戸江をんのこシ《(御残)》可レ被レ成候。をん江戸ハ、誠ニ三国一ノ御ばそ《(場所)》ニ候間、千万一私ころされ申候ハヾ、御家内中様御揃をんのぼり、御江戸ニ御子孫ヲをんのごし可レ被レ成候。をん江戸ハ、三国一ノごばそニ御座候間、をんのぼり、とうふやト相成リ可レ申候。
(三番)

命助は修験時代に京へ上ったおり、江戸に泊っているが、豊富に実見したというほどではなかった。かれの江戸のイメージは、折にふれ聞いた噂話などによっても膨らませられたことだろうが、三国一の場所であった。「千万一」だから、そんなことはあるはずもないがそれが起こったとして、という仮定である。まつよ一家とまさ一家でいっしょに江戸へ登る(出奔する)。豆腐屋というのは、元手なしに狭い借屋で始めることができ、振り売りのかたちで捌いてゆける自営零細渡世の姿だったろうか。製法は栗林村の住民なら広く知っているものであり、後家家族でも手に余る仕事ではない。命助も豆腐については、苦汁《にがり》の工夫を伝えただけだった。そのように暮らして、「左馬之助の家」の子孫は、江戸へ残す。

江戸へ登ることばかり考えているわけでもなかった。追記の箇所では、江戸・松前・津軽・塩竃・石巻の五か所をあげている。ここでは登るという言葉ではなく、「うじる《(移)》」という言葉を使っている。「ころされぬ時ハいつ《(ず)》く江もゆくべからじ」(三番)と強調しつつではあるが、命助は、家族ぐるみの出奔の想像を抑えることができなかった。どこへ行くにしても、まわりには盛岡へ「うじる」という風聞を注意深くひろめよとまで申し送っている。さきにあげた五か所はいずれも他領だからである。

「うじる」というプランも、「手間取り」に行くということが逃散の合言葉になるような地域と時期を土壌にして生まれえたものだとは言えるだろう。しかし家族ぐるみそっくりいなくなるのは「手間取り」の慣行をこえるものであって、罪に問われるべき出奔にほかならない。偽りの風聞を流して他所へ「うじる」ことをすすめたとき、命助はここでも「土地から自由」になる「思想」をつくったのである。いつからこのことを考えはじめたのか。長町牢に入った時からではなく、安政五年(一八五八)六月二十九日に石町牢に移されてからとみてよいだろう。石町牢の様子を書いた口上のなかで、「いつ《(ず)》れ私儀ハ、御上様ニテころさぬ内ハ、なん年もいの《(命)》つながらい居り申候間、何ニぶん御めんどう奉二願上一候。万一ころされ申候バ、五ケ所の内ニをんうじり可レ被二成下一候」(三番)と、五か所への移住を提案しているからである。

「大福帳」の「うじる」構想は、万延二年(一八六一)執筆の帳面の提案から大きく変化した。二月二十四日は、すでに文久元年になっていたが、その日、最後の「口上」を命助は書き、そのなかで、家族中が移住することをくりかえしすすめている。

　　口上

一　ヨク《(欲)》ヲハナレテ申上候。天ハメグマセ玉イドモ、国守ノメグミナキ故ニ、諸事ナンギ致《いたす》也。ヨグ(く)ヲハナレテ、松前ニ御移リ被レ成候テ、御公義様ノ御人ニ相成《あいな》リ、諸事安楽ニ御凌《おしのぎ》可レ被レ成候。日本ニハ、公義ノウエハナキモノニテ御座候間、公義ノ御地ニ、佐馬之助ノ子孫ヲ御ノゴシ可レ被二成下一候。始ニハメイワク可レ被レ成候得共、末ニハ目出度《めでたき》御クラシ可レ被レ成候間、ヨグヲ離レ、公義ノ御百性(姓)ニ相成リ可レ被二成下一候。

日本ニテハ、公義ヨリ難《ありがたき》レ有御《お》神《かみ》ハナキモノニテ御座候間、公義ノ御地ニ子孫ヲ御ノゴシ可レ被二成下一候。

松前程ノ御国ハ無二御座一候間、折ヲ見合《みあわせ》、早ク極楽世界ニ御移リ可レ被二成下一候。ヨグヲ離レテ申上候。目出度クカシク。

姉上様　　命助　（「大福帳」）

口上

一　ムカシノコトヲ申上候。日本一ノ大坂ノ御城モ落城ニ相成リ申候。ヒデヒラノヤガダモ野山《(ノザン)》ト相成リ申候。ユワンヤ我々如ハ、ハツル(恥)コトナカレ。クヤムコトナカレ。人ニマケテ、極楽世界ノ御地ニ御移リ可レ被二成下一候。松前程ノ御国ハ無二御座一候間、御移リ可レ被二成下一候。目出度申上候。以上。

一　猶々申上候。何ニヨリソロバンヲオボエテ御移リ可レ被レ成候。以上。

三浦命助（「大福帳」）

二月廿四日

この日、命助は、自分が欲心から離れたこと、これ以後書き物は送らぬことを宣言した。「人ニマケルヨグヲハナレテヨシ。万モツ《物》ヲオシムヨグヲハナレベシ。人ニワラワレルヨグヲハナレベシ。身ヲシ《す》テル所ノヨグヲハナレベシ」（「大福帳」）。この四つの欲心から「自由」になって松前へ移ることをすすめた。「うじる」所は、松前一か所のみである。

栗林村の「左馬之助の家」の子孫が家族ぐるみで出奔する。それは落城のイメージにほかならなかった。敗残にはちがいないが、「人ニマケテ極楽世界」に移るのがよい。

天の恵みがなくなったのではないが南部藩主の恵みがないため難儀する。一揆のとき以来命助が強調し、二条家家臣の形で挑戦もしてみた南部藩主の交替。それは失敗に終り、命助は報復を受けた。千万一殺されたらという仮定ではなく、殺される——多分牢死が予感されている——ことが、この「口上」の前提となっている。南部藩主への感情も「高王経」や三冊の帳面ではこのように徹底していなかった。だが文久元年（一八六一）の「口上」では国主への期待は全く喪われている。

そのかわりに「公義」が浮上する。南部へのこだわりから解き放されたとき、命助の眼は「日本」を見る。その日本で、公儀よりありがたい「御神」はないというのだが、これを字義どおりの「神」と解釈する必要はない。人間にも神をみる命助であるが、江戸越訴も企画する三閉伊百姓のあいだで暮らし、当山派の本寺も訪れ、五摂家の二条家の家来にもなった命助が、現実の権力的存在である公儀を神仏と同一視することはありえないだろう。「御神《おかみ》」は「御上《おかみ》」と置きかえてかまわない。

「御上」としての公儀は、日本では最高の威力をもつもので、その上はない。命助が、実際の幕府政治をよく知っていてそのように言うのではない。したがって、抽象化された、現実の幕府とは同じでない「公義」であると読んでもよい。仁政をしくありがたい絶対的な君主、これがかれの「公義」の意味であろう。

だが、「土地から自由」になる「思想」とはいえ、命助の場に立ってみれば、むしろここでは命助の南部藩への——現状へのといってもよい——絶望の深さをこそよみとるべきかもしれない。「日本ニハ、公義ノウエハナキモノニテ御座候間……」「日本ニテハ、公義ヨリ難レ有御神《おかみ》ハナキモノニテ御座候間」、また「松前程ノ御国ハ無二御座一候間」と、短い「口上」のなかに「ナキモノニテ」という意味の言葉が三度も使われる。「日本」も「公義」もその絶望の深さの上に見えてくるのだ。命助にとって、「極楽世界」の輝きは、牢の中の暗さ、いやそれよりも暗い敗北(「野山《ノザン》トナル」)を通してのみ目を射てくるものだった。

　松前移住の確信に似た希求。だがかれの「自由」は想像の内にだけあって現実では拒否される。ただその提案は現実に根ざすものだった。松前という言葉で、命助は北海道の倭人地部分だけでなく全蝦夷地のことを言おうとしていたにちがいない。大きくいえば、江戸時代の北海道は、倭人地の和人による、蝦夷地のアイヌ人支配の歴史として進んできたのだったが、文化六年(一八〇九)に幕府が松前藩から全領を直轄領にして以後、二つの区別はなくなっていた。命助が、はじめからそこを、一円、「公義ノ御地」と認識するのは無理ないことだった。蝦夷地はもともと東北の民にとって「手間取り」に行く土地の一つ――たとえば宮古通金浜村では嘉永の一揆に二二人が加わったが、「家主」が「松前江働き」にでかけていた九軒は一揆参加を免除されている(前出『嘉永六年三閉伊一揆資料』八八頁)――であって、無縁の場所ではなかった。しかし、家族ぐるみ「うじる」のはもはや「手間取り」ではない。三冊の帳面では、私領も「うじる」対象地にあがっていたのだが、今は公儀領だけが対象になった。それも江戸の豆腐屋ではなく、「公義ノ御百姓」になって、そこに「左馬之助ノ子孫」を残す。

この時代の北海道は、対ロシア防備の基地としてアイヌ人社会の生活慣習までふくめた日本化がすすめられていた。そこに現われる倭人は、どのような身分の者であれ、なんらかの意味でアイヌ社会に対して「侵入」する存在だった。だが、命助が松前は「極楽世界」といい、別のところで「竜宮ノ御地」と讃嘆していることのなかに「侵入」の性格をみる必要はないであろう。蝦夷地へ行けば公儀の土地だというところまでは現実に根ざしているが、公儀が実際の幕府と等しくないのと同様、「松前」は実際の蝦夷地と同じでない。公儀の上はないというのと同じレベルで、松前はこの上ない土地なのだった。抑圧的な日本各地の私領と対置され、夢見られた「極楽世界」、アイヌ支配や海防政策に奔走する権力ではなく、百姓を十分に撫育する公的権力が「公義」である。「公義ノ御百姓」も、「竜宮ノ御地」のような空間に想像される、もっとも束縛の少ない小生産者のイメージにほかならない。提案されたものは、欲心を断ちきり束縛を抜けでてしまった命助が、牢の内で最後に描いた「極楽世界」、ユートピア――それが現実化しえぬものであるだけに――だった。

沈黙した命助が牢死したのは、それから三年後の文久四年(一八六四)二月十日である。死体が盛岡から栗林村へ送られてきたと伝える。獄中六年と八か月、四十五歳になっていた(法名は「天量自晴禅居士」)。残った「東」の家族が松前へ「うじる」。命助一個の生涯はこれ以上「土地から自由」だった者はいないほどに他行と帰着のくりかえしだったけれど、一つの「家」がかれと同じように「土地から自由」でありうると考えるのはむつかしい。そのむつかしさを命助が知らないはずはなかったと思われるのだが、沈黙を宣言したかれが残したのは、松前移住の熱い呼びかけと期待のほうだけだった。そしてやはり命助の死後、「東」の家族が栗林村を出立することはなかった。

命助が没して四十年ほど後、まつよの倅半蔵を戸主とする明治期の「東」の家の戸籍簿をみると、「従兄」定助について、「明治四拾年拾壱月弐拾六日、北海道石狩郡新篠津村第四拾八線北五拾五郷へ分家届出」とある。天保十年生まれで、六十九歳という老年に達した命助の長男定助は、明治四十年(一九〇七)十一月、北海道石狩郡へ移住して分家をつくったのである。それは父親の「遺志」を汲んでというよりは、明治末期の新しい事情を動機にしての決断であったろうが。

江戸後期・諸業民の世界——終わりにかえて

狭く閉ざされた村境の内側での起伏のない毎日のくりかえし。そのように江戸時代の農村民をみてしまいがちな思いこみに対して、栗林村百姓命助の一生は、ほとんど抗議するほどにも異なったイメージをわれわれの前に浮かび上がらせる。

幼少のころ遠野町へ出て読み書きから漢籍までを習う。若者になって十七歳から三年間、秋田の院内銀山へ出かけて働く。帰村して妻を迎え、二十歳のときより三閉伊通の農漁村のあいだで荷駄商いに従事する。そして三十四歳のとき百姓一揆に加わり仙台(伊達)領へ逃散。終熄後村役人になるが、一年足らずで出奔。仙台領に三年、その間、出家体となって放浪状態のときもあり、また修験寺住職として定着もする。さらに三十七歳のとき仙台領を離れ京都へ上り、醍醐三宝院から院号・錦地を許される。あわせて五摂家の二条家へ召し抱えられようとする。そして翌年公卿二条家の家来として南部藩領へ足を踏み入れたところを捕えられ、盛岡の牢へ送られる。そのまま結審のない永牢状態に置かれることほぼ七年、文久四年(一八六四)に牢死し、四十五歳で生涯を終える。

怖ろしいような命助の一生は、どの百姓にも当てはまるというものではないし、かれの行跡をみれば、自分を「百姓」と規定し意識する以上の幅広さ、あるいは異質なものをふくんで、その精神生活と実際生活が営まれていた、と言うこともできる。だが、牢内でぎりぎりの状況におかれたかれの意欲は、「公儀の御百姓」になるという方向で示された。命助は、栗林村や三閉伊通の村々でのもっとも平板な日々においても、牢内で憑かれたように「極楽世界」を夢想するさいにも、「百姓＝小生産者」――ここでの小生産者はかならずしも単一の農耕生産者を指すのではない――という自己規定を中軸において生きていたし、またその立場から「自由」を求めたのだった。鉱山労働者のときも荷駄商い人のときも、修験者のときも公家侍のときも、「百姓」という存在から離れることなく、つねにそこへ回帰しようとしたのである。

命助の、ことに最後の十年間ほどの激しい体験に眼を奪われて、かれの一生をあまりにも特異に見すぎるとすれば、それは適切でない。遠野での手習い、院内での鉱山稼ぎ、三閉伊通での荷駄商い、これらはたぶん周囲の者もとりたてて珍奇な行為とはみない、このあたりの百姓ないしは百姓家族の暮らしの現われのいくつかの局面であった。最後の十年間ほどにしても、一揆は、たしかに緊張に満ちた異常な状況ではあるが、南部藩領民にかぎってみれば近世をつうじて百数十回も経験したことであり、命助一人が特別に味わったものではない。

だが出奔から牢死までの経験ばかりはだれにもあるというものではない。それがなければ、命助は体の動くかぎり遠野・大槌・釜石・宮古へんを商いしてまわったことだろう。ただかれの特異な体験にしても、敢えて言うのではあるが、命助だけのことではない。たとえば百姓が修験になる。命助のように百姓家族の大黒柱であった者が出家したり修験者になることは稀だろうが、口減らしにせよなんにせよ百姓家族のなかから宗教者が補充されてゆくという動きは特別のものではなかったはずである。たとえば百姓が京都へゆく。命助のような経緯と意図で上京するのは稀だろうが、安家村俊作は命助より日数の多い西国巡礼の旅をして、京都へも立ちよった。公卿家の家来になるという意外な行動でさえ、他国まで眼を向ければそんな百姓がいたことはみたとおりだ。永牢も、牢死も、である。

もちろん、牢死に至った転変と、荷駄商いで巡村するのとではまったく異なる人生であるが、いずれにしても、狭く閉ざされた村境の内側に固着して生きるというのとは大いにちがっていた。そしてそういう命助が居村からしだいに遠ざかっていったかといえば、栗林村の「東」の家の命運こそが、片時も離れることなくかれの意識と行動を規定しつづけていた。命助にとって、百姓＝小生産者に回帰するということは、「東」の家へ戻るということにほかならなかった。牢内で、いっさいのこだわりと欲心を離れた心境でユートピア・イメージを全開させたときでさえ、「東」の家族を土台に考えを深めたのである。

離脱・移住の「自由」な観念は、もう片方の在地・定着の願望と命助の内部でせめぎあっていた。かれの一生において常人をこえる振幅をもって現われた非定着的な性格は、一つ一つの局面を解きほぐしてみれば、述べてきたように、多かれ少なかれこの土地の百姓らに通有のものであった。遠近の土地への「手間取り」「駄賃稼ぎ」あるいは「荷駄商い」の慣行が、その基礎である。狭く閉ざされた村境の内側での起伏のない毎日の繰り返しというイメージは、このあたりの百姓らには当てはまらない。そのような交流の活発さが、かれらの日常を、貧富の基準でみてただちに豊かにするものだったかどうかはいちおう別である。貨幣経済はそれ自体としては小生産者の暮らしを安定・向上させるものではない。大事なのは、村落住民であって非村落住民のような性格、定着者であって非定着者のような性格、そういう二つの性質をかれらが合わせもっていたということである。

弘化一揆の頭人弥五兵衛が「大槌御支配所町方中・村方中・浦方中　惣御百姓中」(『内史略』)と呼びかけたように、百姓身分の者らは、実際の生活空間としては町方・村方・浦方に分かれて住んでいた。そして、かれらの主たる生業はそれぞれちがっていた。それでも、農耕の営みはかれらに共通のものだった。修験明英(命助)の毎日さえ、種まき、草とり、刈り入れ等の農作業が祈禱行為と組みあわさっており、使う時間は農作業のほうが多いくらいだった。

嘉永一揆も「惣御百姓」の行動だったが、その内実は「大勢の中には農業・諸職人・猟師・船業も御座候」(「遠野唐丹寝物語」『百姓一揆叢談』上、四一三頁)と記録されたように、農業民、手工業民、猟師、漁業民等々の集合であった。もっとも大きな区別は農業民と漁業民の間にあり、かれらの居住する所は、村落の景観、祭儀までもがちがっていた。しかし、三閉伊通一帯でいえば、浜方・浦方の百姓と村方・町方あるいは岡方の百姓は深く交流しあっており、たがいの共同社会の内側にまでも入り込みあうほどだった。それに、漁村が提供するものは魚だけではない。塩がある。農業生産との関係では肥料がある。漁村で生産される肥料を見落として、江戸時代の農業の展開を説明することはできない。農村もあり漁村もあり、というのではなく、農業の再生産は農漁村の結合のうえに成り立っていた。そして、地理的にも農漁村が相接している地帯は日本列島いたるところに及んでいた。

岡方の百姓は農耕専一だったとかんたんに言いきることもできない。「東」の家は農業民のほうにはいり、命助は、農作や加工作についても豊かな知識と技術をもっていたが、かれ個人をとりだせばむしろ荷駄商いのほうからより多くの実入りがあった。「東」の家の歴史をふりかえると、塩釜・塩荷にも手をだしたことがあったし、地吹鉄《じぶき》をこころみたこともある。栗林村には鉄吹きをおこなう者もいた。命助の商う荷物は、米もあり塩もあり蚕種もあり、さまざまだった。村方の百姓も商工あるいは手間取りの稼ぎにかかわっており、そのことは浦方の百姓も同じであった。弘化一揆の総頭人弥五兵衛も、商いをする人間だった。

要するにかれらは、「農耕と稼ぎ仕事」を組みあわせて生活を維持していた。三閉伊通の農工商漁民が「惣御百姓」として広く結合したとすれば、それはかえってたんなる百姓＝農耕専一の民ではなかったからであった。百姓という身分はこのあたりではかならずしも分業(職業)と一致しなかった。三閉伊通の村々は、まさしく種々の生業に携わる人々、つまり諸業民の世界だった。

日本での「近世」幕藩体制は、百姓を農耕専一の民にしようとし、農耕専一の民――しかも水田稲作の民――を増やそうとする意思をもつ全国政権の登場によって画される時代であった。作物規制や石高・田租制度などは、米を中心とする農業社会を持続させる政治の側からの条件になった。南部藩でも、領民を農耕専一の民にしようとし、農耕専一の民を増やそうとする力は江戸時代のはじめから働いた。新田開発政策は、端的にそのような力の表現だった。江戸後期の飢饉は、むりやりな水田化によって甚大にされたという指摘もある。ただ、そのような力は働いたけれども、南部領百姓のすべてが農耕専一の民になったわけではなかった。農耕によって家族の暮らしが成り立てばそれにこしたことはないが、実際にはさまざまな諸稼ぎによって暮らしを補わなければならなかった。諸生業へのかかわりはじつはこの土地では早くからの姿であった。

その姿がさらに拡張して、江戸後期の南部領、ことに三閉伊通あたりは複雑に関係しあう諸業民の世界となった。そのようなあり方は、農業自立の物指だけにこだわれば、その条件に恵まれなかった不徹底な地帯ということになるだろうが、そのこだわりから離れてしまえば、かえって、狭く閉ざされた村境の内側でだけ生きるという江戸時代村落住民についての閉塞的なイメージを強くゆさぶってくれる。命助の一生は、そのもっとも突出した形の一つだった。かれが好んでそれを選んだのではなく、強いられたのではあるが。

岡方の者と浦方の者、村方の者と町方の者がそれぞれの生業をとおして日常的に交わりあうという状態は、かれらが属するそれぞれの生業の共同組織あるいは社会集団がたがいに接触し交流しあう状態でもあった。修験と村、村鍛冶と農民・漁民などの関係は、異質な社会集団がそれぞれの仕方で接触し交流しているということにほかならない。そのなかから個々の人間をとりだしてみると、ある個人は一つの仕事にのがれがたく固定されているというのではなく、一生のあいだにいくつもの仕事を通過してゆき、またある時点をとってみてもいくつもの顔をもっていた。諸生業のそれぞれの共同組織を土台にして、一人一人の諸業民はかならずしもそれに完全に閉じこめられるのではなく、通過していったり両属したりして交流しあっていたのである。そして弥五兵衛の一揆勧誘の長旅や命助の潜伏は、いずれもこういう世界が余所者《よそ》を受け入れる可能性をもっていたことを示唆する。百姓らの知見も能力も、諸業民のひんぱんな接触・交流のなかで拡大された。「惣御百姓共」の一揆という形式で現われた弘化・嘉永の三閉伊一揆は、そのような世界を土台にする諸業民の一揆にほかならなかった。

江戸時代の後末期、南部領三閉伊通は述べてきたような諸業民の世界をつくっていたが、じつはおおむね、この頃の日本の各地は、深浅の差はあれ既存の村・町の境界をこえて交流しあう小世界を発生させていた。「広域」と形容されて指摘されるこの空間は、「経済構造」としては不安定であったが、「生活圏」としてはさきに述べたような活気をもっていた。そして、その活気と不安定さのただ中から、これまでにない新しい型の人間があちこちに登場してきた。「農民的強か者《したた》」という表現で、私はそういう人間の何人かを紹介したことがある(前出『八右衛門・兵助・伴助』)。かれらは「世直し」、ないしはその様相を帯びた行動のなかでめざましい働きをすることが多かった。

ところでかれらが生きいきと動く世直しの行動の主体を「半プロレタリアート」とか「窮民」とかの呼称で括ることは近年の論著によくみられることである。それは主として土地をどのくらい所持しているかを中心にして世直しに加わった者を共通のイメージでとらえようとしたものであり、それなりの有効性をもっているけれども、ひとたび眼を転じてかれらをありのままの等身大の視点で見直すと、じつはかれらは各種の余稼ぎ・余業・余作、そして賃取りなど、さまざまな諸渡世で暮らす人間たちであった。これを言いかえると、かれらは「分業」、つまり「働きの過程」という視点でみれば、なにか単一の存在に集合され単純化してゆくのではなく、ますます複雑化してゆくということである。その視点から表現すると、世直しは、諸渡世民の一揆にほかならなかった。

本書の主題とした南部領弘化・嘉永一揆は、その願向きの内容からみても、債務の破棄や質地の取り戻し、施金や施米を呼号する世直しの諸騒動とは異なるとしなくてはならないが、世直しが諸渡世民の一揆だったことに着目すると、あんがいに、三閉伊の諸業民の一揆とつながる面をもっていたことに気づく。そこに地域性と同時に、共通の時代性をみてとることができるのである。ただ、急激に「喪失」してしまうことでいっきょに旋風のように形成される諸渡世民の世直しと、「獲得」してきたことを基盤にしだいに噴火の勢いに上りつめてゆく諸業民の一揆では違いもあった。それは、小生産者へ回帰しようとしたのか(世直し)、小生産者でありつづけようとしたのか(百姓一揆)の違いと言ってもよい。土地所持そのものの零細さという点では似ていても、小生産者としての性格をどれだけ拠点に置くかによって、世直しは「窮民結合」を中軸にし、三閉伊一揆は「百姓結合」を中軸にして闘われたのであった。

三閉伊一揆のもっとも中心の性格はそのようであったとして、命助が最後に敢行しようとした、いわば〝一人だけの一揆〟はなんだったのか。そのことを考えてみると、三閉伊一揆のなかにはもともと異なるものがはらまれていて、命助がその一つを、もっとも尖鋭なかたちで示すことになったのではないかと思われる。この一揆は、四九か条の、どちらかといえば三閉伊通の生活そのものに根ざす願向きと、三か条の、藩体制の根幹にかかわる願向きとの、二つの要求を実現しようとしたものだった。もとより、これらのすべては一揆百姓らの同意するところとなったのであり、内容的にも根はつながっている。だから、敢えて傾向としていえば、というほどのことなのだが、かりに重立頭人で代表させてみると、四九か条のほうは太助によりふさわしく、三か条のほうは命助によりふさわしい。太助もまた、三閉伊通の百姓の一人として、畑仕事、山仕事、浜仕事(塩焚き)など往来性のある仕事に毎日精をだしたのであるが、より在地性のつよい律儀な暮らし方をし、その日常生活にもとづいて周囲の信頼を得、しだいに惣代というかたちで浮上してゆき、頭人中の第一人者の役割を務めたように思われる。かれは一貫してそのように生き、明治新政府の地租改正の負担をめぐる反対運動にかかわって自殺をとげるという異常な最期も、かえって律儀に暮らす百姓としての、太助の資質と頑強さを示しているようにみえる。

命助のほうは、藩主交替や藩政中枢の悪臣排除をよりつよく主張する百姓だった。嘉永の一揆の結果、悪臣排除は達成したが、藩主交替は未達成のまま終わった。もちろん、太助にしても命助にしても、この一揆に加わったかぎり、四九か条も三か条もどちらも自分自身の要求としたのであるが、それでもやや質の異なる要求感情が三閉伊百姓らのなかにあって、それを太助と命助がいかにも象徴的に生涯をかけて明示したように思われるのである。

四九か条と三か条の、どちらが尖鋭な要求であるとか、どちらが水準の高い要求であるとかは言うべきでないだろう。ただ三閉伊一揆は、弘化四年(一八四七)から嘉永六年(一八五三)の末までの、未発のものや中途での別の形のものなど、いくつもの一揆から成り立っているというのとはちがった意味での、二つの方向をはらんでいた、という指摘はできる。それは、どの百姓の内部にも共存しているような違いであり、四九か条のほとんどが解決されれば三か条のほうもすっかり鎮静して、各人の胸のなかにしまいこまれてしまうというような関係にあった。

命助の最後の行動は、かれ自身がどのように意識していたにせよ、このような解釈からいえば、もはやすでにみんなの胸のなかにしまいこまれてしまったものを、敢えて表面化させて掲げることで、〝一人だけの一揆〟という猪突になりその報いを受けることになったもの、と理解できる。そして、外見上はまったく独り勝手な振舞いであったにもかかわらずその狙いが百姓の胸のなかにしまいこまれているものに根ざしていたかぎり、命助の最後の行動もまた、三閉伊百姓の願望につながっていた、と思わずにはいられないのである。〝一人だけの一揆〟と、形容矛盾の言葉を敢えて用いる所以である。そしてこのことは、いかにも異端の生涯に果てた命助が、ほんとうはこの地の人々につながる典型であったということを意味しないだろうか。

異端性のなかの典型性こそ、われわれが命助に感じる魅力である。

命助年譜

年号	西暦	年齢	
文政三	一八二〇	一	奥州南部藩領上閉伊郡栗林村、東《ひがし》(屋号)の分家定助の長男として生まれる。
五	一八二二	三	布引観音堂の十一面千手観音立像の厨子に「別当内　命助」と銘記される。
			文政末年から天保初年にかけて(一〇歳前後〜)、遠野町小沼八郎兵衛を師として四書・五経まで習う。
天保七	一八三六	一七	この年より三年間、秋田藩領の院内銀山へ稼ぎにでる。この年、南部領野田通・大迫通・福岡通・高木通・安俵通・八幡通などで一揆。
八	一八三七	一八	盛岡南方の百姓ら、一揆して仙台領越訴。
九	一八三八	一九	父定助歿。命助、帰村して、この年、まさ(二〇歳)と結婚する。
一〇	一八三九	二〇	長男定助生まれる。この年より、三閉伊通で穀物や海産物などの荷駄商いをはじめる。
一三	一八四二	二三	次男千代松生まれる。
弘化三	一八四六	二七	三男善太郎生まれる。
			この頃、体格頑丈のため藩主の駕籠役を命じられそうになったが、肥り過ぎで免れる。
四	一八四七	二八	一一月より三閉伊通百姓ら一揆、遠野へ強訴。
嘉永元	一八四八	二九	三月、弘化四年の一揆総頭人弥五兵衛牢死(実は斬刑)。
二	一八四九	三〇	長女さと生まれる。
五	一八五二	三三	次女ちき生まれる。秋頃より再び一揆に向けての動きはじまる。

六	一八五三	三四	正月二七日、六右衛門(義兄、実姉まつよの夫)歿。命助、東の家の事実上の当主になる。 三月、笹子の靍松を身代奉公人とする。この頃第一の頭人袰綿村忠兵衛急死。 四月一五日、栗林村集会に参加し、五月下旬野田通から押し出した三閉伊一揆のなかで重立頭人の一人として働く。一一月、帰村。
安政元	一八五四	三五	栗林村の老名役の一人になる。四五人より依頼を受け、内願成就の謝礼に仙台領塩竈神社へ代参、額を奉納する。 三月、田野畑村太助らと一五人で遠野へ行き、南部弥六郎に謝辞を述べる。 七月、村役人交替を求める村方騒動にまきこまれ、大槌町で宿預り(拘留)になる。 この月二三日、脱走。出家体となって仙台領へ出奔。義乗と名乗る。
二	一八五五	三六	前年かこの年のはじめにか、三女まん生まれる。 仙台領加美郡四日市場村の積雲寺、および遠田郡箟峯寺西之坊とかかわりをもち、明英となる。遠田郡南小牛田村にある当山派修験寺の東寿院後住に推挙され、国先達古川寺の許可を得る。
三	一八五六	三七	「東」の家の貸借関係を二冊の「大福徳集帳」に整理する。 二月二三日、東寿院先住明影出走。命助、二五日の村寄合で後住になることを承認される。村方在住の修験として活動する。 七月、領主亘理氏より「家中寺」であることを認められる。 八月、南部領へ東寿院住職として出かけ、遠野へ一泊。 一〇月二三日、当山派の本山醍醐三宝院より院号・錦地を免許されることをめざし京都へ向かう。 一二月末、本山より東寿院明英を承認される。このとき、五摂家の二条家へ家来列

			に召し加えられることを願いでる。そのまま離京。
四	一八五七	三八	閏五月、再上京、寄合席三浦命助として二条家の家来になることを許される。七月一四日、大小を帯し家来を連れ、二条殿御用会符を立てて南部領へ入る。その夜捕えられ、城下町盛岡へ送られて入牢（長町牢舎）。牢内で「高王経」を書く。
五	一八五八	三九	六月二九日、盛岡石町牢舎の三番牢へ移される。六人同牢。
六	一八五九	四〇	九月一三日より、食べ物を飯と大根おろしだけに変える。一一月、家族へ言い送る三冊の帳面を仕上げて、宮古のおみのに託す。
文久元	一八六一	四二	二月二四日、片仮名まじりの「大福帳」を仕上げる。これ以後、筆を断つ。
文久四（元治元）	一八六四	四五	二月一〇日、牢死。三月、寝棺に納められた遺体が栗林村へ送られてきたと伝える。戒名は天量自晴禅居士。

あとがき

貨幣経済に、われわれの時代のように深く没してしまっているのではないが、胸元から首筋あたりまでひたひたとつかり始めた状態として、私は命助らの生きた場を描いている。だからといって、貨幣経済という枠組みで、かれらの時代とわれわれの時代を一括するつもりはない。私の意図はむしろ逆である。

去年の終わり頃、私は短時日エジプトを訪ねる機会を得たが、そこでの、ことに生活者同士が接触する賑やかな市街やふつうの土産店などでの売り買いに、私は本書にかかわるものを感じていたく興味をそそられた。売り手が買い手に値段を尋ねるのである。それはアスワンでもルクソールでも首都カイロでもみられ、私自身も幾回かは経験した。そこで交される「幾らか？」という言葉は、それ(物自体)は幾らかということではなくて、そちら(買い手)は幾らで買えるか、そちら(売り手)は幾らで売れるかという意味なのである。値段は、両者の掛け合いを経て決まる。さっき売った客がまだ眼の前にいるのに次の客にそれよりも高くあるいは安く、同じ物を売ることさえある。それは不当ではない。あなたの場合は幾らなら買うのかというやり取りを煮つめた結果なのだから。

売り手の条件・買い手の条件が、物自体に劣らぬ値段の要素であり、その決定にあたっては、弁舌や仕草や顔つきもそれぞれに役割を発揮する。考えてみれば、これはわれわれにも馴染みの光景だ。一昔前の町の夜店やバナナの叩き売りを思い浮かべればよい。ただそれがエジプトでは表通りの次の通りから、生活の全体のなかで生きているのである。

エジプトのあちこちで、外国人はバクシーシ(心づけ。売り買いではない)の慣行に出あうことになるが、これも底流では売り買いの仕方に通じているように思われる。働きの客観的な質量だけでなく、たとえばどのくらい富んでいるか貧しいかという、求める側、与える側の相互の条件が、その量を決める要素として生きているからである。出せる条件のある者は出す。それは義務ですらある。

私がほんの少し覗いた売り買いの場も、ひんぱんに出あったバクシーシも、イスラム教の考えによって色づけされ、また観光による身過ぎとか生活水準などによってさらに大きく変形されたものであるにちがいない。だが、物自体の価値だけでなく、生身の売り手と買い手が交換の過程で大きな比重を占め、その掛け合いの中で売り買いが成立し物の値段が決まるという、貨幣経済の一つの歴史段階をエジプトの町々は現に見せてくれているのである。

命助が荷駄商いで日々体験していた売り買いも、売り手が買い手に値段を尋ねるのが当たり前であるような性格のものだったと私は考えている。そういう意味で私は、命助らの時代がわれわれに直結してくるわかりやすさよりも、むしろなじみにくさ、つまりわれわれと命助との違いのほうにも、大きな興味を持ちつつ書きすすめたのである。

この本は、一九七八年に「朝日評伝選」の一冊として『八右衛門・兵助・伴助』を著したさいに宿題になってしまったいくつかのことを、一つ仕上げたという位置にある。前著の準備のなかでも、いったんは弥五兵衛や太助や命助をとりあげようとして、七五年には田野畑村、七六年の夏には三浦家を訪問したりしているから、じつはずいぶんと長い時間がかかったことになる。八〇年には、早稲田大学の特定課題研究助成費を与えられてもいる。そして一貫して手厳しい編集者の姿勢をかえずに本書を仕上げにまで引張ってくれたのは、朝日新聞社図書編集室の廣田一氏である。

一九八三年一月二五日

深谷克己

幕末民衆の「極楽世界」

――現代文庫版あとがきにかえて

1

本書を刊行したのは一九八三年のことだが、「南部百姓命助」に関する資史料を調査するために、岩手県をはじめ関係地や子孫のお宅を訪ねるようになったのは、一九七〇年代中頃からのことである。私の三十代から四十代始めにかけてのことであり、はるか昔日の思い出となっていた。

「岩波現代文庫」へ収録されることとなって「あとがき」を書き始めてみると、ぼんやりしてはいるが、次第に関係地を訪ね歩いた日々の出来事や便宜をはかってもらった人々、執筆中の気懸かり、刊行後の批評や事後のあれこれが思い起こされてくる。

「百姓命助」が指導者グループの一人として活動した一八五三年(嘉永六)の百姓一揆は、岩手県の陸中海岸沿いの地域で起こり、「三閉伊《さんへい》一揆」(『百姓一揆事典』では「陸奥国九戸・閉伊郡盛岡藩領逃散」)と呼ばれている。じつはこの地域は、二〇一一年三月一一日に発生した

「東日本大震災」で甚大な被害を受けた所である。規模の大きい百姓一揆は、狭義の運動局面だけでなく、その地域の歴史の全体を照らし出す。そしてその地域の政治史・運動史・人物史・生活史に関する多くの記録と記憶を残し、それを後人がたどることのできる可能性を高める。したがって、「三閉伊一揆」の歴史を掘り起こし、その記述を残すことは、現在のこの地域にとってかけがえのないことである。本書の文庫版が、そうした記憶の貯蔵の一端を担えるなら本望である。

話を一九八三年に巻き戻すと、本書はさいわい刊行直後、いくつかの新聞や雑誌に紹介され、三浦命助が生きた地元で研究や教育に関わる人々の関心を高めるうえでいささか貢献することとなった。ただし、本書が起点になって、命助が関わった百姓一揆や指導者のことが気づかれたのではない。本書刊行の一九八三年一一月に「南部三閉伊百姓一揆一三〇周年記念集会」という講演会が盛岡で開かれ、私も講演者の一人になった。朝日新聞社がこのシンポジウムを後援したのは、本書の出版が機縁になっているが、じつは当時「三閉伊一揆」を研究し顕彰しようという活発な動きが先行していた。

本書を執筆していた頃の私自身の「立ち位置」は、「戦後歴史学」の盛衰の中にあって、次項で述べるように落ち着かないところがあったのだが、それはいわば「中央的学界」の動向である。各地では革命的伝統とそれを担った人々の掘り起こしが市民的研究者や歴史教育者を惹きつけ続けていた。また「三閉伊一揆」は、秋田県に拠点をおいて文化運動を続ける「わらび座」が、その頃「東北の鬼」という演目で公演活動を広げていた歌舞劇の歴史的根拠であった。先の記念集会の講演者・茶谷十六《ちゃたにじゅうろく》氏は、「わらび座民族芸術研究所」の所長で、歌舞劇の下敷きになっている「三閉伊一揆」の関係人物や一揆過程について克明な調査を重ね、著書もある研究者である。地元には、一揆史料の発掘に情熱を燃やして、大小の南部藩一揆を明らかにしてきた「国鉄」労働者・武田功氏のような市民的研究者もいた。記念集会では、歴史教育の側からの講演者も出て、この一揆の歴史教育への活かし方を提起した。おおむね「自由民権運動」の前史として近世の百姓一揆を位置づけるというのが、現地的な幕末一揆のとらえ方であった。

それまで、一揆後逃亡の歩みを続けた三浦命助は、必ずしも地元での興味の中心ではなく、頭人《とうにん》たちの中の第一人者であった野田通《のだどおり》の「田野畑村太助」とその周辺に関心が集まっていた。命助は、衆を率いる「義民」史的な観点からすると、「雑味」の多い人物で扱いにくいところがあった。しかし、本書が命助の歩みを詳述したことで、「三閉伊一揆」の全体の中に組み入れられやすくなり、この記念集会の催しを促す要因の一つになったのである。

また本書が、命助の長男定助が一九〇七年(明治四〇)に北海道石狩郡へ移住して分家をつくったと書いたことが機縁になって命助に興味を抱いた、建設業に関わる札幌市の歴史愛好家・早坂基氏が、移住後の三浦定助家を追跡し、調査報告「三浦命助の長男三浦定吉松前に渡る」(一九八四年。定吉への改名を明らかにする)を発表した。早坂氏はその後、市民的研究者として、第一次(弘化四年)・第二次(嘉永六年)「三閉伊一揆」に関する調査・踏査活動を活発に進めるようになった(物故)。

　またこのことに関心を抱いた弘前大学農学部の神田健策氏と早坂基氏と武田功氏が協同して、本格的な史料所在調査を行い、北海道の三浦家から、命助が獄中から送った帳面八冊を発見した(翻刻文は神田健策・武田功・早坂基「三浦命助『獄中記』新史料に関する一考察」『弘前大学農学部学術報告』第四三号、一九八五年六月)。さらに命助を「義民」として評価した明治末年成立の『南部義民伝』の著者を確定している(神田健策・武田功・早坂基「『南部義民伝』に関する一考察」『弘前大学農学部学術報告』第四七号、一九八七年六月)。

　私の命助叙述は、岩手県生家跡に住む三浦加禄家に伝わる四冊を全てとみて進めたものだが、ほかに八冊あるとすると叙述内容は大きな変更が不可欠なのだろうか。帳面の異同だけに限っておおまかに言うと、命助はほぼ同様のことを家族に伝えようとしている。おそらく命助は、牢中で思念が凝ってくると追い詰められるように手紙の文にして、それらを次々と送り出したのであろう。「あとがき」なので、ここでは新発見の八冊のほうから、ごくかいつまんで二箇所だけを紹介する。

一、ライ病人ヲ福神トコゴロヱ《心得》テ、フガク《深く》コン井《懇意》ヲムシビ《結び》テ、テイねイ《丁寧》ニヤシナイ、オンタシケ《(助 け)》可被成候《なさるべくそうろう》。シカルトキハ仏神ノ御位ニ至ルナリ。

これは『大福帳』の中の「諸病治ル法」の一項で、北海道三浦家の帳面だけに見られる。他の項では、癩病《らいびょう》も治癒するとして薬の調合、服用の仕方を教えており、また一項に「ライ病人一人ヨグセバ五両十両ニハナルモノニテ候間、ナニトゾライ病治ヨウニオンヤシナイ可被成候」と、礼金への期待も述べているから、見返りをいっさい求めない慈悲の精神とまでみる必要はない。岩手県三浦家帳面にも癩病に効く製薬法は書かれている(本書二七九頁)。しかし癩病人を「福神」と心得て世話をすれば、自分もまた「仏神」になれるという言説は、当時も感嘆にあたいするのではないか。またこの部分はカタカナが多用されており、子供らに読ませるつもりでもあったことに気づいておきたい。命助は、「よう《(幼)》しやう《(少)》ノ子ともニしらせんためニ、わざトもんごんヲ下ひんニわかるようニ致シ候」と家族に書き送っているが、これにはカタカナ多用の箇所もふくまれよう(本書二九〇頁)。

両方の帳面に見られるけれども、新八冊のほうがより具体的な事項もある。岩手県三浦家の帳面に、

やしミ《(休)》日ニハ早ク休ミ、我み《(身)》のたましいヲ我心ニて拝し奉《たてまつ》るべし。人ノ《(身)》為ノを《(御)》んかだ《(形)》つは、乍恐《おそれながら》月日《(ツキヒ)》ノをんかだつの如し。同《おなじく》ハまいあさ、我玉《(魂)》しいヲはい《(拝)》し奉るべ

く候。（一番、本書三二四頁）

と言い送っている箇所がそれである。自分の内部に日月の形の「魂」があり、これを自分の「心」で礼拝するというのである。たいへん興味をそそられる箇所だが、礼拝の「礼」の中身はわからない。ところが、北海道三浦家の帳面には、礼拝の仕方が書かれている。

マイアサ我身ノ玉シ井《魂》ヲサキニハイシベシ。唱《トナイ》ヨウハ我ヲ今日シクワセ玉イ《救わせ給え》ト唱テ三度ハイシベシ。ソレヨリ東ニ向《ムカツ》テハイシ奉るベシ。トナイヨウハ今日　諸《モロモロ》ノ一切《いっさい》衆生《しゅじょう》ヲシクワセ玉イトトナイテ三度ハイシベシ。（下略）

自分自身の魂を毎朝拝するのだが、自分を救わせ給えと三度拝する。次に東の方へ向いて「一切衆生」を救わせ給えと三度拝する。両地の三浦家に残された帳面の内容には、少しずつ差異がうかがわれる。いずれ四冊と八冊の比較研究が進むことを期待したい。

このように三浦命助の実像（自筆記録）と義民像（実録化）は、本書刊行後も徐々に豊かになっていったが、ついでに本書刊行以前の命助がどのようであったかについても振り返っておきたい。最初に命助と「獄中記」を紹介し、また研究したのは森嘉兵衛氏である。森氏は一九三五年（昭和一〇）、南部藩の百姓一揆の総合研究を自身の卒業論文（法政大学）をもとに公刊し、その後も専門研究者として南部藩の経済史研究に専念した。その過程で三浦命助に関する史料を発見し、一九六二年(昭和三七)に『南部藩百姓一揆の指導者三浦命助伝』(平凡社)を公刊している。森氏の南部藩やそこでの百姓一揆を見る目は、一貫して「僻《へき》地《ち》」の歴史的条件を解明するというものである。「獄中記」は、命助が牢内から家族に送った帳面に森氏が与えた総称であり、維新前夜のレジスタンスを連想させるようなネーミングであったために、歴史学の外からも関心が持たれ、論評されたこともある。杉浦民平『維新前夜の文学』(岩波新書、一九六七年)は、革命論のない命助の「獄中記」に対して幻滅を吐露している。

歴史学のほうでは、安丸良夫氏が、日本資本主義発達を実質において担った社会的意識形態としての「通俗道徳」の論拠として、命助の「獄中記」などを一九六〇年代後半に取りあげたことから、「民衆思想」に関心をもつ研究者には広く知られるようになった。この関心は、東北地域への関心とは不一致であった。

もっと広く三浦命助の知名度が上がったのは、岩波書店のシリーズ「日本思想大系」の第五八冊として、一九七〇年に『民衆運動の思想』(林基・庄司吉之助・安丸良夫編集)が刊行されたことによる。同書の冒頭に「三浦命助」が取りあげられ、「露顕状」「獄中記」が収録された。この時も目次には「獄中記」という文言が使われ、その頭注や解説を森嘉兵衛氏が担当している。

この史料集の編集者の一人・林基《もとい》氏は、当時歴史学界を席巻していた「人民闘争史」研究に理論的基礎を提供していた「革命情勢論」の提起者であった。しかし、この史料集全体の「解説」を執筆したのは安丸良夫氏であり、林氏とは維新変革の理解に距離があった。安丸氏が百姓一揆を論じたのは、この解説が初めてだったが、ここでも一揆指導者の篤実で勤勉な通俗道徳に目を向けている。そのことと関連して、近世日本には「有力な異端思想の伝統」が欠如しており、したがって百姓一揆は「農民戦争」ではなかったこと、ただしそうした幕藩体制とともにある諸制約の下で、彼らの思索をたどると、そこに「民衆独自の世界観の形成」が展開しはじめたことが確認できるとして擱筆している(『日本の近代化と民衆思想』青木書店、一九七四年)。

2

命助の足跡・事跡を調べていた関係地での日々については、次々と新知見を得て心が弾んだ記憶の堆積なのだが、一方で本書を準備し書いていた頃の「歴史学」のあり方やその流れの中での自身の「立ち位置」に関わる記憶になると、むしろ息苦しい想いが今も喉元まで這い上がってくる。

本書執筆のきっかけは、「あとがき」に略記したが、朝日新聞社(図書編集室)が人物評伝選のシリーズを企画したことにある。その第二〇冊目として私は『八右衛門・兵助・伴助』を執筆、刊行した。一九七八年のことである。内容は、三人の農民の評伝である。評伝選を編集担当した廣田一氏からは、最初は、天草四郎を書かないかという話だったのだが、当時の私には島原・天草一揆をどう理解するかについて、なお目論見が立ちきらないところが残っていた。この一揆は、戦後の近世史研究にとって難題であった。しかし、廣田氏は、天草四郎の執筆者を探すほうでなく三十代の私に評伝選を書かせるほうを選び、それも本来一人の人物を追うという企画であるのに、三人の農民で一冊にまとめるという案を受け入れてくれた。三人で一冊になったのは、農民の一生を検証できる資史料の少なさという理由のほかに、当時の私が、なお「発展段階」論的な思考に引っ張られて、その三人で運動史の段階的変化を表すことにこだわったからである。このシリーズ企画が終わって、廣田氏との間にどういうやりとりがあったのか細かには覚えていないが、農民評伝を準備していく中で名前があがることもあった命助について、評伝選の延長として書き下ろすことを勧められたのだと思う。そういう意味では、別冊の評伝選を書いて、合わせて四人の農民を書いたことになる。その頃、命助はすでに無名ではなくなりつつあった。「獄中記」という、それだけで「レジスタンス」をイメージさせる刺激的な標題――じつは現代の歴史家が与えた通称だが――の記録や幕末思想史研究の論著でその言説が取りあげられることが増えてきていた。

本書はこうした事情のもとで出版されたのだが、評伝選執筆が当時の私にとってどういう意味を持つ行為だったのかについても簡略に述べておきたい。いわゆる「戦後歴史学」の時代は、一九七〇年代半ばで「終わった」と感じられていた。「(半)封建制の克服」という課題意識と「進歩主義」の歴史観に立つ「戦後民主主義」の立場にはいくつもの流れがあったが、在野的(でかつ中央的)な歴史諸学会で理論的にも実証的にも優勢だったのは、世界史の発展法則と社会主義社会へ飛躍する不可避の革命による私的所有の廃止、さらに遠望される国家の死滅という見通しを持つマルクス主義の見地に併走する歴史学であった。それは必然的に理論構成では「グランドセオリー」になったが、歴史学の実証面では庶民史料調査と「社会経済史」的な数表・図像化で証明する緻密性のある方法だったから、マルクス主義だけでなく実証主義的な研究者のあいだにも受け入れられた。

しかし、その世界史像は基本的に「資本主義発達史」という「近代化」論を、賛否は別として認識のうえで前提にするものであったため、現実の世界史の中でこれまでにない種類の矛盾が次々と生じてくるにつれて、影響力を弱めた。その弱まりの中で、あたかも残り火が大きな炎を噴き上げるように、在野的な歴史諸学会で、一九六七年から七二年まで「人民闘争史」研究が席巻した。この数年間を峰として、マルクス主義的な方法意識に立つ「戦後歴史学」は影響力を急速に衰えさせていった。そんな中で、学会も個々の研究者も焦燥しながら、それぞれにとって意味ある道を探ろうとした。

私もその末端にいた一人として、こうした波浪をかぶりながら、自分自身のレーゾンデートルを手探りしていた。そんな一九七〇年代の後半に『八右衛門・兵助・伴助』を書き、一連の仕事として『南部百姓命助の生涯』の執筆に向かったのだった。

歴史学界では、やがてフランス史を中心に波及してきた「社会史」に方法の再生を求め、一九八〇年代に入ると、盛行と言ってもよい状況が生まれてきた。日本には民俗学の伝統があり、中世史研究の分野では、それを受け皿にして社会史を活かしていく成果が現れ始めた。しかし、庶民史料調査を基盤に、社会経済史的な手法とマルクス主義的な国家論・社会論（将軍専制の「幕藩制国家」と小農自立・土地緊縛の「近世村落」を諸闘争で二項対立させる歴史認識）を背景に「体系」が築かれた観のある近世史研究では、「社会史」の学風はむしろ厳密さを欠く曖昧な歴史像と感じられており、影響されることがたいへん小さかった。

というより、近世史研究の内側での歴史像変容への対応にそれぞれが追われて、外へ向かう視線を欠いていた。近代地主制（「寄生地主制」）に直結する近世史では、「太閤検地」研究と組み合わさって近世の地主制発生・展開の画期を一八世紀前半の享保年間においていたが、『岩波講座日本歴史　近世4』（一九六三年）の林基稿「宝暦天明期の社会情勢」によって、維新期革命情勢論の視座に立って、その原型を宝暦天明期に求めるという見解が出され、多くの近世史研究者はこの見方を認めるようになった。

私も、こうした先学の近世史像の理解・吸収に精一杯で、それを超える視野からの「戦後歴史学」の克服という要請を意識することができなかった。ただ、そんな波を浴びながら、私は自身の近世イメージを自由にしていく取っ掛かりを、明瞭に自覚しないまま手に入れていた。それは、一九七〇年代の前半に発表した「百姓一揆の思想」(『思想』五八四号、一九七三年二月)である。この論文で私は、百姓一揆を「封建制打倒」の志向を持つ「非和解」的な階級闘争という説明から、領主への恩頼感を基底に置きつつも眼前の弊政に対して治者の仁政責務を追求し、「百姓存在の公法性」という「御百姓《おひゃくしょう》意識」に立って、「百姓成立《なりたち》」の政治を求めて、あえて違法な強訴《ごうそ》に踏み出したものという説明へ転換させることができた。二冊の農民評伝を書いていた頃、私の中ではこうした方法意識の変容が進みつつあった。

そのことと無関係ではないが、私は農民の評伝に取り組む中で、一つは個人の動きから可能な限り広角的に時代と連関させることをまず目標としたが、もう一つ考えたことがある。私の印象だが、いわゆる人物史の伝記は、古代でも現代でも人間として同じと見ることを前提にして記述されている。また社会経済史の視点で人間を、所有、階級に還元して位置づけることに重点をおいている人物史もある。

私は、そうした「人物史」に対して、あえて「個人史」という言葉を使い、「階級」(所有・地位基準)ではなく、それをもふくむがより広い「人格」に重点をおこうとした。「階級」は「人格」の内容の一つの属性であるが、すべてではない。それまでの私にとっては、所有や地位を指標とする、いわば「階級的範疇」を第一にして歴史の中の人間を位置づけることを当然とみてきたのだが、この頃、いわば「人格的範疇」(願望や心身の能力、信心や幸福観など)によって人を認識するのがよいと考えはじめたのである。そして時代や世代によって、歴史上の「人格」には大きな差異があり、「古代人、近世人、現代人」というような呼び方がゆるされると考えた。本書で、「百姓命助」と身分呼称を冠したのはそういう考えからである。「百姓」と冠することは、階級・階層を超えた広さで、命助の生涯の、社会経済史的な規定を超える「政治文化」論的な意味合いにこだわることである。

3

以下では、現在の私の到達点から命助の言説と行為のいくつかを取りあげ、今後の論議を深める手がかりを残しておきたい。私は二〇一二年に『東アジア法文明圏の中の日本史』(岩波書店)を刊行し、試論・仮説もふくめて大小の論点を提起した。同書の考え方の中心は、政治社会化(古代化)以降の前近代東アジアは、征服・吸収・対抗の変動を経ながら、「儒教核政治文化」という内容で通底する「政治の文明化」圏を形成していったというものである。ここで言う政治文化は、ハード(法制機構)・ソフト(意識・超越観念)両面にわたるもので、それぞれ丁寧な検証が必要である。

同書を踏み台に、私は二〇一四年に『死者のはたらきと江戸時代――遺訓・家訓・辞世』(吉川弘文館)を公刊した。これは、東アジアの政治文化は遺徳・遺訓に導かれるという理解に立って、日本近世での現れを探ったものである。この政治文化は、神話化された遺徳・遺訓、ないしは遺徳・遺訓の神話化をともなう。「死者」は「生者」と政事(国家統治)・経営(家産運営)の働きを分け持つ。こういう社会では、政事・経営は説き聞かせることに重点がおかれる。「教諭」という統治手法であり、下からは絶えざる「学習」が不可欠になる。さらに二〇一五年に私は、『民間社会の天と神仏――江戸時代人の超越観念』(敬文舎)を公刊した。これは、政治文化は特定の優勢な超越観念をともなうという考え方に立って、日本近世の民間社会が保持している超越観念群の関係をとらえようとしたものである。私は、近世人の「敬虔・依願」の感情の発動する諸方面を「社会現象」として取りあつかい、「天」の超越観念が他に優越することにほぼ確信を持つことができた。

こうした関心の流れを受けて、命助がどのように「学習」して知識を蓄えたのか、またどのような「政治文化」的知見を持っていたのか、そしてどのような「超越観念」群を保持していたのかということを、自著を材料にして書き留めておきたい。

命助は、立場を転変させながら豊富な知識を披露し、個性的な見解を表明している。その土壌はすでに少年期に見出される。身近な者らが書いた覚書(本書三八頁)に、幼少より学問を好み、遠野町小沼八郎兵衛ニ就《つ》き、四書・五経・大学等を修む。

という記事がある。『大学』は四書の一つだが、民間の知識は弁別に厳密ではない。遠野は、盛岡藩南部氏の一門重臣である遠野弥六郎が「城下町」を営む集住地で、小沼八郎兵衛は弥六郎の下級の臣であったらしい。命助は、読み書きを習得した後の十歳頃からと思われるが、より上級の学習になる儒学をこの師から学び、十七歳からは秋田の院内銀山に働きに出かけた。小沼八郎兵衛の学力も、そこでの命助の学習の頻度や内容も詳細はわからないが、命助が少年期に受けた正式の教育は、読み書き・算盤《そろばん》の水準をこえた儒学の学習であった。おそらく命助は、栗林村の子供たちを超えた水準の学習のために、遠路の通学に耐えたと思われる。それに耐えることができたのは、「三浦左(佐)馬助の家」という村一番の「由緒ある家」の子であり、村役人を出すことのできる家筋の子、という誇りの意識であったろう。

この家は屋号を「東」と称したが、その意味は「部落で一番先に日があたり、日中、日暮れまでもよく日がさす」(本書一六頁)位置にあるということであった。この家は本家・分家が屋敷内に同居する複合家族で、命助は分家に生まれた。しかし「東」の本分家は、どちらも村役人を勤め、上下関係よりは助けあいの面が強くみられた。

命助は四書五経を学んだが、儒学一辺倒に精神を満たしたのではない。「東」の家には

「仏壇と神棚の両方」(同前)があったが、日頃の人間関係を律する倫理の指針として儒教の細かな教諭が不可欠だったのである。

由緒の家の子として、命助はおそらく二つのことを学んだ。一つは「三浦左馬助の家」にまつわる遺訓・家訓的な言い伝えの数々、「栗林村左(佐)馬之助先祖代々過去仏」の名など「家の記憶」である。もう一つは、宗教的な役割の認識と礼式の習得である。草分の由緒百姓の家には、おおむね宗教的な役割、そして特権がついてまわる。栗林村の菩提寺である常楽寺は、三浦家の氏寺として始まったものが、村寺化するにつれて寺地を村里へ移した。しかし三浦家には、代々「六右衛門居士」号が約束された。命助は、一揆後宗教者として生き、獄中では経典を何巻も書いたが、この能力の起点は少年期にある。三浦家の屋敷内には「千手観音堂」があった。これは山中の「東の氏神」を移したもので、三浦家はこの観音堂の別当役であった。命助は、その由来や別当役の礼儀作法を十代の頃に習得したと思われる。

実父の定助は村肝煎《むらきもいり》を勤めたが、その公務はこの家でやったはずで、命助はそれを見聞し、農耕や荷駄商いなどの諸稼ぎについても見聞きしながら習熟していったであろう。命助は一七歳から三年間、秋田藩領の院内銀山に働きに出るが、鉱山稼ぎをごく普通に受け入れる下地は、栗林村の農家が行っていた「荒鉄《あらがね》」稼ぎの見聞にあったろう。

命助は父の死によって鉱山から帰村し、一歳年上のまさと結婚し、生業としては穀物や海産物などの荷駄商いを始めた。農耕も行ったが、主生業は荷駄商いだったと思われる。荷駄商いは岡方・浜方・山方のすべての生業分野と取引し、売買両方の細かな交渉を経験する。こうした暮らしは、命助が、南部領の厖大な民衆的知識・経験に触れて、自分の内に取り込む便宜となっただろう。命助が日々の行為や経費を細かく記録する習慣は、この荷駄商いの中で習得されたものにちがいない。

命助は、盛岡藩領の百姓一揆について知識を得る機会も多かった。盛岡藩は、寒冷地という不利のほかに、「地方知行《じかたちぎょう》」(給人領主)という支配を存続させていたため、藩全体の政策に対する惣百姓の反抗のほかに、給人《きゅうにん》領主に対する支配下百姓の抵抗が頻発した。命助二八歳の時には、第一次の大規模な「三閉伊一揆」が起こった。漁業と鉱山業を持つ盛岡藩の陸中海岸沿いは、活発な経済活動が好況の様相を見せることがあり、これに海防負担で収益増加を目指す藩が、御用金を課した。一揆では多くの要求箇条が出されたが、主因は臨時の「御用金」賦課であった。命助は、この一揆を身近に知る生活圏で暮らしていた。この時は、「三閉伊通」の中の「野田通」辺りから一揆状況が盛り上り、「大槌通」の栗林村や命助はその参加者ではなかった。しかし、この一揆は、藩政に対する惣百姓の抵抗で、しかも南部氏一門の遠野弥六郎の「城下町」に強訴する手段に訴えた。遠野は、命助の少年時代の学習の地であり、荷駄商いの仕事で往来する土地でもある。この一揆では、「催し」「狼狩り」「仙台へ手間《てま》取り」「百姓は天下の民」というような文言が呼号されたが、それらは命助の耳目にも届いたであろう。

命助が総代の一人になった第二次の「三閉伊一揆」では、五十箇条ほどの惣百姓願書とともに、もう一つ、仙台藩に申し立てた三箇条の願書が知られている(本書一二八頁)。これは「三閉伊通惣御百姓《そうおひゃくしょう》」の名で「仙台御国守様《こくしゅ》」に宛てたもので、この一揆を水準の高いものとして印象づける根拠になっている。

これは藩主交代を繰り返す藩に対抗した一揆勢が、第一条に仁政を待望できる前藩主南部甲斐守利義《としとも》の再入国を執り計らって貰いたい。第二条に叶わなければ三閉伊通りの百姓を伊達家で抱えてもらいたい。第三条にそれが叶わなければ「三閉伊通」を「公義(儀)御領」にしてもらうか、難しければ「仙台様御領」にしてもらいたいと求めたものである。

諸業民の地域として各自が工夫して生きざるをえないこの地の百姓は、それだけ藩に対する恩頼感が薄いと見ることもできるが、とりわけ命助は、支配向きのことについて意見を表明するのに遠慮がなかった。後に命助は『三閉伊集会露顕状』で、藩主交替と近臣の除去を訴えたが、個々の悪政の是正は求めなかったと弁明している。最期を悟った命助が、盛岡藩領の外で生きることを家族に勧めているが、それは牢内での失望感からくる構想というだけでなく、藩主交替や支配者交替について、周囲より明確に考えることができる準備ができていたということであろう。ただし、それはわずかな皮膜の間ほどの相違であったと思われる。

ところで仙台藩主に宛てて、盛岡藩主の交替、不可能なら仙台藩領民、それもできなければ「三閉伊通」を江戸幕府領か仙台藩領に支配替えと願い出た三箇条は、近世百姓の政治文化の延長での到達点を示唆している。この三箇条も、領主支配を前提とするということでは同じである。封建領主に対する恩頼感という御百姓意識に根ざした主張であって、幕藩体制を否定する考えは現れていない。「獄中記」は現代の研究者が与えたネーミングであって、命助は手紙の集まりを「帳面」「大福帳」などという名でまとめて、遠くの家族を励まし続けたのである。

しかし、一方では命助らの秩序観に、安丸氏が言うように創造的な要素が現れていることにも敏感でなければならない。大きな枠組では幕藩領主制を前提にしているが、治者を固定されたうえで個々の生活要求を出して、領主の仁政責務をせまることと、被治者の側から治者を選び替えることとの間には大きな距離がある。儒教的民本主義と言われる百姓保護原則に立って百姓の側が仁政をせまるとしても、「幕藩体制」の下では支配者を選び替える発想や行為は想定されていない。

儒教の政治文化は、元来は治者の政道論として伸張してくる。「百姓は天下の民」という考え方は、近世の初めから、「預かって」治める(安民)という支配論の中に組みこまれている。百姓一揆は、領主の支配が「非道《ひどう》」だから起こるのであり、発頭人《ほっとうにん》が処刑されることさえあるが、このことが民本主義的な政道論を無意味にしていくのではない。逆に百姓一揆は村々と個々の百姓の間に治世の責務がどういうものであるかという認識を普及させ、「御百姓意識」のなかにそのことが擦り込まれる最も効果的な回路にさえなる。儒教核政治文化という枠組では同じでも、その中で変容しており、それが次には枠組自体を変容させるのではないかと予感させるのである。

百姓と一揆の関係についてもう一つ記憶したいことがある。命助は、『三閉伊集会露顕状』で、一揆は「人民、雲霞《うんか》のごとく」に集まってきて始まったが、それは彼らが「天地陰陽の時節」を知って加わったのだと述べている(本書一六二頁)。ふつう百姓一揆や打ちこわしは、不満と怒りでしだいに「人気《じんき》」が「気嵩《きがさ》」になってくる予兆的な状況が生まれ、発頭人の働きかけで一揆化し、参加強制をともないつつ大規模化する。しかし命助の「天地陰陽の時節」には、藩政に対する不満、怒りだけではなく、もっと運命論的な動機で、自然運行の法則に身をまかせていくという一揆への参加の回路が示唆されている。民間社会には、運命論的な気分が常に漂っており、一揆・打ちこわしでも人々の決断を大きく左右していく要因になるということである。

命助が言おうとしているのは、「天の声」「天の命」にしたがって一揆に加わったということであろう。命助の言説は、超越観念に関わるものが多い。死を覚悟しつつ牢内から命助は、「家長」として「家経営」の多くの言葉からなる「遺訓」を残そうとした。それらの煮詰まった「口上」(本書三三〇頁)の一語一語は、政治文化論の言説でもあり、同時に超越観念論の言説でもある。

ヨク(欲)ヲハナ(離)レテ申上候《もうしあげそうろう》。天ハメグ(恵)マセ玉イ(給え)ドモ、国守ノメグミナキ故ニ、諸事ナンギ致《いたす》也。ヨグヲハナレテ、松前ニ御移り被成《なされ》候テ、御公義様ノ御人ニ相成《あいな》リ、諸事安楽ニ御凌《おしのぎ》可被成候。日本ニハ、公義ノウエハナキモノニテ御座候《ござそうろう》間、公義ノ御地ニ、佐馬之助ノ子孫ヲ御ノゴシ可被成下候。(中略)ヨグヲ離レ、公義ノ御百姓ニ相成リ可被成下候。日本ニテハ、公義ヨリ難有御《ありがたきお》神《かみ》ハナキモノニテ御座候間、公義ノ御地ニ子孫ヲ御ノゴシ可被成下候。松前程ノ御国ハ無御座《ござなく》候間、折ヲ見合、早ク極楽世界ニ御移リ可被成下候。(下略)

命助は、自分と自家の不条理な状況は「国守」(藩主)の安民責務不履行と断定するが、「天」の恵みは疑っていない。命助は種々の超越観念を手紙で挙げているが、最終的には「天」への依願がいちばん上意に置かれている。そのことは、「天道を恐れ、殿様への不忠不孝を恐れ、また父母に歎きをかけるのを慮《おもん》ばかって出家になった」(本書一九九頁)というような記述にも現れている。

命助は「佐馬之助ノ子孫」を公儀の地に残すことにこだわり、「松前」は「極楽世界」と言い切るが、実際には「松前」を知っているのではない。見たこともないが恵みだけは信じるというのは、「公義」がほとんど超越観念に化しているからである。「公義ヨリ難有御神ハナキ」という文言の「御神」も、誤字というより命助の「公義」観がほとんど超越観念的なものであるからだろう。

命助の超越観念は多義的で、生身の人間観と交錯する。先に紹介したように、自分の内部に日月の形の「魂」があり、これを自分の「心」で礼拝するという。こうした人間の神性を、命助はいくつも書いているが、それらはつきつめるとちぐはぐである。「母様・姉様・まさ(妻)」の三人に対しては、「よき玉しいヲ入がい《(入替)》」ること、魂の新生を勧める。「人間は三千年ニ一度さく、うとん花《(優曇華)》なり」という文言も、人間存在そのものを超越観念と見る考えと言えよう。

また、男女ともに七十歳以上の人は「誠のいき《(生)》神」と記してもいる(本書二九二頁)。盛岡の牢から栗林村へ手紙を運んでくれた宮古の「をみの様」については、「この御人ヲバ太《(大)》神宮ノをん遣い《(御使)》ト思召《おぼしめし》」(本書二六八頁)と書いている。

牢内で命助は、「高王経《こうおうきょう》」「仁王経《にんのうきょう》」などを書いているが、それらには観音菩薩への祈願が込められる。また「不動経」を書く際は悪魔・煩悩《ぼんのう》の折伏《しゃくぶく》が念じられた。また、さまざまな食物、薬品、身内から虫を駆除する呪いなどの記述の末尾には、「天照皇太神宮」を真ん中にし、右に「八幡大菩薩」、左に「春日大明神」を配する三社信仰が表明される。こうした超越観念群は、命助の内部でなんの矛盾もなく混在できているのである。

命助は、子供らに対しては、「このてうめん《(帳面)》を親と思召」と書いているが、このように伝えたことで、帳面は神性を帯びて超越観念を現わすものになってしまう。同じことだが、命助はたとえ牢屋で死んでも、自分の「玉しい」は「てうめん」に籠《こ》もり「末代まデノ守り神ト相成リ」と言う(本書v頁図版)。このように述べることで、帳面は三浦家の守護霊の依りましに転化する。

このように、命助が自在にと思えるほどにあれこれと繰り出す超越観念群を、ただ重層し混雑するばかりの民間的信心と決めつけるのではなく、私は逆に、民間社会に浮遊あるいは充満している超越観念群がどういう構造を持ち運動するものなのかを考察する貴重な入口と思いたいのである。

本書は一九八三年三月、朝日新聞社より刊行された。

南部百姓命助の生涯 ― 幕末一揆と民衆世界

2016年5月17日　第1刷発行

著　者　深谷克己《ふかやかつみ》

発行者　岡本　厚

発行所　株式会社　岩波書店
〒101-8002 東京都千代田区一ツ橋2-5-5

案内 03-5210-4000　販売部 03-5210-4111
現代文庫編集部 03-5210-4136
http://www.iwanami.co.jp/

印刷・精興社　製本・中永製本

ISBN 978-4-00-600343-2　Printed in Japan

岩波現代文庫の発足に際して

新しい世紀が目前に迫っている。しかし二〇世紀は、戦争、貧困、差別と抑圧、民族間の憎悪等に対して本質的な解決策を見いだすことができなかったばかりか、文明の名による自然破壊は人類の存続を脅かすまでに拡大した。一方、第二次大戦後より半世紀余の間、ひたすら追い求めてきた物質的豊かさが必ずしも真の幸福に直結せず、むしろ社会のありかたを歪め、人間精神の荒廃をもたらすという逆説を、われわれは人類史上はじめて痛切に体験した。

それゆえ先人たちが第二次世界大戦後の諸問題といかに取り組み、思考し、解決を模索したかの軌跡を読みとくことは、今日の緊急の課題であるにとどまらず、将来にわたって必須の知的営為となるはずである。幸いわれわれの前には、この時代の様ざまな葛藤から生まれた、人文、社会、自然諸科学をはじめ、文学作品、ヒューマン・ドキュメントにいたる広範な分野のすぐれた成果の蓄積が存在する。

岩波現代文庫は、これらの学問的、文芸的な達成を、日本人の思索に切実な影響を与えた諸外国の著作とともに、厳選して収録し、次代に手渡していこうという目的をもって発刊される。いまや、次々に生起する大小の悲喜劇に対してわれわれは傍観者であることは許されない。一人ひとりが生活と思想を再構築すべき時である。

岩波現代文庫は、戦後日本人の知的自叙伝ともいうべき書物群であり、現状に甘んずることなく困難な事態に正対して、持続的に思考し、未来を拓こうとする同時代人の糧となるであろう。

(二〇〇〇年一月)

岩波現代文庫［学術］

G313
デカルト『方法序説』を読む
谷川多佳子

このあまりにも有名な著作の思索のプロセスとその背景を追究し、デカルト思想の全体像を平明に読み解いてゆく入門書の決定版。

G314
デカルトの旅／デカルトの夢
―『方法序説』を読む―
田中仁彦

謎のバラ十字団を追うデカルトの青春彷徨と「炉部屋の夢」を追体験し、『方法序説』に結実した近代精神の生誕のドラマを再現。

G315
法華経物語
渡辺照宏

『法華経』は、代表的な大乗経典であり、仏教の根本テーマが、長大な物語文学として語られる。仏教学の泰斗による『法華経』入門のための名著。

G316
フロイトとユング
―精神分析運動とヨーロッパ知識社会―
上山安敏

精神分析運動の創始者フロイトと集合的無意識の発見者ユング。二人の出会いと別離に潜む現代思想のドラマをヴィヴィッドに描く。〈解説〉鷲田清一

G317
原始仏典を読む
中村元

原始仏典を読みながら、釈尊の教えと生涯を平明に解き明かしていく。仏教の根本的思想が、わかり易く具体的に明らかにされる。

G318
古代中国の思想
戸川芳郎

中国文明の始まりから漢魏の時代にいたる思想の流れを、一五のテーマで語る概説書。年表のほか詳細な参考文献と索引を付す。

G319
丸山眞男を読む
間宮陽介

丸山眞男は何を問い、その問いといかに格闘したのか。通俗的な理解を排し、「現代に生きる」ラディカルな思索者として描き直す、スリリングな力作論考。

G320
『維摩経』を読む
長尾雅人

汚濁の現実の中にあって。在家の人々を救うことを目的とした『維摩経』こそ、現代人にふさわしい経典である。経典研究の第一人者が読み解く。〈解説〉桂　紹隆

G321
イエスという経験
大貫　隆

イエスその人の言葉と行為から、その経験の全体像にせまる。原理主義的な聖書理解に抗してイエス物語を読みなおす野心的な企て。

G322
『涅槃経』を読む
高崎直道

釈尊が入滅する最後の日の説法を伝える経典。「仏の永遠性」など大乗仏教の根本真理が語られる。経典の教えを、分かりやすく解読する。〈解説〉下田正弘

岩波現代文庫[学術]

G323
世界史の構造
柄谷行人

世界史を交換様式の観点から捉え直し、人類社会の秘められた次元を浮かび上がらせた本書は、私たちに未来への構想力を回復させる。ロングセラーの改訂版。

G324
生命の政治学
―福祉国家・エコロジー・生命倫理―
広井良典

社会保障、環境政策、生命倫理――別個に扱われがちな課題を統合的に考察。新たな人間理解の視座と定常型社会を進める構想を示す。

G325
戦間期国際政治史
斉藤孝

二つの世界大戦の間の二〇年の国際政治史を、各国の内政史、経済史、社会史、思想史などの諸分野との関連で捉える画期的な概説書。〈解説〉木畑洋一

G326
十字架と三色旗
―近代フランスにおける政教分離―
谷川稔

フランス革命は人びとの生活規範をどう変えたのか？　革命期から現代まで、カトリック教会と共和派の文化的ヘゲモニー闘争のあとをたどる。

G327
権力政治を超える道
坂本義和

権力政治は世界が直面している問題の解決にならない。これに代わる構想と展望を市民の視点から追求してきた著者の論考を厳選。〈解説〉中村研一

2016.5

岩波現代文庫[学術]

G328
シュタイナー哲学入門
—もう一つの近代思想史—
高橋　巖

近代思想の根底をなす霊性探求の学・神秘学、その創始者が明らかにした「もう一つの」近代思想史。シュタイナー思想を理解するための最良の書。〈解説〉若松英輔

G329
朝鮮人BC級戦犯の記録
内海愛子

日本の戦争責任の末端を担って戦犯に問われた朝鮮人一四八人。その多くが監視員として過ごした各地の俘虜収容所で、何が起こっていたのか。

G330
ユング
魂の現実性《リアリティー》
河合俊雄

ユングはなぜ超心理学、錬金術、宗教など神秘主義的な対象を取り上げたのか。その独自でラディカルな思想に真正面から取り組んだ知的評伝。

G331
福沢諭吉
ひろたまさき

「一身独立」を熱く説き、日本の近代への転換を体現した福沢諭吉。激動の生涯を克明に跡づけ、その思想的転回の意味を歴史の中で問い直す評伝。〈解説〉成田龍一

G332-333
中江兆民評伝(上・下)
松永昌三

時代を先取りした兆民の鋭い問題提起は、いまなおその輝きを失っていない。画期的な『全集』の成果を駆使して〝操守ある理想家〟の苦闘の生涯を活写した、決定版の伝記。

2016. 5

岩波現代文庫［学術］

G334
差異の政治学 新版
上野千鶴子

「われわれ」と「かれら」、「内部」と「外部」との間にひかれる切断線の力学を読み解き、フェミニズムがもたらしたパラダイム・シフトの意義を示す。

G335
発情装置 新版
上野千鶴子

ヒトを発情させる、「エロスのシナリオ」を徹底解読。時代ごとの性風俗やアートから、性のアラレもない姿を堂々と示す迫力の一冊。

G336
権力論
杉田敦

われわれは権力現象にいかに向き合うべきか。『思考のフロンティア 権力』と『権力の系譜学』を再編集。権力の本質を考える際の必読書。

G337
境界線の政治学 増補版
杉田敦

国家の内部と外部、正義と邪悪、文明と野蛮の境界線にこそ政治は立ち現れる。近代の政治理解に縛られる我々の思考を揺さぶる論集。

G338
ジャングル・クルーズにうってつけの日
―ヴェトナム戦争の文化とイメージ―
生井英考

アメリカにとってヴェトナム戦争とはどのような経験だったのか。様々な表象を分析しながら戦争の実相を多面的に描き、その本質に迫る。

岩波現代文庫[学術]

G339
書誌学談義 江戸の板本
中野三敏
江戸の板本を通じて時代の手ざわりを実感するための基礎知識を、近世文学研究の泰斗がわかりやすく伝授する、和本リテラシー入門。

G340
マルク・ブロックを読む
二宮宏之
現代歴史学に革命をおこし、激動の時代を生きたブロック。その波瀾万丈な生涯の軌跡と作品世界についてフランス史の碩学が語る。〈解説〉林田伸一

G341
日本語文体論
中村明
日本語の文体の特質と楽しさを具体的に分かり易く説いた一冊。日本語の持つ魅力、楽しさが、作家の名表現を紹介しながら縦横に語られる。

G342
歴史を哲学する
―七日間の集中講義―
野家啓一
「歴史的事実」とは何か? 科学哲学・分析哲学の視点から「歴史の物語り論」「歴史修正主義論争」など歴史認識の問題をリアルな講義形式で語る、知的刺激にあふれた本。

G343
南部百姓命助の生涯
―幕末一揆と民衆世界―
深谷克己
幕末東北の一揆指導者・命助の波瀾の生涯をたどり、人々の暮らしの実態、彼らの世界観、時代のうねりを生き生きと描き出す。

2016.5